国家重点研发计划（National Key R&D Program of China）项目：
服务价值与文化传播评估理论与技术（编号：2017YFB1400400）

信息技术创新及应用对电子商务生态系统的影响研究

Research on the Impact of Information Technology Innovation and
Application on E-commerce Ecosystem

胡涵清　金苑苑　钟名扬◎著

图书在版编目（CIP）数据

信息技术创新及应用对电子商务生态系统的影响研究/胡涵清，金苑苑，钟名扬著．—北京：经济管理出版社，2019.7

ISBN 978-7-5096-6689-0

Ⅰ.①信… Ⅱ.①胡… ②金… ③钟… Ⅲ.①信息技术—影响—电子商务—研究 Ⅳ.①F713.36-39

中国版本图书馆 CIP 数据核字（2019）第 128554 号

组稿编辑：郭丽娟
责任编辑：郭丽娟　乔倩颖
责任印制：黄章平
责任校对：董杉珊

出版发行：经济管理出版社
　　　　　（北京市海淀区北蜂窝 8 号中雅大厦 A 座 11 层　100038）
网　　址：www.E-mp.com.cn
电　　话：（010）51915602
印　　刷：北京玺诚印务有限公司
经　　销：新华书店
开　　本：720mm×1000mm/16
印　　张：14.25
字　　数：233 千字
版　　次：2019 年 8 月第 1 版　2019 年 8 月第 1 次印刷
书　　号：ISBN 978-7-5096-6689-0
定　　价：68.00 元

・版权所有　翻印必究・

凡购本社图书，如有印装错误，由本社读者服务部负责调换。
联系地址：北京阜外月坛北小街 2 号
电话：（010）68022974　邮编：100836

序

随着网络技术、云计算、大数据、物联网、5G技术和人工智能等新一代信息技术的快速发展和应用，电子商务作为商务趋势和信息技术两种力量共同作用结果的商业模式，与实体经济变得越来越密不可分，深入影响了人们的日常生活、生产和消费，成为社会资源配置的一种重要途径，为社会经济发展贡献了巨大的力量。信息技术的广泛应用，使互联网虚拟市场可以和实体市场相提并论，电子商务市场成为促进互联网虚拟市场发展的重要力量。

我们正处在一个巨大浪潮的尖峰，这个浪潮就是大数据驱动的创新、生产率提高、经济增长以及新的竞争形式和新的价值的产生。在未来，数据将会像土地、石油和资本一样，成为经济运行中的根本性资源。在大数据的时代，数据就是直接的财富、核心的竞争力。电子商务将要跨入一个数据兴则企业兴、数据强则企业强的竞争时代。

通过对多维度、高密度、高价值数据的收集，对数据的挖掘和分析，以及机器学习和深度学习等人工智能技术的应用，我们可以对消费者的兴趣和偏好深度挖掘，从而形成智能推荐和消费市场发展趋势的智能预警以及生产、流通环节的有效决策。

电子商务就是为了适应这种以全球为市场的变化而出现和发展起来的，它是一种依托现代信息技术和网络技术，集金融电子化、管理信息化、商贸信息网络化为一体，旨在实现物流、资金流与信息流和谐统一的新型贸易方式。电子商务在互联网的基础上，突破传统的销售观念，缩小了生产、流通、分配、消费之间的距离，大大提高了物流、信息流和资金流的有效传输和处理。

我很欣慰本书从信息技术的视角，以电子商务生态系统的思想，结合前沿信息技术在电子商务的应用，深入浅出剖析信息技术对电子商务的影响，对电子商务的理念普及、技术应用的引导、未来趋势的发展都做了详细阐述，有较强的应用价值和指导意义。

中国工程院院士、中国社科院学部委员

李京文

2019 年 6 月

目 录

第一章 绪 论 ··· 1
  第一节 研究背景与意义 ·· 1
    一、研究背景 ··· 1
    二、研究意义 ··· 3
  第二节 国内外相关研究综述 ·· 5
    一、信息技术与信息链研究 ·· 5
    二、信息技术创新 ··· 6
    三、电子商务生态系统 ·· 7
    四、信息技术与电子商务 ··· 8
  本章小结 ··· 9

第二章 信息技术与电子商务生态系统的形成研究 ················· 10
  第一节 信息技术与信息链 ·· 10
    一、信息链定义和构成 ··· 10
    二、信息链结构与动态演化 ·· 12
    三、信息链与信息生态链 ··· 15
  第二节 信息技术及信息链创新模式 ····································· 18
    一、信息技术的创新模式 ··· 18
    二、信息链的创新模式 ··· 23
  第三节 电子商务生态系统结构及特征 ································· 24
    一、电子商务的形成 ·· 24
    二、电子商务业态 ··· 25

三、电子商务生态系统结构 ·· 27
　　　四、电子商务生态系统特征 ·· 29
　第四节　电子商务生态系统的组织机理 ·· 30
　第五节　电子商务生态系统演化路径 ·· 36
　第六节　信息技术、信息链与电子商务生态系统 ···························· 40
　第七节　电子商务生态系统应用分析 ·· 41
　　　一、英特尔公司的电子商务生态系统 ·································· 41
　　　二、阿里巴巴的电子商务生态系统 ······································ 42
　　　三、海尔网上商城 ·· 42
　本章小结 ·· 44

第三章　物联网及物流技术在电子商务中的应用 ····························· 45
　第一节　物联网在电子商务的应用 ··· 45
　　　一、物联网技术的产生和发展 ·· 45
　　　二、物联网的关键技术分析 ··· 47
　　　三、物联网技术在电子商务中的应用 ·································· 51
　　　四、物联网技术对电子商务发展的影响和趋势 ····················· 54
　第二节　物流技术对电子商务的影响 ··· 55
　　　一、物流技术的产生和发展 ··· 55
　　　二、物流关键技术分析 ··· 57
　　　三、物流技术在电子商务中的应用 ····································· 60
　　　四、物流技术对现代电子商务的影响和趋势 ························ 62
　本章小结 ·· 64

第四章　ICT 技术对电子商务的影响 ··· 66
　第一节　ICT 技术的产生和发展 ··· 66
　　　一、ICT 概述 ··· 66
　　　二、新时代互联网信息技术下电子商务的特点 ····················· 67
　第二节　信息通信技术在电子商务中的应用 ·································· 69
　　　一、ASP 技术 ·· 69
　　　二、流媒体技术 ··· 69

三、构建"服务器"技术 …………………………………………… 69
　　四、新一代通信技术不断发展成熟 ………………………………… 70
　　五、近距离无线通信技术的发展 …………………………………… 70
　　六、超宽带无线载波技术 …………………………………………… 70
第三节　互联网信息技术和电子商务的关系 ……………………………… 70
第四节　互联网信息技术对电子商务的影响和趋势 ……………………… 71
　　一、互联网信息技术对电子商务的影响 …………………………… 71
　　二、互联网信息技术下对电子商务发展的趋势 …………………… 80
本章小结 …………………………………………………………………… 81

第五章　电子支付技术与电子商务 …………………………………………… 83
　第一节　电子支付技术的发展历程 ……………………………………… 83
　第二节　电子支付技术在电子商务中的应用 …………………………… 87
　　一、电子支付技术的特征 …………………………………………… 87
　　二、电子支付技术在电子商务中的应用 …………………………… 88
　　三、电子支付技术的发展障碍 ……………………………………… 89
　第三节　第三方支付对电子商务的影响 ………………………………… 89
　　一、第三方支付的概念和运营模式 ………………………………… 89
　　二、第三方支付对电子商务市场的影响 …………………………… 91
　　三、第三方支付技术面临的挑战 …………………………………… 92
　　四、第三方支付技术发展对策 ……………………………………… 93
　第四节　电子支付技术在电子商务应用中存在的问题 ………………… 94
　　一、电子支付安全的现状评估 ……………………………………… 95
　　二、电子支付安全的监管 …………………………………………… 96
　　三、电子支付风险管理发展的趋势 ………………………………… 97
　第五节　电子支付技术创新发展趋势 …………………………………… 97
　　一、技术创新 ………………………………………………………… 98
　　二、制度创新 ………………………………………………………… 100
　　三、应用创新 ………………………………………………………… 101
　本章小结 ………………………………………………………………… 104

第六章　大数据技术与电子商务平台……………………………………… 106
第一节　大数据技术产生和应用…………………………………………… 106
第二节　大数据技术在电子商务平台的应用……………………………… 109
一、大数据技术应用于客户体验………………………………………… 110
二、大数据技术应用于市场营销………………………………………… 110
三、大数据技术应用于库存管理………………………………………… 111
四、大数据技术应用于客户管理………………………………………… 111
五、大数据技术应用于供应链金融……………………………………… 111
第三节　大数据技术应用和创新对电子商务平台的影响………………… 117
一、电子商务个性化推荐系统设计与实现……………………………… 117
二、电子商务平台安全防护技术………………………………………… 118
第四节　大数据技术应用和创新对电子商务发展的机遇和挑战………… 119
一、大数据下电子商务的机遇…………………………………………… 119
二、大数据下电子商务的挑战…………………………………………… 122
三、大数据下电子商务发展遇到的问题………………………………… 124
第五节　大数据技术应用下的电子商务平台发展趋势…………………… 125
一、依靠大数据创新客户管理模式……………………………………… 126
二、大数据背景下创新电子商务渠道，抢占终端先机………………… 127
三、应对大数据挑战，关注安全隐私问题……………………………… 127
本章小结……………………………………………………………………… 128

第七章　人工智能与电子商务…………………………………………… 129
第一节　人工智能的产生和应用…………………………………………… 129
一、人工智能技术的发展………………………………………………… 129
二、人工智能在电子商务应用的现状…………………………………… 130
第二节　人工智能在电子商务中的应用…………………………………… 131
一、电子商务数据库的建设应用………………………………………… 131
二、电子商务 ERP 系统…………………………………………………… 134
三、数据挖掘与知识发现………………………………………………… 136
四、生物认证技术………………………………………………………… 136

目 录

　　　五、京东商城智能化发展 ……………………………………… 137
　　　六、码隆科技的开放 API ………………………………………… 140
　　　七、智能 Agent …………………………………………………… 142
　第三节　人工智能应用及创新对电子商务的影响及发展趋势……… 145
　本章小结 ……………………………………………………………… 147

第八章　信息技术与电子商务市场………………………………………… 149
　第一节　电子商务生态系统与电子商务市场 ………………………… 149
　　　一、电子商务生态系统与电子商务市场关系 ………………… 149
　　　二、电子商务生态对电子商务市场的影响 …………………… 150
　第二节　电子商务市场模式细分及竞争研究 ………………………… 151
　　　一、电子商务市场模式细分 …………………………………… 151
　　　二、电子商务市场竞争分析 …………………………………… 153
　第三节　几个重要的电子商务市场 …………………………………… 155
　　　一、医药电子商务市场 ………………………………………… 155
　　　二、跨境电子商务市场 ………………………………………… 161
　　　三、农村电子商务市场 ………………………………………… 164
　　　四、电子商务市场共性总结 …………………………………… 166
　第四节　电子商务盈利模式研究 ……………………………………… 167
　　　一、网上销售产品盈利模式 …………………………………… 168
　　　二、网上信息收费盈利模式 …………………………………… 168
　　　三、网上提供服务盈利模式 …………………………………… 170
　　　四、移动电子商务的盈利模式 ………………………………… 171
　第五节　电子商务法律制度研究 ……………………………………… 171
　第六节　信息技术对电子商务市场的影响 …………………………… 173
　　　一、Internet 网络技术的应用 ………………………………… 174
　　　二、Web 技术的应用 …………………………………………… 174
　　　三、数据库技术的应用 ………………………………………… 174
　　　四、电子支付技术的应用 ……………………………………… 175
　　　五、信息安全技术的应用 ……………………………………… 175

· 5 ·

六、中间件技术 ……………………………………………… 175
   七、物流配送技术 …………………………………………… 176
   八、数据挖掘 ………………………………………………… 176
  本章小结 ………………………………………………………… 177

第九章 信息技术的创新对电子商务市场环境的影响 …………… 179
  第一节 电子商务的市场环境 ………………………………… 179
   一、电子商务文化环境 ……………………………………… 179
   二、电子商务技术环境 ……………………………………… 181
   三、电子商务经济环境 ……………………………………… 182
  第二节 信息技术的创新对电子商务市场环境的影响 ……… 187
  第三节 电子商务市场环境的改变对信息技术的影响 ……… 188
   一、电子商务和物流信息技术 ……………………………… 188
   二、物流信息技术类型 ……………………………………… 189
   三、电子商务促进物流信息技术创新 ……………………… 190
  本章小结 ………………………………………………………… 191

第十章 未来电子商务生态系统发展形态、趋势及政策建议 …… 192
  第一节 电子商务生态系统未来发展形态及趋势 …………… 192
   一、行业竞争的发展趋势 …………………………………… 192
   二、市场需求的发展趋势 …………………………………… 193
  第二节 电子商务发展政策建议 ……………………………… 194

第十一章 全书总结与研究展望 …………………………………… 198
  第一节 全书总结 ……………………………………………… 198
  第二节 研究展望 ……………………………………………… 201
   一、全球化、广泛快捷、连续化、虚拟化 ………………… 201
   二、全面的竞争态势和集成性 ……………………………… 202
   三、交易标准化、智能化 …………………………………… 202
   四、新的商务模式不断出现 ………………………………… 202

参考文献 ……………………………………………………………… 203

第一章 绪 论

第一节 研究背景与意义

一、研究背景

电子商务是当今商务趋势和信息技术两种力量共同作用的结果。随着网络技术、云计算、大数据、物联网、移动通信技术和人工智能等新一代信息技术的快速发展和应用,电子商务作为不断发展的商业模式,与实体经济也变得越来越密不可分,深入影响了人们的日常生活、生产和消费,成为社会资源配置的一种重要途径,为社会经济发展贡献了巨大的力量。信息技术的广泛应用,使互联网虚拟市场可以和实体市场相提并论,电子商务市场成为促进互联网虚拟市场发展的重要力量。

在中国经济增速下滑、产业结构调整、经济增长方式转变的宏观背景下,以电子商务为代表的互联网经济发展突飞猛进,在促进消费和产业结构调整方面展现出强大的动力,成为驱动国民经济与社会发展的新要素。

(一)从经济运行角度看

2014年中国电子商务交易额达16.39万亿元,较2013年同期增长了59.4%。其中,自建电子商务平台,即企业自营平台,实现交易额达8.72万亿元,较2013年同期增长了65.9%;在提供商品或服务的第三方平台实现的交易额为7.01万亿元,较2013年同期增长了53.8%;既有第三方又有自营的混营平台上实现交易额为0.66万亿元，较2013年同期增长了41.1%。2015年中国电子商务交易额达18.3万亿元，较2014年同期增长了36.5%，增幅上升了5.1%。其中，电商B2B市场交易额13.9万亿元，较2014年同期增长了39%。电商B2C市场交易规模3.8万亿元，较2014年同期增长了35.7%。2016年，中国电子商务市场交易规模超过20万亿元，占社会消费品零售总额的比重超过10%，稳居全球第一。2017年交易额达29.16万亿元，2018年达31.63万亿元，逐年增长。

与传统的商务模式相比，电子商务改变了商务活动的方式，转变了政府的管理行为，改变了企业的生产方式，改变着人们的消费习惯和消费方式，使经济朝信息化经济、快节奏经济、个性化经济、全球化经济、互动经济、共享经济等方向发展。在商务活动中，电子商务降低发现交易对象成本、减少价格搜寻费用、降低实体交易市场秩序管理维护费用、降低商业活动费用、降低谈判及考察费用等，大幅度提高了经济运行效率，为经济增长做出了巨大贡献。

（二）从企业角度看

电子商务在企业经营中发挥着为企业提高生产效益、降低运营成本、优化资源配置、实现效益最大化的作用。如阿里巴巴旗下的天猫近几年的11月11日在B2C电子商务市场表现惊人：2013年11月11日销售额350亿元；2014年11月11日销售额571亿元；2015年11月11日销售额912亿元；2016年11月11日销售额1207亿元，无线交易额占比达到82%，超过200个国家和地区参与交易，电子商务向国际化迈出坚实的一步；2017年销售额1682亿元；2018年销售额2135亿元，逐年增长。这些数字表明电子商务为企业运营发展提供了新的动能，为企业提供了一种全面展示自己产品和服务的虚拟空间，缩短了生产厂家和最终用户之间的距离，改变了传统商品流的结构、传统营销方式、企业竞争形态、人们消费习惯和市场环境。电子商务企业大大增强了市场适应和创新能力，大大提高了自身经济活动的水平和质量。

（三）从政府部门角度看

2015年3月5日，在十二届全国人大第三次会议上，李克强总理在政府工作报告中首次提出"互联网+"行动计划，推动移动互联网、云计算、大数据、物联网等与现代制造业结合，促进电子商务、工业互联网和互联网金融健康发展，引导互联网企业拓展国际市场。"互联网+"已上升至国家战略层面。

中华人民共和国商务部等三部门联合发布《电子商务"十三五"发展规划》（以下简称《规划》），明确到2020年，中国电商交易额超过40万亿元、网络零售额达到10万亿元和电商相关从业者超过5000万人共3个发展目标。《规划》从电子商务信息基础设施建设、新业态与新市场培育、电子商务要素市场发展和电子商务新秩序建设四个方面部署了多项专项行动，并提出了加强组织领导、完善顶层设计、推进试点示范、优化资金投入、建立监督机制和增进国际合作六个方面的保障措施。

2017年10月31日，《中华人民共和国电子商务法（草案）》第二次提交全国人大常委会审议。二审稿是对2016年12月《中华人民共和国电子商务法（草案）》初审的进一步完善，体现了对保护消费者权益的重视，尤其针对电商平台内的假冒侵权现象，对电商平台应承担的责任进行了强化等。《中华人民共和国电子商务法（草案）》二审引起了社会各方的高度关注，关于新兴经济发展的重要立法朝向正式通过又迈进一步，体现了国家立法层面对电子商务发展的高度重视。

电子商务市场有多种主体参与、互动，主体间各因素相互影响，形成一个复杂的生态环境。电子商务市场结构呈现一定的网络性，是信息生态环境、各参与主体的行为、其他各种环境等多种因素综合作用而形成的动态市场。电子商务带动了产业的发展创新，改变了生产模式，降低了流通成本，促进了就业，使虚拟经济直接带动了实体经济发展。电子商务信息生态环境中的经济、技术、法律政策等因素如何对电子商务市场产生作用？信息生态环境、电子商务市场、市场规模三者间有怎样的动态关系？信息生态环境因素对电子商务市场的影响怎样量化？研究并验证这些影响因素，为电子商务市场的发展提供决策和支持，这些是本书需要重点讨论的问题。

二、研究意义

人们对信息的需求及依赖程度越来越深，随着信息技术的快速发展和社会信息化进程的加快，电子商务成为一种全新的商务运作模式，改变了传统的生产生活方式，成为国家经济发展、提升企业竞争力的重要支撑。把信息活动及其相关因素作为一个整体来看待，避免系统内信息、人、环境等的相互割裂，从信息生态环境的角度来进行信息的组织、使用以及信息资源的优化配置，从而实现社会可持续发展。

随着现代信息技术的不断发展，各电子商务企业之间形成了一种全新的电子商务生态系统，即相互关联、相互影响、相互合作、共同发展。但还没有进入一个新型企业管理思想所希望的稳定平衡发展的电子商务生态系统层次，而电子商务生态系统的开放性、交叉性、融合性、服务性等众多优势，使它成为电子商务发展的必然趋势。

本书以电子商务为主体，以信息生态环境为研究背景，研究信息技术创新及应用对电子商务生态系统的影响。本书的研究意义主要表现在以下两方面：

（一）理论意义

信息生态学理论的研究在国内外学者的共同努力下已经取得了不少有价值的成果。综观这些成果，研究内容主要包括探讨信息生态的基本概念、信息生态基本理论等，缺乏对信息技术环境下对电子商务生态系统影响的深入研究。鉴于此，本书以企业电子商务生态系统为研究对象，从生态学的视角对企业电子商务问题进行探讨研究，在理论层次上不仅可以获得新的视角和新的方法，而且为企业电子商务在新的环境下开展和建立电子商务生态系统提供坚实有力的理论基础。同时，本书引用信息生态学的理论与方法，探讨其在电子商务生态系统中的应用，丰富和扩展了信息生态学的研究领域，对丰富和完善电子商务管理理论与信息生态理论具有一定的理论意义。

（二）应用意义

科技进步和信息技术的广泛应用，使人类文明进入工业化和信息化。信息化是建立在高度工业化的基础上的，电子商务是信息化的产物，电子商务生态系统是电子商务发展的必然趋势。电子商务是国家经济发展的支柱产业，电子商务经济存在网络外部性和边际效用递增的规律，通过信息生态环境因素对电子商务的作用研究，使资源在全球范围内进行配置，各国在开放的环境下，完善有利于电子商务发展的基础设施建设、节约资源、降低环境污染以及增加发展机遇。电子商务市场各参与者，通过信息生态环境影响因素的研究，找出制约其发展的"瓶颈"，有助于产业链资源高效整合，为电子商务生态系统相关的机构、生产企业、流通企业等提供决策的依据，为企业产品的开发、生产以及销售提供更好的环境保障，从而提高企业服务质量，提升人们生活水平。

第一章 绪 论

第二节 国内外相关研究综述

一、信息技术与信息链研究

信息技术（Information Technology，IT）的概念范围十分广泛，在不同的科学领域，学者们有不同的界定。广义上的信息技术是指"4C"技术，即通信技术、感测技术、控制技术和计算机技术的总和，指能够完成信息的获取、传递、加工和使用等功能的整体技术。狭义上的信息技术（也称现代信息技术）是指应用计算机技术、网络技术等对声、像、图、文等各种信息进行获取、存储、加工、处理、传递及其使用的各项技术。信息链是信息生态的集中体现，网络信息链就是在特定的互联网信息环境下，采用某种技术手段向用户提供服务，使信息在具有信息生产、储存、传递、加工、整合、消费等功能的节点间流动增值而形成的链状序列。网络信息链不仅存在着不同的类型，具有各种功能和相应结构，而且自身也有产生、发展、成熟、更新的变化过程。各种新型网络服务的不断问世，反映了网络信息链的演化过程。从各类网络服务产生的时间来分析，最早是在20世纪70年代产生了FTP、Archive、BBS和电子邮件等服务，而后20世纪90年代产生了万维网服务，网络信息呈现爆炸式增长。进入21世纪，在网络信息丰富和网络技术进步的基础上，各种电子政务和电子商务服务如雨后春笋般迅速发展起来。网络服务正在逐渐深入到人们生产、工作、生活的各个方面。

以物联网、云计算、大数据以及移动智能终端为主要代表的新一代信息技术不仅将改变相关产业及整个信息化建设的格局，还将对信息链产生巨大影响。从其信息链上提供的服务业来看，已经初步形成了以电子商务平台交易为中心，以物流配送、电子支付、电子认证、IT服务、数据挖掘等为支撑，以网络营销、客服外包、即时通信等为辅助的电子商务服务业生态体系。

二、信息技术创新

（一）信息技术创新环境

信息技术产业的高级生产功能一般会集中于少数几个选定区域，我们将这些区域称为"创新环境"。创新的信息环境源自生产三要素（即劳动力、资本、原材料）的时空组合，三要素的特点形成了特定场合下新产业的显著特征。信息产业的原材料是信息，因为符号处理的独特能力，使这些产业中的劳动力需要以特殊的方式进行生产与再生产。这种产业活动的本质又影响了创新环境形成阶段资本投资的类型。不同来源的科技信息、科技劳动、充足的资本供应以及这三个要素的结合，使信息技术创新环境呈现出不同形式，同时也决定了它的创新模式。

（二）信息技术创新环境形成的条件

信息产业的基本原材料就是信息，这种信息能在四种常见的组织环境中找到：①一流大学和高等教育机构；②政府主办的研发中心；③与先进的大公司相联系的研发机构；④企业联合体中的研发中心网络。特别是第四种组织环境，在那里集中了产生创新研究、新技术发明所需的关键知识。

这种联合体一般有两种形式：一种是传统的制造业联合体，它们进入信息技术领域以便能跟上技术变革的步伐，航空航天和国防工业就是如此；另一种是信息技术生产者的新的产业创新环境，它们建立在上述信息来源的基础上。

综上所述，信息技术创新环境的形成有三个必要条件：

（1）能否接触创新的信息来源。这是新企业生产的基本条件，也是连接其他关键要素（创新的劳动力与高风险资本）的重要物质条件。

（2）科技人员的大量储备。一般来源于科技人才市场主要依托学院基础而产生。如清华大学、北京大学、浙江大学等双一流学科学校，这些学校储备着很多技术创新型人力资源。

（3）有没有投资者有意愿将他们的资本押在以不确定的技术创新为基础的活动上。这主要是指创新环境在最初形成阶段有赖于大公司对研发的长期投资，政府部门对研发的直接投资或间接的资金补助，以及金融机构对研发的高风险投资。

信息技术的创新环境，是发展信息技术产业的必备过程，是科学技术转化为生产力的必由之路，是发达国家和发展中国家都要面临和解决的重大课题，随着时间的推移、科学技术的发展和世界各国对创新环境的研究，必然会取得重大的进展和成果，推动世界信息技术的发展。

(三) 信息技术创新模式

信息技术创新通常有四种模式：第一种是以美国为代表的自主创新模式。创新型科研投资大，开发周期长，风险高，这种信息技术创新模式适合经济实力雄厚的大国。第二种是以日本为代表的引进—消化—吸收模式。这种模式的特点是全面引进先进的科学技术，先追随、模仿，再转向开拓、创新。但是由于采取这种模式的国家自身基础创新能力薄弱，可能会产生创新后劲不足的情况。第三种模式是以韩国和中国台湾为代表的切入跟进模式。其基本做法是，通过企业合作、技术贸易等方式，购买专利以获取技术知识，采取"用中学"的方式，并通过培育大量技术工人和工程师，提升创新能力。第四种是以东盟国家为代表的出口加工模式。其做法是通过出口加工国外产品参与到国际产业链中，从而推动本地区的经济增长和产业发展，但是这种模式却忽视了对技术的学习吸收和自主创新。

三、电子商务生态系统

电子商务信息生态系统涉及诸多信息主体和环境要素，信息主体如企业、消费者、中介机构、政府等，环境要素如信息技术、信息法律、信息社会等信息环境，所有的要素共同构成了相互联系、相互影响、共同演进的信息生态系统。因此，电子商务信息生态系统是指在电子商务活动中，信息主体之间以及信息主体与信息环境之间不断进行信息交流和信息循环而形成的统一系统。电子商务生态系统中各"物种"成员各司其职、相互交织，形成完整的价值网络；物质、能量和信息通过这个价值网络在联合体内流动和循环，共同组成一个多要素、多侧面、多层次的错综复杂的商业生态系统。电子商务生态系统中的"物种"成员按其定位可以划分为以下几类：

(1) 领导种群，即核心电子商务企业，是整个生态系统资源的领导者，通过提供平台以及监管服务，扮演电子商务生态系统中资源整合和协调的角色。

(2) 关键种群，即电子商务交易主体，包括消费者、零售商、生产商、专业供应商等，是电子商务生态系统其他"物种"所共同服务的"客户"。

（3）支持种群，即网络交易必须依附的组织，包括物流公司、金融机构、电信服务商以及相关政府机构等，这些种群并非依赖电子商务生态系统而生存，但它们可以从优化的电子商务生态系统中获取远超过依靠自己竞争力可得的利益。

（4）寄生种群，即为网络交易提供增值服务的提供商等，包括网络营销服务商、技术外包商、电子商务咨询服务商等。这些"物种"寄生于电子商务生态系统之上，与电子商务生态系统共存亡。

促使电子商务从单一网站进化为多"物种"的电子商务生态系统的原因有很多：①核心电子商务企业的创建与壮大培育了新市场环境，可以容纳更多"物种"的参与；②电子商务发展的内生力量，如各"物种"自我繁殖和进化的需要，促使更多的主体进入生态圈；③电子商务发展所依附的支持性因素，如电子支付、物流、利好政策等加入加快了系统的进化繁殖，并扩大了生态系统的范围；④生态系统的发展吸引了大量增值服务商的寄生，进一步改善了电子商务生存环境。这些内生和外生的原因使电子商务产业的"物种"不断丰富，循环也更加完善，最终实现电子商务各"物种"成员的生态共建、生态共生以及在此基础上的价值创造、价值共享和共同进化。

四、信息技术与电子商务

现代信息技术的发展，特别是互联网技术的发展，为电子商务提供了坚实的基础。如何利用现代信息技术的最新成果，探索电子商务发展的新思路，有着重要的理论和现实意义。

信息技术的发展，促进了多维空间市场的形成，同时也带来了生产和消费成本的降低，带来了沟通成本的降低等，这是电子商务发展的重要物质基础。研究现代信息技术和电子商务的关系，需要考虑以下三个问题：一是信息流与多维空间市场，二是企业的电子商务资源及配置，三是企业进入全球信息服务市场的商业机遇。目前信息技术应用于电子商务环境中的有Internet网络技术的应用、Web技术的应用、物联网和物流技术、云计算技术和大数据技术的应用、电子支付技术应用、信息安全加密技术以及人工智能技术等。

电子商务作为一种全新的商务模式，它需要很多先进技术来支撑，虽然有些技术已经发展到了成熟阶段,但仍然有许多是最近几年才发展起来的新技术,甚至还有许多新技术不断涌现出来。电子商务的发展不仅需要信息技术提供商和软件开发商等多方面的技术提供和实施,且需要商务管理观念的彻底改变。随着各种信息技术的不断发展和完善,电子商务技术应用会越来越成熟。尽管网络泡沫使电子商务的发展遭受了巨大冲击,但是无论从哪个角度来讲,电子商务都在稳健地向前发展着。

本章小结

本章介绍了本书的研究背景和意义,关于信息技术、信息链、信息技术创新、电子商务和电子商务生态系统的国内外相关研究,简要介绍了本书的总体思路和主要结构,为本书的研究奠定基调。

第二章 信息技术与电子商务生态系统的形成研究

第一节 信息技术与信息链

一、信息链定义和构成

信息链,就是以信息为中心环节,描述信息产生、存储处理和消费等过程的运动。信息链是由事实(Facts)、数据(Data)、信息(Information)、知识(Knowledge)、情报或智能(Intelligence)五个链环构成,基本关系如图2-1所示。信息链中信息位于最中间,其中事实和数据位于上游体现出物理属性;知识和情报位于下游体现出认知属性,信息链的五个组成部分有效地构成了信息科学群体中相应的基础。

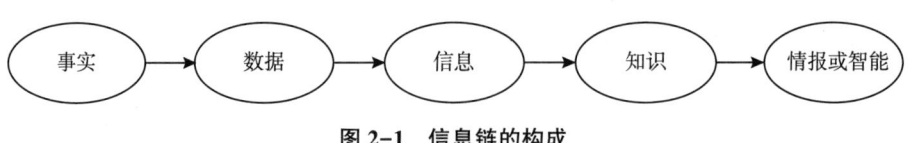

图2-1 信息链的构成

事实:事实作为人类生产生活对事物认识中最原始的映象之一,位于信息链的底层。它是人们认识事物逻辑的第一反应,是信息链的起点。其中人类视野通常指借助感觉器官对看到的世界所表现出的一种反应,逻辑视野指在感性

第二章　信息技术与电子商务生态系统的形成研究

的基础上进行了理性的升华，利用自身所具有的知识层面对相应的知识逻辑进行判断、分析。在人类认知的知识领域范围内，我们把任一初始映象的存在都称之为事实，可以说，人类世界全部的知识在最初的基础上都被称为事实，信息链条起点的事实通常还被看作是人类知识的起点。此外，在新的认知上，新的事实要素经过组合能够对人类知识领域获得认知的更新，另外还能够催生新学科的出现。

数据：信息链中的数据通常被看作是符号，这些数据符号并不是随意的，而是体现一定的规律性，既包括数字、图像、视频、声频还包括一定的代码。通常情况下事实都是以数据进行显示的。从另一个方面来看，数据也能够被看作是信息的起点，并且在这种数据的情况下，数据本身还是一种事实。此外，数据能够被接收、被认可，但是本身不能够被自动地理解，这也就说明不是所有的数据都能够构成信息链的环节，只有被理解的数据才能够构成信息链中心。

信息：信息在情报学理论中是个多义词，包含多个层面上的含义，从不同的角度能够解释出不同的含义，其中基于信息观哲学而言，信息包括本体论层次的信息和认识论层次的信息两个方面。具体而言，某一事物表现其的本体层次信息时，该事物可以自我反映自身的运动状态并且随状态的改变而变化。认识论层次信息又可分为语法、语义和语用三层信息。当主体自身运动状态或运动方式变化时，该事物的自身形式、主体含义和事物效应都会发生变化，我们将由形式部分而引起的主体的变化命名为"语法信息"，由含义部分而引起的主体的变化命名为"语义信息"，因效用部分而产生的主体的变化命名为"语用信息"，另外，有些信息还涵盖了语法、语义、语用的三层含义的信息，我们通常将他们命名"全信息"。信息链中的信息是一种狭义的信息，是指那些既能够被人所感知，又能被人所理解的数据。那些无法被人理解的数据可以说是广义的信息，并不存在于信息链环节中。处在信息链中心环节的信息既包含物理意义又包含认知意义，是连接物理世界和逻辑认知之间的桥梁。

知识：知识是信息的升华，是人们在实践的基础上对杂乱无章、漫无边际的信息进行理性加工和深入处理所得到的精华。经过实践检索和理性判断的知识在本质上是逻辑化、系统化的信息。甄别知识真伪的方式也是将知识进行实践检验和理性判断。

情报或智能：从信息链的角度来看，智能和情报能够归属于同一含义，通常情况下，两者之间既存在相同点，又有不同点。情报能够将相应静止的知识进行活化，并能够将知识进行有效的传递，而且情报体现出较强的目的性。智能通常是指解决问题的一种方法及能力，它在一定环境的条件影响下，有针对性地对特定的问题和目的进行有效的获得，而且能够有效地获得信息处理、处理信息形成的知识及策略，它利用策略的基础上对问题进行解决，进而有效地达成相应目的性的能力。当知识被人们利用并激活时，就成为了情报。情报是知识在满足某些条件时利用的结果。

二、信息链结构与动态演化

（一）信息链结构

根据不同的结构组合形式，信息链的结构主要有线性信息链结构、网状信息链结构、集成信息链结构三种。

（1）线性信息链结构类似于传统供应链理论中的上中下游传递节点，信息传递是基于线性的。其优点是信息传递无间断、方向明确，但这种结构在信息传递方面容易带来以下问题：各节点之间并非相邻，其之间的信息传递需要通过中间节点进行转发，因而各节点之间信息传递很难实现实时共享和实时分担。同时，由于存在非相邻节点，信息在传递过程中易出现失真现象。简言之，线性结构易出现"牛鞭效应"，即供应链上的信息流从最终点向原始点传递时，无法有效实现信息共享，使信息扭曲而逐渐放大，导致需求信息出现越来越大的波动。

（2）网状信息链结构以信息源节点两两连接为单元进行信息传播，可以使信息链各节点互联互通，提高了信息传递的效率和准确性。但是网状信息链结构中每个节点可能至少要和两个同信息源节点进行信息沟通，这就要求必须存在相应数量的信息传输通道，繁多的信息源节点势必会大幅增加信息通道构建成本，造成资源浪费。

（3）集成信息链结构是信息链各节点通过网络技术和信息集成平台高速连接，大大提高了信息传输效率，降低了信息失真度。

（二）信息链的动态演化

信息链是信息生态的集中体现，先进的信息处理技术为信息加工提供了有力支持。整个信息链的动态演化由信息的产生、传递、存储、处理、整合等环节组成，每个环节节点构成了信息链中的链接点。不同类型的信息链具有不同的结构和功能，每个信息链都会如生物的进化一样有着产生、发展、成熟稳定、突变等过程，信息链才会不断演化，千奇百态。

如图 2-2 所示，从信息链中的信息节点环节间的关系来分析信息需求、信息交换价值和信息势能，三者在信息链的演化转变中具有重要的作用。

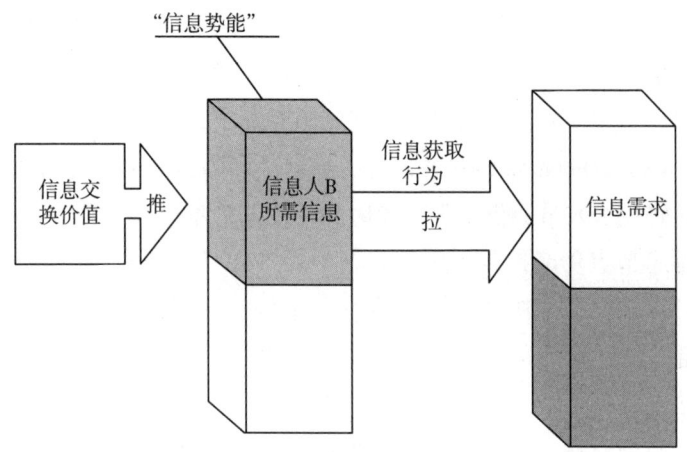

图 2-2　信息链的动力机制示意

信息链的动态演化理论解释了信息链动力机制，它关系着信息生态的复杂性和稳定性。信息链的节点间的关系变动影响着信息链的功能和结构。

1. 信息链的表现形式

信息链的表现形式有三个维度，主要包括信息链延伸扩展、节点功能的增加和信息节点性能提升。

信息链结构延伸扩展是在本身结构上进行调整变化，有两个方面的因素：一是指信息链为了适应上游信息点中内容、结构、形式等变化；二是指信息链为了适应下游信息需求节点的信息需求变化。

信息节点功能增加是因为在信息链上各个信息节点为了满足信息主体对信息需求的表现形式、服务内容、结构以及所需要的信息功能进行相应的功能增加扩展。

信息节点性能提升是为了提高信息服务水平，满足信息消费主体的需求，利用新的技术来提供更好的信息服务,提高信息生产、传递、消费共享的能力。

信息链的动态演化主要表现在信息链功能和结构的变化、信息节点性能和功能的发展上,其表现形式主要包括信息链扩展、信息节点功能扩展和信息节点性能提升三个方面。

(1)信息链功能和结构变化。信息链功能和结构变化是指信息链为了适应上游信息供给节点在供给信息内容、结构、形式、功能上的变化或下游信息需求节点的信息需求变化,在结构上进行的适应性变化。如 Google 为了满足其用户群中科研技术人群对高质量科研资料的需求,与各图书馆和出版机构合作,通过 Google scholar 将各图书馆的信息资源和 Google book 进行整合,从而更好地为科研技术人员提供全面、及时、序化的信息服务。

(2)信息节点功能扩展。信息节点功能扩展是指信息链上各环节为了适应信息人对需求信息的服务方式、内容、结构、呈现形式而进行的功能的改变。如淘宝网站针对消费者对产品"货比三家"的功能性信息需求,开发了网站的产品比较功能。

(3)信息节点性能提升。信息节点性能提升是指信息节点为了更好地满足信息人的需求,适应信息人需求的变化,或信息需求节点为了更好地处理信息,提升信息吸收利用效率而应用新技术和新的服务方式,提高信息的供给和利用能力。如 Google 每年采购 1000 台服务器,并采取分布式处理技术来保证每年新增的大量用户可以获得良好的用户体验;同时,Google 还着力开发云计算技术,应对用户日益增长的信息需求对 Google 处理器性能的要求。

2. 影响信息链功能、结构变化的主要因素

(1)信息需求变化。信息需求变化是导致信息链结构和功能变化的主导因素,包括对需求信息的结构、内容、呈现形式、服务方式的变化以及随着环境的改变和需求的满足,各种需求信息对信息人重要性的变化等。如随着网络信息量的增长和网络经济规模的扩张,网络用户已经不满足于传统万维网的简单服务,对网络服务的互动性和及时性有了更高的要求,这些都刺激网站运营者开始应用 Ajax 技术,为用户提供互动性更强的界面和服务。

(2)信息链节点间的供需平衡。信息供需平衡是在信息人需求稳定的情况下保持信息链稳定的基本条件,表现为信息供给方的信息供给效率与信息需

求方的信息吸收利用效率的大致相等。信息供给节点的信息供给效率与其信息生产和获取效率相关，只有当信息供给节点能够生产或获取到一定量的信息时，才能够满足其对外输出的要求，形成稳定的信息流。对于信息链中的传递节点来说，信息的吸收利用效率直接关系到它在整个信息链中的地位和影响，不断提高自身的信息利用率，才能更好地为最终信息消费者提供及时、适量的信息，吸引信息消费者不断从该节点获取信息，实现信息的交换价值。信息人对信息的吸收利用受到自身知识结构的限制，不断提高信息利用效率是提高自身工作、生活能力的需求。目前，信息链中存在的主要问题是信息供给节点拥有大量的信息，但供给效率不高，不能充分满足下游节点对信息的结构、内容、形式和服务方式方面的要求，在不能满足用户信息需求时，过早刺激、引导用户转向其他信息需求，造成网络迷航。信息供给节点需要采取措施，不断提高信息人的学习能力，保证用户信息需求的满足，这样才能维护信息链的稳定和信息流的通畅。

（3）信息反馈。信息反馈在控制论中是指控制系统为了"改善"某个或某些受控对象的功能，把信息输送出去，然后将其作用的结果返送回来，并对信息的再输出发生影响，以达到预定的目的的过程。本书中信息反馈是指信息需求节点将其信息需求的变化以及上游输出信息的内容、结构、形式、服务方式和功能的评价与意见返回给上游节点。网络生态要保持信息链结构、功能和信息流的稳定状态，需要信息反馈，将信息节点对信息的评价反映到上游节点，从而达到调节作用。所以信息节点对获取的反馈信息，要进行整理和分析，使反馈信息条理化，以便充分地利用、充分地发挥反馈信息的作用。

三、信息链与信息生态链

（一）信息链与信息生态链的关系

信息生态链是指在信息生态系统中，不同类型信息人之间信息流转的链式依存关系。信息生态链的概念是在信息生态学研究的基础上所提出的，同时也结合了价值链理论。信息链由事实、数据、信息、知识、情报或智能五个连环构成。而信息生态链是存在于特定的信息生态中的、由多种要素构成的信息共享系统。信息生态链中包含了构成信息生态的基本要素，即信息、信息人和信息环境，是信息生态的集中体现。

（二）信息链的应用

以企业构建信息链为例，构建信息链的时候同样将信息管理的活动分为两类：一类是信息管理的主要活动，是围绕信息管理过程展开的，也就是信息的获取、信息的传递、信息的处理和信息的应用过程；另一类是信息管理的辅助活动，它们是围绕信息管理的支撑条件和影响因素展开的。为此，先用过程和支撑的两个维度对将信息管理的有关活动进行分类和集成。

根据企业信息管理过程的特点，主要活动可分为以下四种：第一种活动是企业从外部环境中获取信息，它使企业与外界连接起来，是信息管理活动的基础和前提；第二种主要活动是信息的处理，信息在进入相应的部门后，必须经过处理和加工才能被利用；第三种主要活动是信息的应用，企业利用加工处理后的信息来提高组织效率，增加利润，为客户创造最大价值，这也是信息链管理的最终目的；第四种主要活动是信息的控制，包括信息的反馈及安全，不断剔除老化的信息。信息能够被企业利用后的效果需要及时反馈，以便企业的信息管理做及时的调整。而且如何确保企业获得的信息安全，不被泄露，也是企业取得核心竞争能力的关键。

企业的一切信息管理活动都可以被视为一项主要或者辅助的信息管理活动，基本信息链的提出只是提供了分析企业竞争优势的思维框架和一般性的工具，在特定的竞争环境中，某个企业的信息链可能会与上述基本信息链有所区别，有其自身的特点。因此，企业可以从这个基本的信息链出发，根据不同的内外环境，确认具体的信息活动和信息链。在确定信息链的过程中，企业所确定的有关活动应该能够帮助企业获得竞争优势或增强核心竞争能力，信息链应该突出反映那些对企业发展有明显作用的活动，因此，企业可以根据具体情况重新定义有关信息管理活动的角色，或者把它们加以合并、分解，从中发现企业新竞争优势的来源。在企业管理实践中，发现或者分离一种新的信息管理活动往往意味着发现企业核心能力新的增长点，企业可以重点加以开发和管理。

信息链的各项活动并不是一些各自独立、互不相干的活动，而是相互依存和联系的，单独一项信息管理活动往往不能构成企业的竞争优势，信息链内部的联系将各种信息管理活动组合成一个系统的管理体系，因而促进了信息在组织内的流动和转化效率的提高。信息链内部产生联系的原因除了信息管理活动的复杂性和各种活动天然地互为依靠、互相支持的原因外，还有一个原因就是活动之间的替代性，即同一功能的信息管理活动可以用不同的方式来实施，很显然，通过辅助活动的更多努力可以改善主要活动的效率和效果。例如，加强领导与战略的工作，包括企业文化建设、信息管理战略的规划和实施、领导方式的改善等都会形成组织良好的氛围，它对其他辅助活动和主要活动的开展都具有重要的影响。认清企业的这种联系，并依靠企业原有的优势资源，企业可以实现事半功倍的效果。再如，IT技术的发展对传统管理职能的替代作用是非常显著的，具有强大管理功能的软件、数据库已经被大量开发出来，它在许多领域代替了人的管理，实现了管理的自动化，大大降低了管理成本。很多信息管理活动，例如，信息获取、信息处理、信息应用以及辅助活动等，离开了IT技术很难实现。总之，联系是由于各种活动之间相互依靠、相互代替、相互影响的作用产生的。

信息链的联系不仅存在于信息链内部，而且存在于信息链之间，也就是企业和企业之间。信息链的外部联系主要有两种形式：企业上下游之间的纵向联系和企业横向之间的网络联系。企业的纵向联系主要是指企业与供应商以及与用户之间的联系，显然，上游企业的产品和服务中的信息是下游企业信息获取的源泉之一。对用户来讲，本企业的信息又是用户信息的应用平台。除了上下游信息链之间的纵向联系以外，企业与其他外部环境资源组成一个甚至数个知识网络，组成这些知识网的可能有企业的外部专家资源、企业合作伙伴、政府部门甚至企业的竞争对手等，企业与这些横向的信息资源共同构成一个信息集群网，一个企业的信息链只是某一个或者数个信息网络中的一个节点。企业获得和保持竞争优势不仅取决于企业对自身信息链的理解，而且还取决于企业对某个信息系统和信息网络的理解和适应程度。

（三）信息生态链的应用

信息的传递是信息生态链最核心的功能，没有信息传递信息就无法实现共享和消费，那么信息生态链的价值就无从体现。

信息生态链中信息的传递包括了信息拒绝、信息接收、信息的存储、信息处理等功能形态，信息的传递是双向的，并在传递过程由于信息主体的某种原因如信息主体本身、信息节点的分布、节点间的有效组合等，这些都会造成信息在传递过程中数量和质量发生变化，信息传递可以从信息传递的时效、传递

信息技术创新及应用对电子商务生态系统的影响研究

的质量和传递的价值等几个方面来衡量它的功能性。在整个大生态系统中,信息的传递跨越了单个信息生态链,信息可以在一个至多个不同结构的生态链间传递。

随着信息生态链研究的进一步深入和逐渐成熟,研究所形成的成果逐渐被应用到多个行业领域。对以往的研究和应用成果进行梳理发现信息生态链除了应用在传统的企业信息化建设、企业业务重组、办公自动化、ERP等方面外,正在向一个新的业态发展,那就是"互联网+"时代的电子商务、社交网络服务、自媒体、政务信息等领域,这些新生的业态也将各自行业的信息流与信息链进行关联,然后利用云计算、大数据、物联网和 VR/AR 等新一代信息技术对各自领域信息活动模式进行优化,以帮助行业和企业做出更优的决策。

第二节 信息技术及信息链创新模式

一、信息技术的创新模式

信息技术是利用计算机、网络设备等实现信息处理、信息传递以及信息管理的技术总称。1946 年计算机在美国诞生。1971 年微处理器的发明,使计算机进入微型化时代,计算机开始广泛应用,信息技术成为通用技术。20 世纪 90 年代互联网迅速普及。随后,随着以智能手机为代表的移动终端设备的发展,互联网进入移动化的新时代。信息技术发展是一次通用技术变革,主要具备三个基本特征。首先,信息技术应用于居民部门、企业部门和政府部门等各个社会部门,在生产、分配、交换、消费等各个经济环节都有广泛的应用,具备了广泛渗透性的特点。其次,信息技术自身存在持续的技术进步,并使信息技术的使用成本不断降低。最后,信息技术的发展催生了很多新的产品,如计算机上所使用的各种软件、随着互联网发展起来的各种内容服务等。信息技术的创新已成为引领时代前进的引擎和支撑经济增长的支柱。信息技术创新模式主要有以下四种模式:

（一）自主创新模式

自主创新模式代表国家是美国。20世纪50年代初，美国的R&D经费仅为50亿美元左右，到20世纪60年代初达到136亿美元，20世纪70年代以来逐年增加，1991年达到1606.5亿美元，占GDP的2.81%，到1999年达到2435亿美元，占GDP的2.79%。1999年初，为了促进信息技术的基础研究，美国政府提出了一项名为"21世纪的信息技术对美国未来的一项大胆投资"的计划。R&D经费的大量投入，在一定程度上确保了美国在创新与开发、信息技术基础研究等方面的领先优势，使美国走在信息技术创新的最前沿，硅谷也成为世界信息技术的"领头羊"。目前，美国掌控了世界信息产业的最为核心的技术，信息技术领域最重要的技术创新和重大产品都出自美国，美国发明专利占世界发明专利总量的28.8%。

同时，美国非常重视现代信息技术的创新及应用，其中，主要以网络技术、通信技术以及计算机技术为主体。1993年，美国政府提出了信息高速公路计划（国家信息基础设施计划，NII），掀起了信息高速公路建设的热潮，国际间新一轮的经济、科技竞争由此拉开了序幕。世界各国为追求在未来的国际竞争中处于有利地位，纷纷采取有力措施推进本国信息高速公路的建设。美国成为信息高速公路的建设的主要技术保障。美国的信息高速公路计划为美国的信息技术提供了广阔的国际市场，美国硬件和软件技术设备出口数量大幅增加，使竞争的主动权掌握在美国的手中，进一步确保了美国在信息技术领域的领先优势。1998年底，美国政府又决定建设第二条信息高速公路，这条信息高速公路比之前的信息高速公路快上千倍，主要供美国大学和研究中心之间高速通信使用，以有利于加强研究人员之间的合作，并为研究与开发世界上急需的、更高速的下一代网络奠定基础。

随着信息高速公路的发展和应用的普及，美国出现了一种新的商业模式——电子商务，并迅速传播到全世界。电子商务作为信息技术的主要应用领域，成为国民经济新的增长点。作为全球电子商务的发祥地和积极倡导者，美国政府高度重视电子商务的发展。1997年7月，美国政府公布了精心构筑的"全球电子商务框架"报告，报告全面阐述了美国政府对电子商务的定位、观点和战略思维，制定了一系列原则，包括电子支付、关税、法律政策、公民隐私权、知识产权和电子商务安全等问题。报告的发表不仅标志着美国政府系统化的电子商务发展政策的形成,而且显示了它谋求国际规则主导权的尝试。这一框架得到发达国家的普遍支持,已成为各国讨论全球电子商务政策和法规的标准。这将有助于美国维护和加强其在信息产业中的全球领导地位。

美国制定和实施各项与信息产业相关的重大政策这一举措,我们从中都可以感受到正是因为美国长期以来一直奉行以创新为导向的信息产业发展战略,才能够持续保持其信息产业健康、持续、稳步地发展。

创新型科研具有投资大、开发周期长、风险高的特点,因此,以创新为主导的发展战略更适合美国这样的大国,因为美国具有良好的科研基础、强大的科研和经济实力。

(二) 引进—消化—吸收模式

引进—消化—吸收模式的代表国家是日本。日本的信息产业起步较晚,比美国晚10年左右,但是日本很快迎头赶上,成为信息产业大国,仅次于美国。日本信息产业的快速发展得益于其选择了适合自身信息产业的发展模式,即执行全面的引进技术的政策,先追随、模仿,再转向开拓、创新。这种发展模式使日本迅速改善了技术装备,节约了大量开发费用,缩短了与国外先进信息技术的差距。例如,在动态随机存储器(DRAM)的开发上,日本从模仿美国技术开始,沿着4K、16K、64K、256K……的技术路线跃升,随着经济和技术发展水平的提高,20世纪70年代开始注意开拓和创新,然后逐步过渡到自行研制,直到20世纪80年代中后期日本半导体产量终于超过美国。

与欧洲国家和美国相比,在研发机制上,日本具有一个很大的特点,即民间企业型的开发占绝对优势,这就使应用研究非常发达,而基础研究则十分薄弱。也正因为如此,在需要丰富的创造力和坚实的基础研究支持的芯片产业开发上,即使在日本半导体工业主导世界的时代,美国仍然占据着芯片产业发展的主导地位。

薄弱的基础研究能力导致了日本应用技术和基础科学研究畸形发展的局面,创新能力后劲不足。对于信息技术等高新技术而言,缺乏创新无疑是致命的。基础研究薄弱,创新能力不足,严重制约了日本经济发展的进程。

(三) 切入—跟进—提升模式

切入—跟进—提升模式的主要代表是韩国和中国台湾地区。其基本做法是,通过技术贸易、企业合作、科学家和工程师的流动,购买专利技术获取知识,采取"用中学"的方式吸收和消化嵌入的技术知识,逐步培养消化吸收能力。在充分发挥比较优势的基础上,参与产业国际分工,从技术产品成熟期进入,并向产业链的上游发展;政府通过培养大批技术工人和合格工程师,加快建设高效的创新体系,创新能力迅速提升。如表2-1所示,韩国和中国台湾地区1992~1996年在美国信息产业的专利数量,分别为1629件和1007件,较前10年分别增长40625%、8292%,增长率分别位列第一、第二,专利拥有量已超过德国、英国,实现了创新能力的提升。

表2-1 美国信息产业专利技术增长情况

国家或地区	1982~1986年专利数量	1992~1996年专利数量	增长率（%）
美国	13202	32852	149
德国	1304	1712	31
日本	7012	25015	257
英国	575	921	71
韩国	4	1629	40625
中国台湾	12	1007	8292
以色列	53	258	387

资料来源：黎苑楚等.建设湖北高新技术发展研究［D］.湖北省科技信息研究院,2003.

具体地说,台湾地区信息产业发展如此迅速及其升级的原因在于,它抓住了信息产业发展的三大环节,即切入、跟进和提升。也就是说,台湾地区没有盲目地追赶和超越发达国家的信息技术和产品的战略,而是根据自身的比较优势,以低端技术为出发点,主动加入到国际信息产业链的加工环节。信息产业的组织结构具有树型分布的特点。位于上游的信息技术更新快,产品生命周期短,需要大规模的研发投资。鉴于台湾自身的技术水平和财务状况难以实现,同时科研开发投资高,也会导致产品成本高,难以保持竞争力,因此短期内不太现实。而位于中下游的应用型产品与服务,技术含量相对较低,企业进入门槛低,市场潜力大,应是发展的重点。采用切入—跟进—提升的发展模式,台湾地区信息产业经历了三个阶段,从代加工（OEM）到代设计（ODM）再到自创品牌（OBM）。台湾地区采用这种滚动发展的方式积极跟进,自身的信息技术水平得到了显著提升，一些自主经营、自主开发、拥有先进技术的跨国集团也逐渐涌入进来，最终实现台湾地区信息产业水平的快速提升。

（四）出口加工模式

出口加工模式的典型代表是东盟各国。出口加工模式是指某些企业通过出口和加工外国产品加入国际产业链，从而促进本区域的产业发展和经济增长，但忽视了技术的学习吸收和自主创新。国际技术转移对东盟各国产生了"时间压缩效应"，使东亚地区得以加速吸收发达国家在长时期发展起来的各种技术，节约了研究与开发成本，为东亚国家和地区实现"压缩型的工业化"提供了外来助力。作为其工业化成功的重要标志之一，东盟各国不同技术集约度的产品的进出口比重发生了显著变化。据日本学者统计，1980~1990年，东盟各国出口的加工制品中，低技术集约品所占的比重呈现出下降趋势，其中新加坡则从44.1%降至32.8%；与此同时，新加坡高技术集约品的出口从19.0%提高到40.1%；印度尼西亚、马来西亚、菲律宾、泰国四国中，尽管印度尼西亚、马来西亚和泰国低技术集约品的出口有一定程度的增长，分别从10.5%、24.4%、38.2%提高至40.5%、29.4%、47.4%（菲律宾则从46.2%降至32.2%），但与此同时，四国出口的高技术集约品所占比重也有了显著增加，各自从29%、11.1%、0.6%、5.7%增加到10.1%、22.9%、1.5%、15.7%。

尽管国际技术转移构成了东亚国家和地区"压缩型工业化"必不可少的外在前提，但随着东亚国家和地区同世界经济联系日益紧密，东亚国家和地区对技术的依赖性也不断增强，这是不容忽视的问题。据同一日本学者统计，1980~1990年，东盟各国的贸易逆差主要来自高科技工业产品、机械和零部件的进口。因此，尽管东盟国家和地区的出口导向型工业化获得了成功，但这种模式体现在贸易收支上，就是东盟各国和地区用对主要出口制成品国的贸易顺差，来弥补对主要进口国进口零部件、中间产品和资本货物的长期贸易赤字，甚至出现了出口越多、进口也越多的循环，形成了一种特有的"赤字体质"。

因此，简单的出口加工增长模式对促进产业结构升级和经济腾飞起到了重要作用。然而，由于这些国家尚未建立起自己的技术体系和核心竞争力，存在着对技术创新核心领域过度依赖的"技术陷阱"，其始终处于价值链的末端，具有较低的附加价值率。一旦其他地区有条件进行加工和转移，这些国家和地区的产业结构将陷入困境。东亚国家和地区出口越多，进口就越多，形成独特的"赤字体质",容易与其他地区产业结构趋同,竞争性强,互补性弱。东亚金融危机证明,单一的出口加工发展模式存在主要缺陷。

二、信息链的创新模式

信息链的定义如前文所述,根据信息链是否发生演变以及知识传递和创新方式的不同,我们可以对信息链的创新模式进行划分。第一种创新模式表现为信息产业链上的知识转移、共享与整合,主要是通过信息链的上下互动和水平协同实现的知识创新,其创新过程往往与产业链的横向整合或纵向整合相关。第二种创新模式为信息链变革引致的知识创新,表现为产业链网络化和集群化所引发的创新方式变革,包括信息链网状创新模式和集群创新模式。相比较而言,第一种创新模式是传统意义上的知识创新要素的传递与整合,第二种创新模式则涵盖了组织创新与知识创新的融合,具体为以下三种:

(一)线性创新模式

产品和生产过程的创新是通过信息链上下互动或水平协作实现的。上游和下游产业链的互动创新也可以称为纵向互动创新,即上游企业为下游企业提供新材料、新技术、新服务,鼓励和支持下游企业实现创新,意味着下游企业的创新带动上游企业提供新的资源、技术和服务。这一过程可以是企业下游双向需求刺激上游企业创新,或上游企业创新推动下游企业产品创新。水平协同创新,也称为横向协同创新,是指同一环节不同产出的企业通过开发和创新各自的产品、技术和服务,推动企业创新或整合新的服务。例如,移动通信系统设备制造商和终端制造商,使用3G或4G技术分别生产系统设备和移动电话,提供给通信运营商,为消费者提供通信服务。

(二)网状创新模式

网状创新模式通过形成网络状信息链而实现的产品和生产工艺创新的过程。在网络状的信息链中,知识是主要的关联方式,特别是在模块化分工条件下,"网络状主导式创新模式"是网络状信息产业链的主要创新模式,在该模式下,网络中核心企业发挥舵手作用,遵照设计规则,进行既有联系又有独立创新的活动。

(三)集群创新模式

产品和生产过程创新的过程是通过产业空间集聚和企业以及相关机构的关

信息技术创新及应用对电子商务生态系统的影响研究

联来实现的。与信息链的网络创新模式不同，信息链的集群创新模式强调信息链地理集中引起的新的创新模式。这一创新模式实现的重要前提是信息链的分解所导致的信息产业集群的形成，以及在这一过程中，知识网络的变革和创新网络的形成、非正式和正式机制之间的相互作用对创新优势等的影响。

第三节　电子商务生态系统结构及特征

电子商务形成、电子商务业态、电子商务生态系统体现了在信息技术作用下，电子商务在不同时期的发展。电子商务形成是信息化技术的产物，电子商务业态是电子商务应用发展的高级和成熟阶段，电子商务生态系统是电子商务发展的必然趋势。

一、电子商务的形成

电子商务本身就是信息生态链的应用场景和信息化技术的产物，是一个典型的受信息生态环境影响较大的信息业态，是当今商务趋势和信息技术两种力量共同作用的结果。随着网络技术、云计算、大数据、物联网和移动通信技术等新一代信息技术的快速发展和应用，电子商务作为不断发展的商业模式，与实体经济也变得越来越密不可分，深入影响了人们的日常生活、生产和消费，成为社会资源配置的一种重要途径，为社会经济发展贡献了巨大的力量。信息技术的广泛应用，使互联网虚拟市场可以和实体市场相提并论，电子商务市场成为促进互联网虚拟市场发展的重要力量。

电子商务是基于 Internet/Intranet 或局域网、广域网，包括了从销售、市场到商务信息管理的全过程。电子商务强调参与交易的买方、卖方、银行或金融机构和所有的合作伙伴，通过企业内联网、企业外联网和互联网密切结合起来，共同从事在网络计算环境下的商务电子化应用。

电子商务的发展可以追溯到 20 世纪 60 年代后期出现的计算机订票系统。当时，美国航空公司与 IBM 公司合作开发了飞机订票系统，人们可以通过网络预订自己出行时的机票，选择他们理想中的航空公司、航班时间等，而这一行为过程可以被认定是早期的通过互联网进行的网上交易活动。20世纪80年代，电子数据交换（EDI）被用来在标准格式的电子商务文件上处理计算机网络上的商业文件，它取代了传统贸易中的书面文件递送环节，大大地缩短了交易时间。1994年，20家美国硅谷的大公司发起在互联网上建立商业网，不仅在成交之后可以用电子通信方式完成贸易手续，而且可以采用电子通信方式进行商务谈判，使电子商务能够在商务活动的整个过程中得以实现。由于电子商务有利于促进经济贸易发展，各国都对其采取积极支持的态度。

当今的电子商务普遍应用于工业、农业、流通、金融等行业。其中，工业电子商务的应用包括大中型企业的电子商务和中小企业的电子商务。最流行的应用是在线和离线营销渠道的整合和淘宝农产品的在线营销。流通电子商务的应用主要包括外贸电子商务和零售电子商务。金融电子商务的应用主要包括银行电子商务和保险电子商务。电子商务在其他行业的应用包括电子政府采购、运输电子商务和邮电电力分公司、旅游电子商务、网络广告、生活娱乐服务电子商务。

二、电子商务业态

广义的电子商务业态是指所有应用电子工具（无论是初级还是高级）所进行商务活动的经营方式。狭义的电子商务业态定义为电子商务经营者以顾客购买需求及购买方式为导向而建立起来的经营形态，在充分考虑客户的各种心理和购买行为的基础上，通过对目标市场、服务方式、经营品种和价格策略等经营要素进行有效选择和组合而形成的经营风格和管理模式，最终实现商品或服务在电子商务平台上的流通，创造新的价值。广义定义与狭义定义的最大区别在于是否运用了电子商务平台。

电子商务业态可以看作网络生态系统。电子商务业态包括三部分：电子商务平台、主体因子和环境因子。电子商务平台以及所有电子商务业态所进行的交易活动都需要借助于网络才可以实现。没有网络的支持，电子商务平台无法成形，所有的交易活动也不能进行，因此，电子商务业态的运营及发展都要依赖于网络。其中，电子商务平台是整个电子商务业务运作和发展的基础，没有电子商务平台就无法开展电子商务活动。同时，电子商务平台也依赖于网络。没有方便快捷的网络支持，电子商务的优势将无法体现，也不会应用到各个领域。主体因子是电子商务平台的提供商和应用商，也就是"人"和"组织"，他们是电子商务业态的关键，主导和控制着电子商务平台的形成与发展，以及通过应用电子商务平台进行电子商务活动，从而达到某一目标。环境因子指的是影响整个电子商务业态发展的内外环境，一般包括社会环境、经济环境、科技环境以及法律法规等。

电子商务业态中的环境因子影响电子商务业态主体的行动与决策，从而也会影响电子商务平台的结构与发展。因此，整个电子商务业态的发展是电子商务业态主体因子在环境因子的影响下，适时地调整电子商务平台及通过电子商务平台所进行的交易活动，从而不断前进与发展。这种发展过程也是一种动态的平衡过程。简单地说，就是电子商务业态主体在环境中生存和发展，当内外环境对主体因子产生一定影响时，主体因子会做出相应的判断，并结合此时的环境做出决策和行动。这种决策和行动可能会体现在电子商务平台中，也可能会体现在所进行的电子商务的交易活动中，此时，整个电子商务业态就会发生一定的变化，这种变化也会影响到电子商务业态所处的内部和外部环境，使内外环境也发生变化。这种电子商务平台、电子商务业态主体因子、环境因子三者之间的相互影响及相互作用构成了电子商务业态发展的动态平衡。

电子商务业态是电子商务应用发展的高级和成熟阶段。电子商务状态的各主体因子在初始阶段，自身条件不均衡，涉及的领域不同，发展目标不同，因此它们选择自主发展，经过一段时间的发展，其生态位会发生变化。在一定程度上，有的会发展到更好更高的生态，而有的则面临负增长将被淘汰。为了避免被淘汰，它们选择不同形式的协同发展，找到自己的位置，互相帮助、互惠互利，从而促进整个电子商务应用状态的进步和发展，并成为一种新的业态形式。

从网络生态学的角度看，电子商务业态的本质主要有三点。第一，在中国电子商务业态中的电子商务过程，是科学技术发展和社会生产的产品。科学技术的发展促进了社会生产力的发展，社会分工越来越细，生产和消费之间产生了越来越多的矛盾，越来越多地依赖于信息的流通。与此同时，商品流通的方式也在不断变化。网络技术是电子商务交易的基础，没有网络技术就不能发展电子商务，通过网络技术，电子商务减少了很多交易环节，相对应的物流过程、资本运营过程也发生了变化，但是商品没有变化。简单地说，通过网络技术，我们可以实现电子商务，实现现代商品交换的过程，实现价值实现的过程，改变商品之间的交换形式，即商品流通模式。但商品流通的本质 W-G-W

却没有改变。第二，网络环境下的电子商务业态模糊了企业的边界。中国仍有一些电子商务企业，其管理内容与传统企业类似，但借助网络技术改变了这些企业的管理模式。在传统的经济过程中，企业都有自己的企业边界，企业边界的变化只能在长期的规划和调整之后进行。然而，电子商务企业是在网络化的虚拟环境中运行。虽然它们具有一定的采购和销售功能，但它们实际上并没有去经营这些功能的机构，它们只通过某些电子交易或合同进行合作，这不仅简化了更多的链接，而且节省了各种各样的成本。对于电子商务业态的企业来说，扩大或缩小其经营范围和规模，调整企业的边界并不像传统企业那么困难，而且相对而言更方便。因此，电子商务业态在网络技术环境下，各企业的边界并不像传统市场那样明显，企业的规模可以根据市场不断调整和变化。因此，企业在电子商务中的界限越来越模糊。第三，所谓的电子商务业态形式对外提供的就是交易信息和交易平台的服务。电子商务业态是依托互联网技术形成的。在电子商务平台上，流程是虚拟信息流，如资金流、物流等，没有真实的信息流。货物交换、实物取货（如现金提取、货物分配和使用）都是离线的。在整个电子商务交易中，通过电子商务平台进行信息流通，从而验证了电子商务只是改变了商品流通形式，并没有改变商品流通的本质。

电子商务业态其中一种模式是信息中介模式。由于互联网应用的广泛性，任何一次点击都产生相应的数据，而日积月累下来，互联网上存在了大量的数据。这些数据是极具价值的，如消费者的购物习惯、地域习惯、支付习惯等，这些信息如果经过专业化的分析，可以对市场、企业的各种经营活动进行更加准确的定位和指导。由此应运而生了一种更加专业的信息中介模式，这种模式的应用可以有效减少企业在各种生产、营销等活动中的盲目性，剔除无效的生产经营环节，降低无效的活动成本，也更加准确地、有针对性地生产满足市场和消费者需求的产品，实施有效的营销策略等，从而使自身的产品和服务得到持续稳定的增长。

三、电子商务生态系统结构

电子商务生态系统是商业生态系统在电子商务环境下的一种形式，是由一系列相互联系的企业或组织机构，不受地理位置的制约、以互联网为竞争和沟通平台，通过协作、资源共享的方式组成的有机生态系统。

对于电子商务生态系统结构,吴恒亮等在研究电子商务生态系统构建策略中,提出了电子商务生态系统中的构成模型。其模型包括核心层、支撑层、延伸层和环境层四个层面。其中,核心层指的是电子商务交易主体(包括电子商务核心企业、供应商和客户);支撑层包括物流公司、供应商的供应商、金融机构、第三方支付机构、认证机构、第三方电子商务平台提供商、广告公司、软件公司等,它们是与电子商务交易相关、直接参与其中的组织,并为核心企业完成交易提供了各种支撑服务,例如软件服务、安全认证、网上支付、物流配送等;延伸层包括政府部门和其他制定规章的准政府组织,风险承担者(投资者、物主、行业协会、制定标准的协会等),分享产品、服务、流程和组织形式的竞争机构以及科研院所等,这些组织与电子商务交易存在某种联系;环境层指的是电子商务生态系统的自然环境、经济环境、文化环境、政策环境等外部环境。

此外,叶秀敏对电子商务生态系统研究中提到,电子商务生态系统主要由主体、环境和关系三个部分组成。电子商务生态系统结构如图2-3所示。

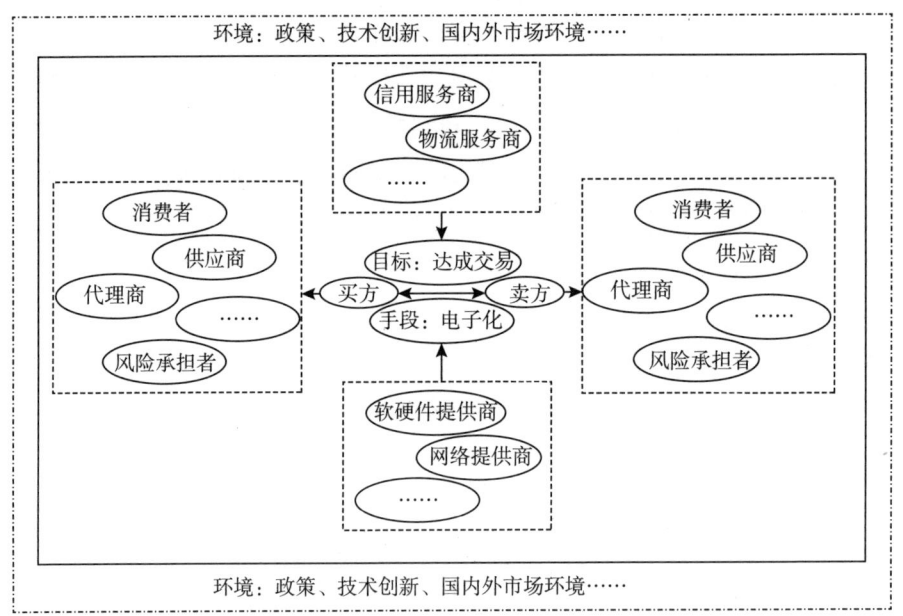

图2-3 电子商务生态系统结构

资料来源:叶秀敏.电子商务生态系统研究[M].北京:社会科学文献出版社,2010.

主体即是指电子商务活动的主要参与者，包括从事电子商务活动交易的双方以及与其相关的价值链，例如，原材料供应商、代理商、用户、合作伙伴等，电子商务供应商（如网络供应商、软硬件提供商、通信服务提供商、平台提供商等），交易服务商（如物流服务商、结算服务商、信用服务商等）。环境是指影响电子商务主体活动的各种力量。主要分为宏观环境和微观环境，宏观环境主要有政府的政策调节及相关法律法规的制定、经济发展水平、社会文化和意识形态等。微观环境主要有计算机和网络及通信技术的创新，国内外同行业的竞争态势等。关系指的是主体之间、主体与环境之间以及子系统之间的关系，其核心内容是系统内部信息流、物流和资金流的交换。

四、电子商务生态系统特征

一般来说，一个系统主要有三个原则：一是整体性，系统及系统内各个部分是一个整体，应该分工协作，以实现整个系统的进步；二是模型化；三是最优化。电子商务生态系统除了具备上述的特征外，还具有以下特征：

（1）动态性。作为一个完整的整体，系统内部成员并不是一成不变的，它们会不断更新，同时也会不断地有外部力量参与扩大，内生和外生力量的作用意味着电子商务生态系统具有动态变化的特征。系统的构成要素不断淘汰更新，最终实现电子商务各部分成员的共同发展，达到一个整体系统的完善。

（2）多样性。电子商务生态系统是由一系列密切相关的企业和组织构成，存在着多种主体：不同产业、不同行业的企业以及平台服务商，金融、技术、物流等支持企业，等等。另外，由于企业所处的市场环境瞬息万变、变幻莫测，并且各个企业面临的市场环境也不尽相同，因此电子商务生态系统的外部环境也具有多样性的特点。大量行业、形式、功能各异的主体可以使电子商务系统协调发展、增强系统稳健性；而如果电子商务主体生态位过于集中，就会大大加剧竞争，甚至产生恶性竞争。

（3）开放性。只有一个开放的系统，才能具有最强大的自我调节和自我修复功能，以保证系统不断地吸收最优秀的成员，能够与外界自由地交换信息。开放性使企业与其他企业在最大范围内建立合作关系，形成良性的系统循环，达到资源的优化配置和有效利用。

（4）竞争性。在自然生态系统中一直存在着"物竞天择，适者生存"这样的竞争理念，同样地，在激烈的市场竞争环境下，电子商务系统也要不断完善自身，通过技术革新等方式保持自身的竞争优势。

（5）协同性。系统内部各成员作为整体系统中的一部分，它们之间的关系是互相依存的关系，面对市场环境变幻莫测的挑战，内部各要素之间必须互相协调、相互补充、共同发展，从而达到自身和整体利益最大化。

（6）生态平衡性。生态平衡性的不平衡是电子商务生态系统进化的原因。但平衡的概念应当是相对的，只有保持相对的生态平衡，流通于整个电子商务系统的各种流才能稳定畅通，才不会出现信息超载、信息垄断、信息侵犯等现象，也不会发生资金断裂、资源垄断、恶性竞争的情况。只有这样，才能更好地为其中的主体创造条件、产生更大的价值。

第四节 电子商务生态系统的组织机理

电子商务生态系统的各"物种"成员间相互交织，信息、物质和能量由此流动和循环形成价值网络，这种集成性提升了系统的效益，达到"1+1>2"的效应。但是，系统中各成员分属于不同的经济实体，各自独立运转，做决策时每一个成员都以自身利益最大化为目标，难以避免产生冲突和矛盾，从而影响系统的总体效益。因此，电子商务生态系统需要一定的规则把不同的"物种"成员集成在一起，最终实现电子商务各"物种"成员的生态共建、生态共生，以及在此基础上的价值创造、价值共享和共同进化。电子商务平台作为领导种群，既为电子商务提供交易平台，也是整个生态系统的领导者和管理者，它对生态系统资源整合和成员协调起到不可替代的作用。因此，电子商务平台推进生态系统规则（即"网规"）的建设责无旁贷，为生态系统其他成员提供更好的生存环境，并为平台型电子商务生态系统的未来发展以及打造新商业文明做出贡献。在平台型电子商务生态系统中，各成员通过各种经济行为和社会关系相联结，其治理方式表现为网络治理。生态系统内部的交易既不是通过无关联的交换也不是通过行政的权威来完成，而是基于电子商务平台，以互惠、信任、平等为基础而完成的结果。领导种群作为核心企业，是协调其他成员关系的主导力量，但领导种群的权威力量会在其边界外的交易中被削弱，因此平台型电子商务生态系统治理的本质是一种协调，而非控制和统治。有学者认为应该从关系治理、利益治理、信息治理、协作治理这四个方面建立平台型电子商务的治理机制和生态系统规则，从而建立各成员之间的信任关系，调整并完善系统规则和共同体内部结构，逐渐形成合理的利益分配模式，尽可能地减少组织与组织间的边界，实现各成员、各种群间的信息共享和有效合作。具体如图2-4所示。

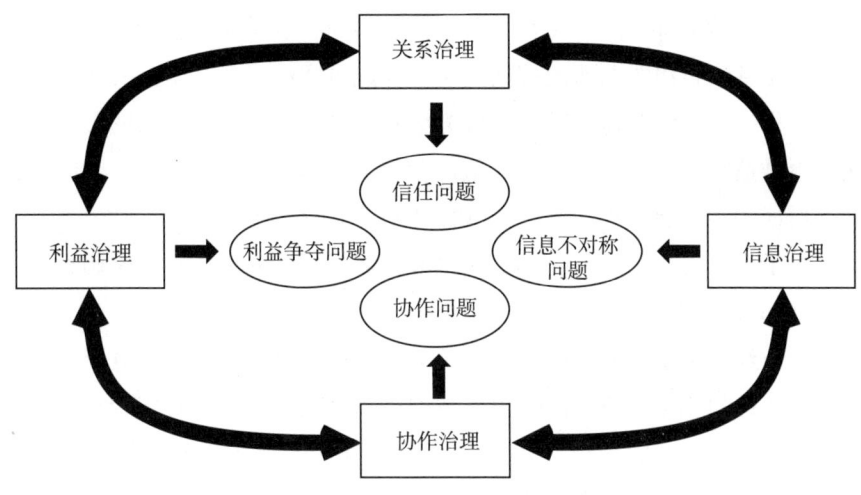

图2-4　电子商务生态系统的治理机制

（一）关系治理

中国互联网络信息中心的调查显示，在网上购物最让人不放心的事情中，64%的受调查者认为是商品品质，34%的受调查者认为是卖家诚信。由此可见，网络的虚拟性和开放性是造成电子商务交易缺乏信任的重要原因，而网络安全技术的不足、电子商务交易者缺乏诚信、电子商务信用工具缺失、网络营销系统和网络公司的可信程度低，这些因素使电子商务信任危机愈演愈烈。电子商务生态系统各成员之间的信任是电子商务交易的基石，成员之间缺乏信任只会为交易成本和交易风险的增加付出代价。信任可以使电子商务生态系统内各成员更好地实现资源优势互补，提高整体的敏捷性和灵活性。各成员需要在信任的基础上才能共享他们的技术、经验与能力。如果成员间能建立起一种共享数据的高度信赖关系,就可以实现一体化活动所要求的销售数据、库存数据、货运状况等数据的共享。成员之间的信任关系对于电子商务生态系统整体效率、绩效及竞争力的提高有着十分重要的作用。所以,解决信任问题、建立一种信任关系机制是解决电子商务生态系统其他问题的基础。

电子商务生态系统成员之间的信任关系有以下三种不同的机制:一是基于契约的信任关系,即基于利益目标的买方与卖方之间的契约关系。如果其中一方私自违约很可能受到惩罚,因为它是建立在基于权威监督的信任之上的。二是系统成员之间的信任是建立在电子商务平台权威机构的干预和监督之上的。任何不诚实的行为都会受到来自权威机构的惩罚,这种惩罚包括名誉或利益的丧失。三是基于自组织联盟的信任关系,即成员间的信任基于其所属的自组织联盟的信誉,自组织联盟的整体形象会给其成员带来正面或负面的影响,而成员任何不诚信行为会降低其所属联盟的信誉,从而影响联盟其他成员的信誉,另外,信任关系也建立在联盟成员资源和知识共享的基础之上。

在电子商务生态系统演化的不同阶段,适合不同的关系类型协调机制,每一种机制都有其自身的优缺点。

基于契约的关系协调机制是一种最基础的信任机制,适用于电子商务生态系统发展之初的开拓阶段,此时网络结构比较松散,成员拥有较少经验,成员之间只存在简单的信息传递,在这种情况下很难建立起其他的信任机制。然而,在这种基于契约的关系协调机制下,交易双方容易出现投机行为,不完善的系统规则使交易者容易逃过违反契约后的惩罚,最终为自己的利益而选择不守信的行为。

基于权威监管的关系协调机制是目前使用最广泛的一种信任机制,适用于结构化较强的交易活动,通过权威机构把交易过程中可能遇到的各项问题的奖惩规则都标准化,达到节约交易费用、提高经济效益的目的。这种信任机制的关键在于交易中失信行为的处罚力度,即失信者违约成本的大小,因为交易者会视可能受到惩罚的大小而相应地选择其行为。当惩罚足够大时,会促使交易者守信,提高双方诚信交易的概率,相反则达不到该信任机制的约束作用。基于自组织联盟的关系协调机制与其他两种机制相比,具有对不确定性更强的适应能力,但需要更长的发展过程。

基于自组织联盟的关系协调机制其优势十分明显,不仅可以鼓励成员间的深度合作以及高水平的知识共享，而且自组织联盟能约束其成员在交易中的行为，增加诚信交易的可能性。但在这种机制下，如果交易者失去耐心，而不诚信行为的收益又足够大时，仍会诱使交易者出现不守信行为，打破信任关系。因此，最好的方法是配合使用多种关系协调机制，通过权威机构的监管，降低不守信的收益，提高不守信的成本，从而进一步增加自组织联盟成员诚实守信行为的可能性。

(二) 利益治理

正如前文所提到的，当电子商务生态系统进入协调阶段，其"物种"成员的种类和数量超过临界点之后，系统所提供的资源无法满足所有成员的需要。如果每个成员都以自身的利益最大化作为前提，那么成员之间必然产生激烈的利益争夺。各成员都希望通过把握自身的资源和能力，争夺可获得的各种利益。生态系统内各成员对利益的争夺很容易导致低水平恶性竞争的出现，恶性竞争使各成员的利润普遍下降，甚至出现破坏性行为，使整个生态系统都处于一种不稳定状态，从而打断系统演进的步伐，对生态系统造成严重的负面影响。电子商务生态系统中各成员的利益治理关键在于如何在资源有限的情况下，平衡不同种群成员之间的关系。这主要可以从利益分配机制和激励约束机制两方面着手。

在利益分配机制的构建方面，应有长远的发展眼光，不能因为眼前利益而偏重自身利益，应该重视电子商务生态系统整体的利益，更多地以物种成员在生态系统中的地位以及与其他电子商务生态系统的竞争状况出发，形成生态系统各成员合理公平的利益分配模式，使各成员按此规则和协议采取相应的行为。构建利益分配机制时需要遵循几个原则。第一，平衡原则，这是利益分配的最基本的原则。平衡的成员关系才能使整个生态系统保持高效的运营，实现最大利益。电子商务生态系统的各种群成员其规模大小不同，在生态系统中的地位不同，如何平衡他们之间的利益关系至关重要。第二，协商让利原则。在利益分配过程中，最容易产生分歧引起纠纷的是在实践中出现而又无界定或界定不明确的新利益。其应本着实事求是、充分协商的原则来处理。当实际利益分配明显有利于某些成员时，这些成员应适当让出一部分利益给利益分配明显偏低的成员，以谋求共同发展。第三，民主决策原则，在利益分配过程中，成员企业应该有权利从自身的角度出发，提出初始的利益分配方案或对已有方案提出意见和建议,而作为领导种群电子商务平台应给予其他成员充分的权利,听取他们的意见并反映在最终方案之中,充分体现民主性,使最后的利益分配方案更容易让其他成员接受。

在激励约束机制的构建方面,激励约束机制的构建其实是对整个电子商务生态系统的利益进行再分配的过程,对于那些对整个生态系统的贡献很大但在利益分配中处于弱势的成员,给予适当的奖励或者是激励。相反,对于破坏电子商务生态系统整体利益的行为做出相应的处罚。构建激烈约束机制需要遵循以下几个原则:一是公平性原则,即激励和惩罚必须对不同成员做到一视同仁,而且措施适度,根据所涉及问题的大小确定适当的奖惩明确性原则,任何一个成员都必须了解奖惩的措施,直观和可视程度与奖惩的影响效应成正比时效性原则,激励或惩罚越及时越有利于发挥其效应;二是激励与惩罚相结合原则,鼓励有利于电子商务生态系统的行为,严惩不诚信的行为,正负激励不仅作用于当事人,而且会间接地影响周围其他成员。

(三) 信息治理

商品信息的不对称是电子商务生态系统中信息不对称问题的主要部分。互联网的出现为信息的交流提供了极大便利,在一定程度上减弱了信息不对称。然而,主要依靠互联网运行的电子商务市场却出现了比传统市场更为严重的信息不对称问题。零售商或生产商通过网络将商品信息传递给消费者,消费者在拿到商品之前无法验证这些信息的准确性。商品信息相对于交易主体之间存在不对称性。如果信息不对称现象非常严重,交易者无法事前知道商品的实际质量,那么他们就只能根据预期的平均质量支付价格。随着价格的下降,质量高于平均水平的卖者只能退出生态系统,越来越多低质量的商品进入生态系统,反过来再一次降低交易者对平均质量的预期,最终导致电子商务生态系统内的商品质量不断下降。

电子商务生态系统的信息治理应包括以下几个方面:首先,制定相关产品和服务的质量标准。其中产品质量标准指规定产品质量特性应达到的技术要求。产品质量特性一般以定量表示,例如强度、硬度、化学成分等;对于难以直接定量表示的,如舒适性、灵敏性、操作便利性等,则应通过对产品及零部件的试验研究,确定若干技术参数,以间接定量方式反映产品质量特性。而服务与一般产品不同,很难用明确的指标来进行描述,而且感受往往因人而异,所以服务质量标准较产品质量标准更为复杂，一般通过服务工作能够满足被服务者需求的角度，从可靠性、响应性、保证性、移情性和有形性这五个维度来进行描述和定义。由于产品和服务质量标准是检验和评定其质量的重要技术依据，相关产品和服务的质量标准建设有利于解决电子商务生态系统中信息不对称问题中的技术问题。

其次，打造多重信息沟通渠道和信息共享氛围。信息沟通渠道，包括正式渠道和非正式渠道两大类。正式渠道是指电子商务平台，即领导种群提供给电子商务生态系统成员的各种信息发布平台和其他的沟通模式，如即时聊天工具、论坛等非正式渠道指不受电子商务平台约束的成员之间的信息沟通渠道。非正式沟通较正式沟通信息传递速度更快、信息量更大、覆盖面也更广，但非正式渠道所分享的信息内容不受电子商务平台保护，其信息的真实性和完整性无法得到保障。

最后，信息共享的氛围与信息沟通渠道同样重要，良好的信息共享氛围能够促进成员之间更真诚、更深入地沟通信息，从而通过调整成员对信息共享的看法以达到改善信息不对称的目的。因此要建立保障体系和身份认证机制，通过权威认证组织来进行监控管理。在电子商务中，参与者的虚拟性和非人格化的特征降低了机会主义者的造假成本。通过建立保障体系和身份认证机制，可以消除匿名影响，增加违约成本，进而保障网络交易的安全。身份认证可由各行业部门及公众信任的、认可的、权威的、不参与交易的网上身份认证机构完成，其主要职责是颁发证书、认证证书和管理已颁发证书。通过数据加密、数字证书、数字签名等技术来确认交易双方的身份，使交易相关信息的收发具有不可抵赖性、不可否认性、不可篡改性等特征，交易者的历史交易信息都将被记录和存储。

（四）协作治理

电子商务生态系统的协作治理应以合作环境培育为主，通过对电子商务生态系统的协作环境的创建与培养，营造一个开放合作、和谐有序的氛围，从而增加成员间合作的可能。电子商务生态系统不仅为上游供应商、下游经销商、代理商以及终端的客户提供自由交易平台，更重要的是为这些成员实现快速响应需求、信息共享及有效的协同工作，提供环境和条件支持。对电子商务生态系统协作环境的培育，可以通过以下几方面来实现：首先，倡导合作的重要性，促进各"物种"的协作。利用互联网信息共享成本低、不受地域限制等特点，形成各种形式的协作，领导种群要成为联系其他种群合作的纽带和基础，为成员间协作提供便利条件，并合理解决成员之间的冲突。从而增加电子商务生态系统的整体实力和可持续的竞争力。其次，支持自组织联盟。电子商务生态系统成员间的自组织联盟有助于成员间的合作交流，形成规模效应。电子商务平台应在资源上支持自组织联盟的发展。自组织联盟的作用是一个循序渐进的过程，电子商务平台应对其保持长期的关注和支持。再次，规范自组织联盟的规章制度。实证研究表明，正式的规章制度对提高联盟的可持续性、增加联盟的竞争力有一定促进作用。因此，在社会治理的基础上加入一定的契约治理，能使互联网环境下的特殊自组织联盟发挥更大的效用。最后，鼓励成员间的深层次合作。研究表明，深层次合作相对于浅层次合作来说能为合作者带来更多价值，例如知识和资源的共享、组织优势的互补、管理能力及营销能力的提高等多个方面。因此电子商务平台应引导其他成员从浅层次合作向深层次合作发展。

第五节　电子商务生态系统演化路径

　　Moore从商业生态系统均衡演化的层面，将商业生态系统的发展过程分成四个阶段：第一阶段，有特殊生存力的新商业生态系统逐渐诞生并初具规模；第二阶段，商业生态系统通过抓住可利用的元素及相关产品和服务，吸收新增加的顾客和风险承担者，扩充其范围和消费资源；第三阶段，随着商业共同体结构和协议变得稳定，共同体内部争夺领导权和利润日趋激烈，角色和资源在领导阶段会进行再定位和再分配；第四阶段，为了避免商业生态系统被新系统所替代，逐渐走向衰退和死亡，系统开始持续更新。

　　电子商务生态系统也要经历形成、发展、成熟及衰退的逐步演化过程。胡岗岚等在传统商业生态系统的生命周期分析基础上，重新定义了电子商务生态系统的演化路径，将其分为开拓、拓展、协调、进化四个阶段，如图2-5所示。

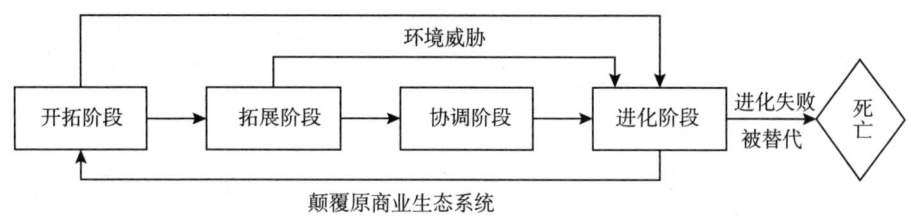

图 2-5 电子商务生态系统演化路径

（1）开拓阶段是指核心电子商务企业以某一特定群体为客户，通过创新的运营模式或高附加值的服务吸引必要的参与者，从而共同创建形成新兴电子商务生态系统的过程。生命力强大的电子商务生态系统将在这一阶段生存下来，其成员从无到有，在较平缓增长的速率中发展到一定的规模。在开拓阶段，电子商务生态系统的特点是高系统更新率。电子商务作为一个本身还不成熟的新生领域，"试错"和"创新"是电子商务崇尚的两大准则。这一阶段中由于电子商务生态系统处于探索阶段，不断尝试各种可能的模式，更新与优化速度会很快。例如，网络团购是近两年来发展速度最快的新模式，篱笆网、城市团购网、拼多多都是十分热门的网络团购平台。网络团购平台吸引互不认识的消费者，借助互联网来聚集资金，加大与商家的谈判能力，以求得最优的价格。虽然目前来说团购还不是主流的消费模式，但它所具有的爆炸力已逐渐显露出来。这种网络团购改变了传统消费的游戏规则，以网络团购平台为核心的电子商务生态系统正在经历这个最初的开拓阶段，如果能够顺利地发展下去就有可能进入大规模扩展阶段，但当然也可能因为其他新模式的出现而在扩张之前就衰败死亡。

（2）在拓展阶段，随着系统核心种群自身的不断成长以及关键种群的繁殖与支持种群的强大，系统规模在扩展阶段不断增长，与其他的同质生态系统之间的竞争开始升级，并将在这一阶段基本确定竞争格局。同时，以不同领导种群为核心的同质生态系统之间的竞争开始升级，并将在这一阶段基本确定竞争格局。这一阶段平台型电子商务生态系统呈现出边界模糊性的特点。由于低信息共享成本、不受地域限制等互联网特点，使电子商务生态系统可以围绕着客户的需要，衍生各种与交易相关的其他服务，包括产品评论、论坛及社区、生活服务信息、搜索引擎等。因此和一般商业生态系统固定于某一领域不同，以客户为导向的电子商务生态系统在拓展阶段，其边界不断扩大，实现客户的各种需求。例如，在线旅游服务平台整合了高科技产业与传统旅行业，将互联网和传统旅游无缝结合在一起，提供集酒店预订、机票预订、度假预订及旅游资讯包括地方特色美食与标志性景点等各方面全方位为一体的旅游服务，与传统旅游服务相比更快捷便利，吸引了大量的年轻人。以"携程"这个在线旅游服务平台为核心的电子商务生态系统在近年内扩展相当迅速，会员数量不断增加，正处于高速发展的扩展阶段。但同时也由于与"艺龙"等同质化的生态系统竞争逐渐白热化，携程希望依靠自身的技用技术提供服务的理念，帮助携程在这场竞争大战中取得胜利，最终形成中国旅游电子商务的竞争格局。

（3）在成员规模达到临界点后，生态系统进入协调阶段。在成员规模达到临界点之前，新参与者进入生态系统不会导致原来成员业绩下滑；相反，对培育和扩大市场会有一定的帮助，所以共同体内部竞争并不凸显。但达到临界点之后，协调阶段各物种之间的利益关系越来越复杂，成员互相之间的矛盾冲突和竞争日趋明显。这一阶段平台型电子商务生态系统呈现出自组织的特点，表现为其关键种群成员间的自组织协作和自组织服务现象。为了应对激烈的竞争和冲突，关键种群成员之间出现了大规模的自组织协同合作，形成各种虚拟联盟和合作组织，并且在关键种群之间逐渐形成自组织服务体系。

例如，1999年成立的百度已发展成为全球最大的中文搜索平台，中文搜索引擎为网站带来流量的比例百度为74.88%，而Google仅为13.54%。以百度为核心的电子商务生态系统也经历了开拓阶段和拓展阶段，进入了协调阶段。在以百度为核心的电子商务生态系统从搜索平台、门户网站、社区、网络游戏平台到C2C平台，其边界不断扩大的扩展阶段中，也吸引了越来越多的关键种群成员，而这些成员在协调阶段逐渐形成了大规模的自组织协作，例如依赖于共同兴趣爱好的虚拟社区，其成员通过以百度为平台的沟通得以存在。而百度作为领导种群，也进一步通过百度贴吧、百度知道、百度百科把他们更紧密地联系在一起，并利用百度Hi等即时聊天工具支持百度生态系统内的这些成员之间的自组织协作。

（4）当生态系统受到新模式、政策规定等外界环境变化的致命威胁，系统将进入进化阶段，在进化阶段，如果生态系统能够颠覆性地改变原有的模式,就能够进化为全新的电子商务生态系统,不然就会走向死亡。例如,从1995年开始,以搜索起家的Yahoo,就依赖其关键字技术以及按层次将站点分类的查询方法,吸引了大量的必要参与者,逐渐形成了以Yahoo为核心的新兴电子商务生态系统。但就在此时,Google开发了自己的服务基础结构和具有突破性的PageRank技术,使搜索方式发生了根本性变化。Google这种能以最快的速度提供最精确搜索结果的新技术的诞生,彻底颠覆了Yahoo原来的搜索模式,使以Yahoo为核心的电子商务生态系统受到致命威胁,进入进化阶段。最终Yahoo成功地从最初的搜索平台转变为提供综合性互联网信息资源及有关信息服务的门户网站,以其为核心的电子商务生态系统也得到了进化。

由于电子商务产业不成熟造成的高环境威胁,使电子商务生态系统在开拓阶段、拓展阶段和协调阶段都可能由于外界环境的突发变化而直接进入进化阶段。电子商务作为新兴行业,电子商务模式与技术、政策环境等都没有定型,不确定性及更新率很高,因此与传统商业生态系统相比,其面临的衰退和死亡威胁更高。例如,能为消费者提供更多价值的全新电子商务模式或技术的出现,可能彻底颠覆原有的电子商务生态系统。又如一旦相关法律政策发生变化(网店需要交税、对网店的商品进行打假或规范化)也会直接影响电子商务生态系统的竞争力。正如以Yahoo为核心的电子商务生态系统,在其开拓阶段就遇到了新技术的威胁,而不得不直接进入进化阶段。如果进化失败,则会被替代,最终死亡。

电子商务生态系统作为传统商业与互联网技术渗透融合的新兴产物,与传统商业生态系统相比,每个阶段都有其鲜明的特点,分别为高系统更新率、模糊边界、大规模自组织、高环境威胁。平台型电子商务生态系统的演化阶段及特点详见表2-2。

表2-2 电子商务生态系统的演化阶段及特点

演化阶段	成员规模	阶段描述	阶段特点
开拓阶段	从无到有,增长平缓	诞生并初具规模	高系统更新率
拓展阶段	急速爆炸式增长	系统规模不断扩大;与其他同质生态系统之间的竞争开始升级	边界模糊性

续表

演化阶段	成员规模	阶段描述	阶段特点
协调阶段	突破临界点，增长放缓	成员之间矛盾冲突日趋明显；自组织协作和自组织服务现象日益明显	大规模自组织
进化阶段	增长停滞或衰退	由于系统发展饱和或受到外界环境变化的致命威胁，系统亟须改革创新	高环境威胁

第六节　信息技术、信息链与电子商务生态系统

电子商务生态系统的形成与信息技术和信息链密不可分。信息技术主要指电子商务发展所依赖的现代通信技术、网络技术、计算机技术，企业在实施电子商务的过程中，需要在网络基础设施、通信技术、软件技术等信息技术方面进行一定的投资，这就构成了企业电子商务发展的信息技术环境。

电子商务生态系统的主体因子主要是指从事电子商务活动的社会组织个人或企业。同自然生态系统一样，企业电子商务生态系统中的主体因子主要包括四方面因素：信息生产者、信息传递者、信息消费者和信息分解者。四者既各有区别，又存在一定环境下相互依存并转化的动态特征。

(1) 信息生产者。电子商务生态系统中的信息生产者主要是指对电子商务活动主体生产并提供信息资源的信息主体。信息生产是电子商务生态链的基础，也是电子商务生态系统赖以循环的基本要素，因而，信息生产者生产的信息质量的优劣会对整个电子商务生态系统产生决定性的影响。具体信息生产者主要包括从事电子商务活动的企业，也包含有电子商务硬件和软件的供应商。

(2) 信息传递者。电子商务生态系统的信息传递者是指传输信息的各种媒介或信息通道。信息传递者具有角色转换性，因为他们可以同时成为信息的传播者和接受者。需要注意的是，信息传递在中转过程中不可避免存在着"信息失真"和"信息"噪声，因而导致信息的真实度和时效性使信息在传递过程中要或多或少地受到延误和干扰。

（3）信息消费者。电子商务生态系统中的信息消费者是指接收并利用信息的社会组织，有时企业电子商务的主体会出现重合特征，作为电子商务生态系统中信息传递、组织的目的都是电子商务生态循环的末端消费。

（4）信息分解者。电子商务生态系统中的信息分解者是指为企业提供有价值信息的政府和教育科研机构，他们的具体作用在于通过对信息进行必要的整理、分析和加工，为企业提供有用信息。在企业电子商务生态系统中，处于核心地位的是表示企业电子商务信息流转能力的信息生产者和信息消费者，处于从属地位则是信息分解者。一旦企业电子商务生态系统中信息流趋于稳定，稳定的信息流向要求整个社会经济资源达到最优配置，意味着电子商务生态系统发展到成熟阶段时，即达到企业电子商务生态系统的平衡状态。

第七节　电子商务生态系统应用分析

一、英特尔公司的电子商务生态系统

英特尔的投资范围涉及世界各地多达 425 家高科技或与之相关的公司，是个实力雄厚的风险投资商，其通过庞大的投资来形成企业协作网络从而实现互联网战略的方法令人耳目一新。英特尔公司为了完成从芯片生产商到互联网建筑模块生产商的转变，仅在 2000 年，英特尔就收购了 12 家公司和企业，收购总额约 60 亿美元。特尔庞大的战略投资计划始于 20 世纪 90 年代初期，最初是在 PC 机和芯片相关技术领域进行投资。现在主要是在一系列有助于全球性互联网基础设施以及互联网内容和服务发展的领域进行投资。在进行投资时，英特尔着眼于一个整体的生态均衡环境，进行系统化投资，以弥补服务器、客户端、网络、服务和内容等方面的技术或内容的"差距"。接受英特尔投资的企业不仅可从英特尔的财政资助中获益，还可利用其带来的大量与互联网相关的计算平台和网络的专门技术，并可与其他同行协同制定技术标准。通过和那些不断开拓前进的公司合作，英特尔的工程师们会更广泛地接触那些对公司未来产品和技术发展有非常有益影响的想法，从而促进公司技术创新。

二、阿里巴巴的电子商务生态系统

阿里巴巴现在的成功不是单纯依靠自己的企业为消费者创造价值，而是通过自己搭建的平台引领庞大的系统成员融入一个强大的商业生态系统。阿里巴巴通过提供诚信通服务产品建立诚信体系使整个系统从中受益，而且诚信通产品对诚信的评估标准和程序很大一部分授予给了用户和合作伙伴，例如，诚信通产品中的商家认证交给新华信、华夏和邓白氏等第三方认证机构，诚信档案由网商主动反馈的记录构成，阿里巴巴并不需要维持复杂并且昂贵的中央监控和诚信评价系统。阿里巴巴对网商提供各种服务来帮助网上交易，例如防止欺诈和打击假冒的培训，提供贸易通产品帮助在线商家即时接触，阿里巴巴对网商的服务从保姆式转向教练式，鼓励互联网商家参与维护信息发布，使网商成为系统中的主角，以及提供一套完整的工具方便用户使用。阿里巴巴更大的价值空间是由系统中的成员来创造完成。正如阳光、空气、水和土壤在自然生态系统是不可或缺的，阿里巴巴糅合着诚信、商机、互动和规模四个要素，在其商业生态系统中也是不可或缺的，而且神奇的是，仅仅这四种要素就能孕育出网商生命体自我成长。阿里巴巴不但在创造价值，还与生态系统中的其他成员分享自己所创造的价值。阿里巴巴向网商提供服务产品收取的费用相对于阿里巴巴为网商创造的价值是物有所值的，统计数据显示，阿里巴巴诚信通会员的成交机会是普通会员的六倍，这给会员带来了比他们花费更多的价值，因此阿里巴巴付费会员规模迅速增长。

三、海尔网上商城

海尔网上商城（www.ehaier.com）是海尔集团运营的电子商务网站，它的电子商务应用模式分为 B2B 和 B2C 以及基于 B2C 的 C2B 模式，实现从供应商到客户的零库存、零营运资本、零距离的供应链管理以及个性化订制。"一名两网"是该网站的运营基础，"一名"是指海尔的国际知名度提高了网站客流量与订单量，节约大量的广告成本，"两网"该公司建立起覆盖中国大部分城市社区和农村的销售网络与配送网络，使中国各地区甚至农村的客户可以在海尔网上商城购物，实现 24 小时配送到县、48 小时配送到镇的送装一体化服务。该网站提供 B2C 个人定制化服务，消费者可以在网上选购海尔提供的产品组合,也可以自己选配产品组件,还可以选择服务模式,如针对空调销售提供的服务有空调移机、加装饰板、清洁保养等十几个项目,网站根据消费者的选择自动提供报价。海尔集团的 B2B 供应链管理包含两个层面的意义:一方面企业客户可以通过网站批量购买商品,海尔根据企业的需求如产品需求、配送需求、服务需求等提供差异化解决方案;另一方面海尔集团根据商品订单在网上公开采购信息,通过网上招标方式公开购买原材料和零配件,中标的供应商在网上随时查询本公司产品的海尔库存与付款情况,并按照合同自动补货。

在改造传统流程的基础上,海尔集团运用 CRM(Custorm Resource Management,客户管理)系统和 ERM(Enterprise Resource Management,企业资源管理)系统进行供应链管理,实现外部市场订单与企业内部生产流程的无缝衔接。借助 CRM 系统企业实时收集、反馈海尔网上商城的订单信息,与客户零距离沟通;ERM 系统将订单信息快速传递到供应链系统、物流系统、财务结算系统、客户服务系统等环节系统,实现各环节同步并行运作与传统业务流程相比,电子商务明显缩短生产时间与运营成本。

在个性化订制方面,海尔集团运用先进的柔性生产制造系统实现小批量生产盈利。在供应链管理上提出 JIT(Just In Time)管理,即 JIT 采购、JIT 原材料配送、JIT 成品分拨物流,ERM 系统每天准确自动生产向生产线配送物料的 BOM(Bill of Materials,物料清单),通过无线扫描、红外传输等先进物流技术的支持,实现定时、定量、定点配送。该公司运用先进信息技术进行企业内部流程管理,扩充计算机辅助设计与制造系统(CAD、CAM)开发出计算机集成制造系统(CIMS),以信息流带动物流,实现产品制造过程中设计与制造以及流程管理一体化的自动化生产。

在信息收集与处理方面,海尔网上商城发挥重要作用。采用图片、文字、视频形式详细展示产品的各方面特征,组合搜索功能便于客户进行比较购物,并通过收货后评价功能对购买的产品及服务留言评论,为其他客户选购时提供参考,提高客户对网上商城的信任度。系统统计功能保存会员的每一步操作,具体到浏览的网页、在每个网页停留时间、上网方式、售后评价等,为进一步改进网站的页面设计为客户提供更全面的服务提供数据支持。通过对全部客户数据的分析,可以发现传统商务中难以获得的信息,尤其是客户的售后评价以

信息技术创新及应用对电子商务生态系统的影响研究

及网络用户需求总结方面的数据分析有助于发现产品设计、市场推广、渠道建设方面存在的不足，在下一轮的产品开发与流程设计中进一步完善与提高。

本章小结

本章首先介绍了信息技术和信息链的相关内容，包括信息链的定义、动态演化、信息技术及信息链创新模式等。其次介绍了电子商务生态系统的基本内容，包括电子商务生态系统结构及特征、组织机理、生态演化路径。最后结合实例阐述了信息链和信息技术对电子商务信息系统形成所起的作用。

电子商务本身就是信息生态链的应用场景和信息化技术的产物，是一个典型的受信息生态环境影响较大的信息业态，是当今商务趋势和信息技术两种力量共同作用的结果。随着网络技术、云计算、大数据、物联网、移动通信技术和人工智能等新一代信息技术的快速发展和应用，电子商务作为不断发展的商业模式，与实体经济也变得越来越密不可分，深入影响了人们的日常生活、生产和消费，成为社会资源配置的一种重要途径，为社会经济发展贡献了巨大的力量。

第三章 物联网及物流技术在电子商务中的应用

第一节 物联网在电子商务的应用

一、物联网技术的产生和发展

（一）物联网的定义

物联网是指通过射频识别装置、红外传感器、激光扫描仪以及全球定位系统（GPS）等信息传感设备，按约定的协议，把任何物品与互联网相连，进行信息交换和通信，以实现智能化感知、定位、追踪、管理的一种网络。从物联网的功能方面来讲，其特征包含着全面感知、可靠传送和智能处理：全面感知是指在任何时间、任何地点物联网可以采取物体信息，主要利用了电子标签、传感器等依靠感知和测度的技术手段；可靠传送是指通过物联网能对物体的信息进行可靠的交换和共享，这是将需要感知的物体连接网络，通过各类通信网络与互联网的融合来实现信息的传递工作；智能处理是指物联网随时对多样的海量数据和复杂信息进行剖析和处理，以实现智能化抉择，在这里主要利用的计算技术有云计算和模糊识别等。简单来说，物联网的突出特点就是实现了"智能化"，智能连接人类世界和网络世界，这种技术是普通互联网无法相比的，因为它更多人性化的设计能极大地改善人们的工作和生活状态。

从技术上来讲，物联网主要通过各种信息传感设备，如射频识别（RFID）

信息技术创新及应用对电子商务生态系统的影响研究

技术、传感器、红外感应器、全球定位系统、气体感应器、扫描器等各种装置与技术，实时采集任何需要连接、监控、互动的物体或过程，采集其各种需要的信息，基于互联网结合形成一个巨大网络，方便识别、管理和控制。

(二) 物联网的发展历程

整体而言，目前无论国内还是国外，物联网的研究和开发都还处于起步阶段。2004年，日本信息通信产业的主管机关总务省（MIC）提出U-Japan战略，希望在2010年将日本建设成一个"Anytime, Anywhere, Anything, Anyone"都可以上网的环境。2005年11月17日，在突尼斯举行的信息社会世界峰会（WSIS）上，国际电信联盟（ITU）发布了《ITU互联网报告2005：物联网》，提出了"物联网"的新概念。2006年，韩国提出了为期10年的U-Korea计划。之后，一些发达国家纷纷将物联网作为新兴产业，并出台战略措施予以落实。国际上，物联网研究的代表主要有美国、欧洲、日本和韩国。美国在物联网研究上处于国际领先的地位。2009年1月，IBM首席执行官在与美国总统奥巴马的圆桌会议中提出"智慧地球"概念，目前"智慧地球"的概念已上升至美国的国家战略。同时，美国主导的EPCglobal标准在国际上取得主动地位，美国计划全面推行电子产品编码（Electronic Product Code, EPC）标准体系，力图主导全球物联网的发展。在技术上，美国在物联网的很多关键技术上处于领先地位，如射频识别（Radio Frequency Identification, RFID）技术、无线传感网络、网格计算、传感器开发等。

欧盟是第一个系统提出物联网发展和管理计划的机构。2009年6月，欧盟委员会向欧盟议会、理事会、欧洲经济和社会委员会及地区委员会递交了《欧盟物联网行动计划》（Internet of Things-An Actionplan for Europe），以确保欧洲在构建物联网的过程中起主导作用。此外，2007~2013年，欧盟预计投入研发经费532亿欧元，以推动欧洲最重要的第7期欧盟科研架构（EU-FP7）研究补助计划。

在日本和韩国，物联网的发展也得到了积极的支持和推广。日本大力发展泛在网络，建立泛在识别（UID）的物联网标准体系。2009年7月，日本提出I-Japan战略，计划到2015年实现以国民为中心的数字安心、活力社会。I-Japan战略强化了物联网在交通、医疗、教育和环境监测等领域的应用。2009年10月，韩国通信委员会出台《物联网基础设施构建基本规划》，将物联网市场确定为新增长动力。

在中国，国家政府将物联网产业的发展上升到了国家战略高度，全面推进物联网建设。2009年2月，IBM大中华区首席执行官钱大群在2009 IBM论坛上发布了"智慧地球"发展策略；中国移动总裁王建宙多次表示物联网将会是中国移动未来的发展重点。2010年3月5日，国务院总理温家宝在十一届人大三次会议上做政府工作报告时指出积极推进"三网"融合取得实质性进展，加快物联网的研发应用。同时，国家"十二五"规划中明确提出，物联网将会在智能电网、智能交通、智能物流、金融与服务业、国防军事等十大领域重点部署。中国物联网产业规模从2009年的1700亿元跃升至2015年超过7500亿元，年复合增长率超过25%。全球物联网应用仍处于发展初期，物联网在行业领域的应用逐步广泛深入，在公共市场的应用开始显现，M2M（机器与机器通信）、车联网、智能电网是近两年全球发展较快的重点应用领域。物联网已成为当前世界新一轮经济和科技发展的战略制高点之一，发展物联网对于促进经济发展和社会进步具有重要的现实意义。

二、物联网的关键技术分析

一般意义上，物联网的研究主要包含以下几个重要的技术领域：IP及IPv6技术、长距离无线通信技术、局域无线技术、无线射频技术、传感器技术等。下面我们就从这几个方面对物联网相关技术及其在电子商务中的应用进行分析。

（一）IP及IPv6技术

物联网技术是基于互联网的延伸和拓展，IP技术仍然是物联网技术的基石，物联网通信相关的主要协议也是基于IP的。目前的IPv4技术最大问题是网络地址资源相对有限，而IPv6所拥有的地址容量达到2~128个。这不但解决了网络地址资源数量有限的问题，同时也为物联网概念中的海量物品终端连入互联网提供了可能。据估计，IPv6实际可分配的地址，整个地球每平方米面积上可分配1000多个，这完全可以满足物联网中海量物品进行互联定位的需求。

因此，作为下一代网络协议，IPv6凭借着丰富的地址资源、支持动态路由机制、大大改善的服务质量（QOS）等优势，能够满足物联网对通信网络在地址、网络自组织以及扩展性等诸多方面的要求,为物联网的发展奠定了基础。IPv6可以使电子商务所辖的任何一个系统、设备、终端、物品等都具备全球唯一编码IP地址,作为系统的基础,使所有的物品的数据都可进行对接,便于实施智能化控制。

(二) 长距离无线通信技术

长距离终端一般用于互联网"最后一公里"的补充,用于将一个"物联局域网"联入互联网,目前常见的技术为EDGE、WCDMA、3G、LTE、Wi Max、卫星通信等技术。其中,EDGE、WCDMA、3G、LTE等都是承载在共用无线通信网上的,并通过蜂窝网络来承载IP协议,实现对有线网络的有力补充。Wi Max,即全球微波互联接入,是一项新兴的宽带无线接入技术,能提供面向互联网的高速连接,数据传输距离最远可达50千米。Wi Max的商业用途主要体现在提供电子商务企业间的高速连线。卫星通信简单地说就是地球上(包括地面和低层大气中)的无线电通信站间利用卫星作为中继而进行的通信,其覆盖范围极广,但是相对来说带宽较低、时延大、费用较高,一般用于电子商务外贸远洋运输领域的物联网应用。

在电子商务应用中,长距离无线通信技术是一种常见技术,主要用于物流管理部分,通过长距离无线通信技术,可以将物流各环节中的车辆、轮船、飞机等运输载体以及所装载货物的信息实时传递到管理系统中心,进行统一的调度、配运、管理等,用以提升电子商务系统整体效能并提高客户满意度。

(三) 局域无线技术

目前局域无线技术的主流是802.11协议族标准,主要用于园区网络的覆盖,用于从数十米到数百米的终端接入,提供300M以内的通信带宽。无线局域网技术是目前应用最广泛的局域范围无线通信技术,相关设备的安装部署也比较简单,广泛用于电子商务企业园区、厂房、仓库等物联网需要覆盖的地区的网络接入。局域网无线技术在电子商务系统中的应用比较常见,在园区和仓库里面一般用于有线网络的有益补充,方便各类移动终端、无线扫描器、RFID扫描仪等设备接入网络中,也可以在移动的车辆、轮船、飞机上作为长距离无线通信的补充,提供本地的接入。尤其在电子商务系统仓储、货运、配送、客服等方面,都可以统一化、可管理化,极大地提升电子商务系统的智能化程度。

(四) 无线射频技术

无线射频（Radio Frequency Identification，RFID），是一种非接触式的自动识别技术。它通过射频信号识别对象并获取数据，识别过程无须人工干预，可工作于各种恶劣的环境。RFID 技术可识别高速运动的物体并可同时识别批量多个标签，操作快捷方便。RFID 是一种简单的无线技术，该技术用于检测、控制和跟踪物体。

最基本的 RFID 系统一般由标签（Tag，即射频标签）、读写器（Reader）、天线（Antenna）三部分组成，如图 3-1 所示：

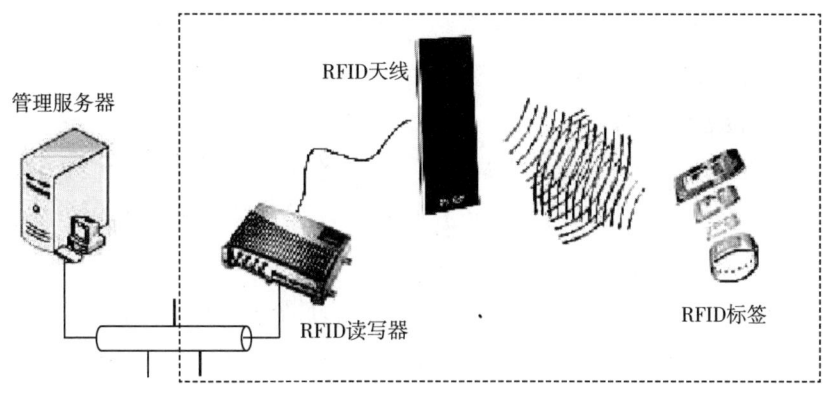

图 3-1　RFID 原理

（1）标签（Tag，即射频标签）：该部分由耦合元件和芯片组成，一个标签对应唯一的一个电子编码，嵌入在物品中作为物品对象的唯一标识，用于与射频天线间进行数据通信。

（2）读写器（Reader）：该部分主要用于读取（有时可以写入）标签信息的读写设备。读写器可设计为手持式和固定式。

（3）天线（Antenna）：该部分在标签和读取器间传递射频信号。

RFID 系统的工作原理是：当标签进入天线工作区域时，由于读写器通过天线发送出一定频率的射频信号，标签遇到射频信号而产生感应电流并以此获得能量而被激活，标签将存储在自身电子标签芯片中的物品编码信息通过标签内置天线发送出去，天线（Antenna）接收到由标签发送来的载波信号，经系统天线调制器传送到读写器，读写器对接收的载波信号进行解码后传输给后台系统进行处理，后台系统根据运算判断结果进行相关的业务数据处理。

基于RFID技术的物联网主要是由RFID电子标签、读写器、信息处理系统、编码解析与寻址系统、信息服务系统和互联网组成，通过对拥有全球唯一编码的物品的自动识别和信息共享，实现在开放计算机网络环境下，对物品的跟踪、溯源、防伪、定位、监控以及自动化"透明"管理等功能。

例如，在电子商务系统的生产和流通（供应链）领域，可以采用RFID技术给每一个物品一个全球唯一的标识，以实现对物品的跟踪、防伪等功能。尤其是在电子商务物流管理环节，RFID可以精确定位具体的商品并监控其状态，可以高效地完成商品入库、出库、配送的各个环节。相对传统的红外、激光条码技术，RFID技术单位时间内可管理的商品数量更多，并且可以实时地、持续地跟踪商品状态，这是传统标签技术无法完成的。

（五）传感器技术

传感器是一种物理装置或生物器官，能够探测、感受外界的信号、物理条件（如光、热、湿度）或化学组成（如烟雾），并将探知的信息传递给其他装置或器官。一般意义上来讲，RFID主要用来处理静态的物理信息，而传感器则会处理动态的物理信息，并将信息转换为适合网络传输的数据格式。如使用噪声探头监测噪声污染、通过温度传感器感知仓库或运输载体的温度等。传感器在电子商务系统领域的应用比较广泛，包括：①通过红外、门磁、监控保障电子商务系统的办公、仓储的安全；②在物流过程中实时监控车辆等运行轨迹、位置；③实时监控仓储设备、运输载体的温度湿度等环境信息，确保系统状态正常。

例如，在电子商务中生产、存储并运输一些特殊的商品时可能需要冷链物流、危险品物流等特殊物流，此时对仓库、运输工具或容器的温度等会有特殊要求。这时就可以应用传感器技术，将传感器采集的信息与仓库、运输设备、运输容器等的RFID信息整合，比如可以在厢式冷藏货车内安装温度传感器，将温度信息通过远程无线网络技术如5G发送到企业电子商务系统监控中心，便于智能化控制。

（六）GPS定位技术

定位技术在日常生活工作中的应用越来越普遍，已经成为人们不可离开的重要技术之一。整体上定位技术能给人民的生活工作带来极大的方便，使生活工作更加高效。目前的全球定位系统可在全球范围内全面覆盖，提供追踪、监控等诸多方面的功能。利用网络通信技术将极大程度弥补此类技术的不足，取长补短。该服务受到的重视越来越多，也极大改善了物联网在电子商务中的应用情况。

（七）人工智能 AI 技术

人工智能的发展离不开科学技术的研究创新，所谓人工智能，主要是根据智能化手段，采用机器设备进行工作，其属于高新科学技术中的一种。人工智能的主要目的，是结合智能化的模拟以及延伸，对人体的智能进行扩展，利用人工智能模式，代替一些人体脑力劳动，自动化提供相应服务。智能 AI 技术主要研究的是关于人工智能化理念、高级的人工智能交互理念技术与系统、智能化控制技术与系统及智能信号等内容的管理和解决。在将智能技术植入到物品中时，能让物品实现预先设定的功能，并能与使用者进行有效的互动式交流。

三、物联网技术在电子商务中的应用

（一）物联网技术在商品仓储环节的应用

在商仓储品管理上可以建立起智能化的跟踪系统，通过一系列的物联网技术手段对产品进行标识，从而使企业可以随时对产品进行跟踪监控，以了解商品的后期使用情况，对商品的质量管理措施也将极为有效。与此同时，用户可以根据此方式更加直观地辨别商品的质量，从而对商品的真实情况掌握更加全面。这一方式不仅能加强商品的监管，同时也能赢得该模式下消费者的信赖。在整个物流系统中，商品仓储管理这一环尤其重要。

传统的仓储管理工作过于单一，服务水平较低，且静态库存过多，整理库存大多需要纸质和人工记录。这样既没有效率，也难以保证准确性，无法满足各种需求。应用物联网技术，将 RFID 和人工智能等技术应用到仓储管理中，形成智能仓储系统，可以有效地解决仓储管理中的问题。具体做法是：利用 RFID 技术将电子标签附着在产品上，在产品入库时以无接触识别的方式由 RFID 阅读器进行产品信息的读取，将取得的信息传送至数据管理层，当需要该产品出库时可以迅速地在数据库中查找到并实现产品出库行为。智能仓储系统的特点是实现了自动化，利用自动化搬运设备和计算机的配合使用达到按需存取的目的。它的另一大特点，就是在电子标签进入识别范围的时候，RFID

信息技术创新及应用对电子商务生态系统的影响研究

阅读器就可以立刻读取产品的数据信息,并且能同时处理多个电子标签,这样在扫描时可以实现批量识别,大大减少了工作量。而电子标签的使用寿命较传统条形码来说也有很大优势,电子标签的抗污损能力较强,使它的应用范围也更加广泛。应用标签还可以满足对数据的保密性,并且对于体积没有特定的要求,在实现了自动化的同时,也提高了准确性。RFID 和智能技术在仓储管理中的使用,既有效地提高了仓储管理的效率,又能在一定程度上降低了仓储管理的成本,有利于实现智能、高效、低成本的仓储管理目标。

物联网在电子商务中的实际应用会给仓储库存情况带来较为明显的变化。在仓储库存方面可实现数据上的同步。通过一连串的物联网技术可以对自身仓储库存情况信息进行较为全面的实时感知与传输,同时形成更为自动化的库存体系。这样的处理将极大程度地降低总管理成本,提升营销效率,减少用户消耗在此类消费上的时间,提升整体的消费体验。

(二) 物联网技术在运输环节的应用

优化配送路径,缩短货物送达时间,降低货物运输成本,随时掌握货物在途状态,这是整个物流运输管理中的重要任务。将通信、信息、网络、控制、电子和物联网等技术应用到运输环节,建立一个高效、智能的运输系统恰恰能满足货物运输的上述需求。智能运输系统通过对物联网技术的使用,可以让驾驶物流车辆的人员及时获得当前的交通信息,选择最优的驾驶路线,避免在运输过程中耽误过多时间,大大提升了工作效率,同时也能降低运输成本。此外,应用物联网技术还可以保障运输车辆行驶的安全性。

在运输过程中,通过 RFID、GPS 等技术对运输车辆实时跟踪,可以随时掌握货物在途状态和行驶位置,一旦出现任何突发状况,物流公司可以立刻采取有效措施应对,不至于手忙脚乱。尤其在运输货物过多、货物安全性难以保证或是恶劣天气的时候,对于运输车辆的实时监控要求就显得尤其重要。智能运输系统的实现,使运输过程透明化,在保证了安全的同时,也避免某些投机分子利用运输过程做出各种违法活动,方便了对货物的监管。

(三) 物联网技术在配送环节的应用

在传统的配送条件下,配送中心通过人工分拣的方式逐一挑出每一个地区的货物再进行配送,这样的工作方式不仅麻烦而且容易出现错误。将 RFID 和智能技术等物联网技术应用到配送环节,实现智能配送,能够有效解决上述问题。对于配送这个环节来说，最重要的就是配送速度快并且准确。通过智能配送系统的信息交互，可以很快地分拣出各个地区的货物，并且及时分配好车辆进行配送。物联网技术的应用有利于控制好每辆车的装载数量和运行路线，并且在货物通过中转站的传送带时，使用RFID阅读器可以迅速批量识别货物信息并将其放置于指定位置，不再是人工分拣的方式，既提高了工作效率，使货物不在一个位置耽搁太久从而影响配送速度，又避免了错记漏记的行为，进而降低了配送成本。此外，通过这种实时监控的行为，也大大降低了人工成本，实现了全自动化配送工作。配送优化提升主要体现在以下几个方面：

（1）在线商店售出一件商品，系统将立刻定位相关商品的库存以及位置，通知离用户最近的仓库进行商品出库，仓库在传感器的工作帮助下，一致维持相对安全的仓储环境，商品状态良好，具备出库条件。

（2）RFID技术指出需要出库商品在仓库中的位置，通过无线局域网技术传递至后台并通知持无线扫描终端的仓库管理人员。仓库管理人员按所示位置找到商品、打包、送到待运车辆，不需要手工扫描，RFID系统就了解商品出库信息。

（3）在运输途中，采用传感器技术监控商品的状态以防损坏，GPS技术可以将车辆的实时位置通过远距离无线技术传递至电子商务物流系统，如果用户需要了解商品在途状态，系统可将商品的位置、状态信息提交给用户，甚至可以通过视频技术看到货物运输车辆的现场状态。

（4）在配送过程中，配送人员一般配置支持3G、EDGE的手持终端，完成商品交付、POS现场结算等全部交付流程，相关系统可以根据配送人员的配送情况，给出路线建议，并做出统计。

另外，通过具体物联网技术的使用，在线销售情况将有极大的改善，进而影响带动电子商务物流产业。对于位置来说，物联网因其自身的定位系统，可以比较准确地确定出货地点，将时间掌控好。整个物流的出货过程将在整体上更加智能化。在运输过程中，支付等方面的问题也将极大改善。通过物联网技术的介入，整体的物流过程将越来越完善，效率也明显升高。

物联网技术在电子商务物流中的应用与不断完善，能有效地改善电子商务物流中各个环节的作业效果，有利于资源的整合与合理配置，既提高了工作效率，节省了资源，又有效地降低了物流成本。通过物流各环节自动化和智能化作业程度的提高，也能够有效地降低物流配送过程中的错误率。物联网技术的应用对于从业人员的素质要求不断提高，物流公司应该重视对服务人员的职业能力和素质的培训，并且监督他们的服务行为，及时接受客户的反馈意见和建议，有效进行处理，不断提高物流服务的质量和水平，进而提高消费者的满意度。

四、物联网技术对电子商务发展的影响和趋势

物联网系统是以信息采集、传输和处理技术作为依托的网络技术，能够实现对单品的识别与跟踪。因此，物联网技术的发展将会对电子商务物流的发展提供有力的技术支持，促进电子商务物流产业的发展，其中主要体现在以下几个方面：

（一）有助于提升物流服务质量

物联网技术能够统一物品的 EPC 编码，并嵌入电子标签，使其能够运在物流途中能够通过 RFID 技术读取物品信息，以实现物品信息的查询、统计和实施监控，有效提高电子商务交易中物流服务的质量。

（二）有助于完善产品质量监控

基于 RFID 技术与 EPC 技术的物联网系统能通过标签实时监控产品的整个过程，从生产、到储存、配送，进而能够严格控制每个环节的质量。在销售环节中，消费者只需根据卖家提供的产品 EPC 标签，就可以在网上查询产品的整个过程的信息，充分了解产品的质量，进而决定是否购买。

（三）有利于改进物流技术水平

物联网技术的不断发展，一方面能够通过自动化技术增加生产力，同时能够避免人为失误；另一方面能够获得实时的供应链动态资料，使整个物品的流通过程能够完全可视化。可见，物联网技术的提高不但能够加速物流运送，还能有效改善物品运输的质量，提高资料的正确性。对于物流企业而言，将大大提高企业的规模化优势，进一步降低物流企业的周转费用。

（四）有利于改善供应链管理

在物联网信息系统中，企业能够实时监控每一件产品，掌握其相关信息，进而能够将信息进行共享，提高信息利用率。此外，根据所掌握的信息还能对各个供应链进行分析和预测，估计出供应链的发展趋势或风险概率，从而能够帮助企业及时做出相应的补救措施或紧急预案，有效改善企业供应链的管理。

物联网技术的诞生可以说改善了电子商务发展的环境，为其发展提供技术支撑。在电子商务企业仓库管理中，物联网技术可以通过对库存物品信息的实时感知，形成自动化库存，实现整个网上零售营销体系信息共享的目的；在支付环节中，网上零售商可以加强与电信运营商之间的合作，探索比较合理的新商业模式，发展多样化的手机支付业务；在物流方面，通过物联网和GPS技术相结合的方式，将配送包裹模块化，让消费者、网上零售客户和物流公司三方实时获悉货物的路线。电子商务在发展中遇到了"瓶颈"，而物联网的兴起会使问题得到妥善解决，促使电子商务更好更快发展。

第二节　物流技术对电子商务的影响

一、物流技术的产生和发展

物流是单一的物流活动整合为多功能的网络系统。在现代物流发展过程中，随着经济社会的发展和科学技术的进步，系统技术成为物流技术的核心，物流基本环节的技术综合化、集成化形成最优系统技术，促使集成系统化成为现代物流发展的主要趋势。

20世纪以前，企业中的采购、运输、仓储等活动分散在各个部门，分别进行单独管理，物流合理化的范围局限于各部门内部。20世纪初，美国一些企业为解决生产大量过剩、需求严重不足等问题，进行了部分物流功能的集成管理，并提出了"Physical Distribution"（PD，实物配送）。PD涉及产品从制造商到顾客的外向流动，其目的是以最低的总成本提供顾客服务，满足顾客需求，最终实现企业利润。

20世纪50年代，通用汽车公司在追求从遍布各地的零部件工厂采购运输零部件到组装工厂的物流合理化和效率化过程中，第一次引入"Logistics"概念，把军事用语的"后勤"引入企业经营管理过程。"Logistics"概念的物流活动包括产品从供应商到制造商的内向流动和从制造商到顾客的外向流动，其范围超越了PD概念的物流活动范围。

1973年石油危机爆发后，人们越来越关注企业的产品流入和流出活动，试图将物料管理、实物配送集成起来，促使供应商、制造商、分销商、零售商到最终用户有机结合。20世纪80年代，"Logistics"作为现代物流的概念在世界范围内得到人们的接受，物流领域涵盖了从原材料产地到最终消费地物资流动全过程，体现了信息活动的重要性，并进行一体化管理，全面、综合地提高经济效益。今天，Logistics覆盖了整个社会组织，发展成为面向整个社会的"社会物流"，成为跨部门、跨行业、跨地域的综合系统。

由PD到Logistics，物流目标从强调降低成本、注重局部活动的最优化到追求综合经济效益、实现经济社会可持续发展；物流领域从销售物流、生产物流扩展到覆盖原材料的采购、生产、流通、销售、消费和废弃物回收的整个过程；物流功能从满足需求功能延伸到创造需求功能与整合物流基本功能。现代物流是将所有的物流功能、要素、环节有机地结合在一起，并通过功能之间的衔接，实现系统整体最优目标的过程。

物流其实就是物资资料的物理运动，也就是目的物在空间上的移动。国家标准物流术语中对物流定义为"物品从供应地到接收地的实体流动过程，根据实际需要，将运输、储存、装卸、搬运、包装、流通加工、配送、信息处理等基本功能实施有机结合"。这个概念很好地解释了这样一个过程。

物流电子化应是电子商务概念的组成部分，缺少了现代化的物流过程，电子商务过程就不完整。现代物流实际上是以商流的后续者和服务者的姿态出现的，没有现代化的物流，商流活动都将退化为一纸空文。现代化的物流运作模式保证了电子商务的优势，有效发挥电子商务的核心内容是商品交易，在商品交易的过程中会涉及四个方面：商品相关信息的获取和应用、商品所有权的转移、货币的支付、商品的转交（物流）。从这里就能看出，物流是电子商务中的一个环节，而且是不可缺少的重要环节，同时也是电子商务最终实现商务目的的保障。如果物流技术和体系无法与电子商务模式相适应的话，那么电子商务所带来的一切变革都将等于零，它的优势也无法体现。电子商务的整个运作过程是信息流、商流、资金流和物流的统一，信息资源的共享和运作方式的高效快捷是电子商务的优势。根据目前情况看，电子商务的信息流、商流、资金流均可通过计算机和网络设备实现，对于物流而言，只有信息咨询、电子出版物等少数商品和服务可以直接通过计算机或网络实现传输，但绝大部分的商品仍需经过传统运输的方式送达。而现代物流作为商品实体从生产者、到目标消费者手中的途径，可想而知物流的配送效率是直接影响客户对电子商务满意度，是满意度评价的重要指标。所有现代物流是电子商务的重要组成部分。同时物流也能够扩大电子商务的市场范围，随着电子商务的应用越来越广泛，电子商务的跨时域性特征让大家逐步重视跨区域物流。只有建立完善的现代物流体系，在跨区域甚至跨国际的物流中可能会产生的各类问题才能得到解决，才能进一步扩大电子商务的市场范围。现代物流可以提高电子商务的效率与效益，因为电子商务虽然可以通过快捷、高效的信息处理手段来解决在信息流、商流和资金流的各类问题。但电子商务整个完整的流程只有等到及时、完整地将商品送到客户手中，才算真正完成，如果在这个环节上有脱节，将对整个电子商务产生直接影响。现代物流的效率高低已经是影响电子商务是否成功的关键，所以现在经常有人会说只有高效率的物流才有高效率的电子商务。

物流问题同时也制约了电子商务的发展，因为物流发展缓慢成为电子商务发展的"瓶颈"。中国是一个发展中的国家，物流业起步也没有多少年，目前整体水平比较低下，基本以传统物流为主，专业化、系统化、网络化、信息化的现代物流企业相对较少，这也影响了中国电子商务的发展。

二、物流关键技术分析

物流技术（Logistics Technology）是物流活动中所采用的自然科学与社会科学方面的理论、方法，以及设施、设备、装置与工艺的总称。物流技术与物流活动全过程紧密相关，物流技术水平的高低直接关系到物流活动的完善和有效实现，是提高现代物流竞争力的决定性因素。随着物流集成化趋势的出现，物流技术创新向综合化、集成化方向发展，并成为物流集成化发展的动力源。物流技术经历了从20世纪初存储与搬运等物流个别技术的研究开发阶段，到20世纪中叶和后期的物流综合技术的研究开发阶段，再到21世纪初的物流活动信息化、自动化、智能化、网络系统化等物流系统技术的研究开发阶段。

（一）包装技术

在经济飞速发展的今天，包装不仅是为了保护商品不受各种外力所损坏而存在。俗语常说的"好酒不怕巷子深"的观念已被打破，包装的作用和重要性越来越受到广泛的认识。同样地，随着科学技术的快速发展，在现代物流领域，包装技术作为物流作业的一个重要环节在物流系统中的作用越来越凸显。现代包装技术对包装容器提出了更多的要求。现代的包装技术不再仅仅局限于保护商品和促销功能，而且开始向保护环境与可回收再利用方面转变。目前所采用的包装技术中可回收再利用且在包装中所占比重较大的是瓦楞包装。

在电子商务交易中，商品的包装能起到保护运输商品不受损害的作用。包装的作用在物流行业的运输过程中贯穿始终，现代物流要引进多种机械设备对产品进行包装保护工作。例如，进行产品空隙填充的设备，对产品进行打包、捆绑、贴标签的设备等。包装也分为软包装和硬包装，即快递塑料袋子和纸盒包装，可根据不同产品的需求来进行选择。

（二）物流基础设施和物流运输技术

现代物流基础设施的建设与完善是发展现代物流的根本保证。发达国家基本上都是由政府统一指导进行。中国从20世纪80年代起就高度重视物流基础设施建设。根据不同时期经济发展状况，结合自然地理位置、交通运输条件和货流量大小，在大中城市统一规划统一布局，有步骤地开辟了物流业务区，建设了物流中心、仓库团地、集装箱货场、卡车终端及专用码头等大型现代基础设施。

在物流企业的众多环节之中，运输这一环节的地位一直是处于最重要的中心位置。运输是决定着物流企业得到认可的重要环节。在物流企业中如果运输这一环节做得不到位，其他的环节就相当于无用功。国内物流企业在运输车辆的应用与管理上应该运用现代化物流技术。积极采取不同运输方式集约组合的多式联运作为各种不同运输方式的集约组合和交通运输基础设施的优化运用，受到各个国家的重视。

运输技术是以运输行业为主要研究对象，因此主要从公路运输、铁路运输、航空运输三个方面体现。

1. 公路运输

由于公路的密度一般比铁路、水运的密度要大，覆盖面较为广泛，可以真正做到"无处不在，无时不有"，因此公路运输具有灵活、适应性强的特点，且可提供"门到门"货运服务，为此公路运输设施建设受到一定的重视。近年来，中西部发达地区的公路通道基础设施的建设取得了显著的成效。目前全国已基本形成高等级、大密度和广覆盖的公路网络格局，基本形成县县通高速的格局。

2. 铁路运输

虽然铁路运输缺乏公路运输的灵活性,但是铁路运输拥有较高的准确性和连续性。这种运输方式几乎可以不受天气情况的影响,且其运输量较大远远高过航空运输和汽车运输,因此铁路运输的成本相对较低。

铁路运输过程可以分为货物收集、货物运输和货物送达过程。由于货物所处地理位置分散,除部分可以开行始发终到的直达列车外,其余的为集中运量,只能采取编组方式。在电子商务模式下,可以对运输货物的数量、位置,以及运送、集中受理做出精确预计和安排。因此,铁路部门可以科学合理安排车辆,实现优化装车,大大提高编组直达列车的开行比例,减少解体编组过程的成本消耗。

3. 航空运输

相对于上述两种运输方式来说,航空运输起步较晚,但却是发展最为迅速的交通方式。其原因主要有两点:一是航空运输是最为快速的运输方式;二是这种运输方式可以完全不受地理条件的限制,对于陆路交通不便的地区来说非常适宜。特别是随着科技的进步,其运输手段越来越成熟,受到了社会各界的青睐。我国东部地区是中国航空运输行业发达的地区。

(三) 现代物流仓储配送技术

物流企业普遍采用现代化的物流技术和高效率的配送方式。国外物流企业的技术装备已达到相当高的水平,目前已经形成以信息技术为核心,以配送技术、装卸搬运技术、自动化仓储技术、库存控制技术等专业技术为支撑的现代化物流装备技术格局。

物流中心、配送中心、批发中心、仓库、卡车终端、集装箱中转站以及各种专用码头、货场等分布均匀,加上铁路和四通八达的公路,这些形成了星罗棋布、纵横交错的物流网络。与这些大型物流基地和物流设施相联系的是,物流企业普遍采用了现代化的物流技术。计算机管理被广泛应用在订货、仓库保管、理货、发送等物流环节。立体仓库和配送中心都设置了现代化的机械装备、广泛使用托盘、组装货架、铲车和吊车,实现装卸、搬运、分拣的机械化和自动化。

目前一些大型的物业企业和现代仓储中心采用较为广泛的一种高效率的配

信息技术创新及应用对电子商务生态系统的影响研究

送方式是共同配送，共同配送是发达国家经过长期的发展和探索优化出的一种追求合理化配送的配送形式，也是影响面较大的一种先进的物流方式，它对提高物流动作效率、降低物流成本具有重要意义。

（四）物流信息技术

1. 电子数据交换技术

电子数据交换技术是当前中国现代物流发展的重要方向之一，其技术特征是通过电子数据交互的方式实现单证种类中询价单、采购订单、到货通知单以及交货确认单等信息的互联网交互，大大提升了技术交互的效率与效果，降低了人力成本的同时也提升了物流处理速度。

2. 手持式射频无线终端技术

手持式射频无线终端技术作为现代物流企业提升信息化效率的关键技术，其在挑拣物件时具有全面超越人工操作分拣速度的作用。另外，与传统射频无线技术相比，手持式射频无线终端技术还具有信息储存量大、交互性强的优势，所以其在物流行业的信息化应用中同样十分普遍。

3. 电子标签技术

电子标签技术是现代物流信息化发展过程中形成的特殊产物，其是连锁商店与零售店对于物流作业的零拆封率要求越来越高所导致的结果，该技术的应用是物流行业现代化发展的标志，其对于降低劳动力成本以及提高拣货效率也具有一定的效果。

三、物流技术在电子商务中的应用

随着计算机网络技术的应用普及，物流技术中综合了许多现代技术，如GIS（地理信息系统）、GPS（全球卫星定位系统）、EDI（电子数据交换）、Bar Code（条码）等。正确、有效地将这些现代物流技术应用于电子商务物流活动中，将能很好地解决电子商务物流中存在的问题。

（一）条码技术的应用

条码技术是在计算机的应用实践中产生和发展起来的一种自动识别技术，它是为实现对信息的自动扫描而设计的，是实现快速、准确而可靠地采集数据的有效手段。条码技术为我们提供了一种对物流中的物品进行标识和描述的方法，借助自动识别技术、POS系统、EDI等现代技术手段，企业可以随时了解有关产品在供应链上的位置,并即时做出反应。条码是实现 POS 系统、EDI、电子商务、供应链管理的技术基础,是物流管理现代化、提高企业管理水平和竞争能力的重要技术手段。如果将条码技术应用于电子商务物流管理中,将很大程度上提高物流管理效率,实现物流管理的初步现代化。

(二) EDI 技术的应用

EDI(电子数据交换)是指按照同一规定的一套通用标准格式,将标准的经济信息通过通信网络传输,在贸易伙伴的电子计算机系统之间进行数据交换和自动处理,俗称"无纸贸易"。EDI 技术很好地满足了电子商务发展的基本要求,利用网络技术和标准进行数据交换,快速准确地实现交易。另外,还可以将 EDI 技术应用在电子商务物流上,使物流企业能快速准确地获知商品交易的信息流,以便及时准确地进行物流活动,达到效率最大化和成本最低化。

(三) GIS 技术的应用

通过空间数据进行快速搜索和复杂查询是 GIS 的看家本领,GIS 能提供从最简单的点击式查询到辩证思维的空间分析方法,GIS 最引人入胜的作用是通过各种假设分析来模拟区域内空间规律和发展趋势。而且 GIS 的操作结果可通过高品质和高信息含量的可视化地图、影像、多媒体等方式加以直观表达,这是 GIS 无与伦比的优势。正是地理信息技术的空间查询和分析能力,使在物流过程中可以迅速、准确地掌握供需双方的地理分布,确定物资调运的数量和运输方式,决定运送货物的数量、种类、到货方式等,从而降低经营成本,提高收益。将地理信息技术(GIS)应用于电子商务物流,可以使物资高效、合理流动,达到物资配给效益最大化,具有广阔的应用前景和很强的时代特征。

(四) GPS 技术的应用

全球定位系统(Global Positioning System,GPS)具有在海、陆、空进行全方位实时三维导航与定位的能力。GPS 在物流中普及应用后,通过互联网实现信息共享,实现三方应用,车辆使用方、运输公司、接货方对物流中的车货位置及运行情况等都能了如指掌,透明准确,利于三方协调好商务关系,从而获得最佳的物流流程方案,取得最大的经济效益。将 GPS 技术应用于电子商务物流中,可以使电子商务活动更加明朗、更加具有电子商务的特色。客户可以通过网络随时获知其所购买的商品目前处在哪个位置,甚至可以准确地知道该商品离送到他手中还需要多长时间,使客户买得放心。

四、物流技术对现代电子商务的影响和趋势

（一）现代物流对电子商务的影响

1. 物流是电子商务的重要组成部分

电子商务整个交易流程实现电子化与自动化，突出体现在：电子商务可通过现代信息化技术处理物流及配送过程中遇到的种种交易问题，包括信息流、商流以及资金流等问题。只有商品最终完好无损地送达到消费者手中，商品空间转移工作才算正式结束，也表示了电子商务交易过程的完成。商务电子化交易包含物流、商流、资金流、信息流等多种复杂工序，电子化工具包含计算机与网络通信技术、叉车、机械手臂、自动导向车等多重内容。由此可见，物流电子化是电子商务概念的重要组成部分，缺乏现代物流技术支撑的电子商务，其运作过程就缺乏完整性。随着时代发展，电子商务企业也会逐步开设自身物流配送体系，专注于物流配送服务的企业也会开始创办以独家服务为基准的电子商务购物内容，服务完善度受到业界重点关注，两者本质存在互为促进关系。

2. 物流是实现电子商务的保障

整体生产活动本质是一个系统的物流活动，使生产资金占比降低，库存结构得以优化，生产周期缩短，利润升降空间加大，现代化生产效率有了保障。缺少现代化物流的支撑，无论电子商务是多么便捷的运作模式，仍很难完成独立生产和发展物流对商流服务，商品所有权在购销合同签订后便实现转移，但商品实体并未发生位置移动。物流缺少现代化发展，商流活动也就无从谈起。以顾客为中心是物流发展的根本理念，而电子商务出现与物流发展相辅相成，消费者可实现互联网货比三家效果，通过一种虚拟方式完成购物过程。但物流配送行业一旦失去消费者信任，传统行业购物便又会充斥人们视野。

3. 现代化物流是保障电子商务实现商品交易的强有力手段

当今，网民的数量日益增多，各种五花八门的网上商店在中国也比比皆是，网上购物成为人们的一种生活方式，其主要原因也是物流具有的便利性和时效性。电子商务中，买方通过上网点击完成商流活动后，电子商务的过程并未结束，只有商品和服务真正转移到消费者手中，商务过程才告以终结。没有现代化的物流支持，电子商务给消费者带来的购物便捷就等于零，任何轻松点

击的商务活动都是无用功。

4. 物流大数据是优化电子商务配送策略的关键

（1）推动电子商务物流配送中的信息对接。大数据的出现，促进了电子商务的进一步发展，导致物流配送任务日益繁重，随之而来的就是物流配送相关数据的爆炸式增长。如果继续采用传统的信息收集方式和处理方式来处理这些海量数据，无疑会给电子商务企业带来巨大的压力。反之，如果采用大数据的方式去对接各类物流信息，则能够促进电子商务物流配送更好地满足相应的物流需求。具体来说，就是将电子商务物流配送各个环节产生的数据收集起来，然后送往专门的数据处理中心进行处理和分析，进而将这些数据转化为对电子商务物流配送有所裨益的物流信息。

（2）提高电商企业的客户忠诚程度。在信息爆炸时代，各种信息能够轻易地被获取，消费者的忠诚度大大降低。如果要提高消费者的忠诚度，则必须在消费者心中塑造良好的品牌形象，这就取决于电商企业的物流配送服务水平。在传统的物流活动中，物流配送服务水平的提升空间有限。然而，在大数据时代下，可以通过大数据技术挖掘和分析客户的网购数据，并在此基础上有针对性地开展个性化物流配送，进而提高客户的网购满意度和忠诚度。

（3）增加电子商务物流配送数据的价值。随着电子商务的快速发展，电子商务物流配送的各个环节都会产生大量的数据。想要充分利用这些数据的价值，就必须推动数据的结构由非结构化向结构化转换。如果在传统电子商务物流配送过程中，推动数据结构的上述转换，则会产生数据的滞后，导致物流信息失效，进而降低配送数据的价值。在大数据的背景下，通过成立专门的数据处理中心，即可避免上述情况的发生。由此可见，大数据能够增加电子商务物流配送数据的价值。

物流对电子商务作用体现在以下几个方面：①提高电子商务的效率与效益，从而支持电子商务的快速发展；②协调电子商务的目标；③扩大电子商务的范围；④实现基于电子商务的市场范围；⑤集成电子商务中的商流、信息流与资金流，促使电子商务成为21世纪最具竞争力的商务模式。

现代物流已经不是作为一个单独的个体而存在，通过上述所言，它对电子商务的发展担负着重要角色。

（二）电子商务物流模式发展趋势

从以上电子商务物流模式的发展来看，我们可知以后电子商务的物流模式呈现以下特点：

1. 多功能化

在电子商务时代，物流发展进入集约化阶段，一体化的物流配送中心不仅提供仓储和运输服务，还必须开展包括配货、配送以及各种提高附加值的流通加工服务在内的物流项目。此外，还可以按客户的需要提供其他服务。以上几种模式都强调了物流除仓储运输外的一切与供应链有关的服务，尽可能地形成多功能的物流服务模式。

2. 系统化

物流模式过去一般强调产品出厂后的包装、运输、装卸、仓储，而现在提出了物流系统化、供应链管理 SCM 的概念，并付诸实施，使物流向两头延伸并注入了新的内涵：使社会物流与企业物流有机地结合在一起，从采购物流开始，经过生产物流，再进入销售物流，经过包装、运输、仓储、装卸、加工配送到达消费者手中；现代物流包含产品从原材料供应到产品送达消费者手中的整个物理交付的流通全过程，即通过统筹协调、合理规划，控制整个商品的流动，以达到利益最大成本最小，同时满足用户需求不断变化的客观要求。

3. 强调各方的合作

现在的物流模式强调价值链上各企业的通力合作，如物流联盟就是为了达到比单独从事物流活动更好的效果，在企业间形成了相互信任、共担风险、共享收益的物流伙伴关系。第三方物流、第四方物流和物流一体化更是需要各个企业之间的合作，设计出最合理的供应链管理。

本章小结

物联网被认为是继计算机、互联网、移动通信网之后信息产业的又一重大里程碑，无疑对电子商务的发展起到了至关重要的作用。本章主要从物联网的定义、物联网技术和应用、物联网对电子商务的影响等方面进行了阐述与分析，物联网技术的日趋成熟必定会解决电子商务中的"瓶颈"问题，使电子商务得到更深远长足的发展。

现代物流已经不是作为一个单独的个体存在，它在电子商务乃至整个社会生产链中都担负着重要角色。本章介绍物流相关概念发展历程、物流技术以及物流和电子商务间的关系，指出物流技术对电子商务的发展进步具有促进作用，两者间的相互促进也改变了传统物流的运作方式和经营形态。

第四章　ICT 技术对电子商务的影响

第一节　ICT 技术的产生和发展

一、ICT 概述

ICT（Information Communication Technology）是信息、通信和技术三个英文单词的词头组合。它是信息技术与通信技术相融合而形成的一个新的概念和新的技术领域。事实上，信息通信业界对 ICT 的理解并不统一。作为一种技术，一般人的理解是不仅可提供基于宽带、高速通信网的多种业务，也不仅是信息的传递和共享，而且还是一种通用的智能工具。至于业务会多到什么程度，这个工具会"智能"到什么地步，目前的概念还十分模糊。三网融合只是 ICT 的一个基础和前奏，IPTV、手机电视等恐怕也仅仅是冰山一角而已。

计算机网络通信技术在近年来得到了迅速的发展，进而带动了企业电子商务获得了进一步的发展。就目前来看，电子商务的一些活动已经涉及虚拟银行、网络营销以及网上购物、网上支付、网络广告等领域，对于人们的生活方式产生了很大的改变。电子商务与计算机通信技术的有效结合使社会上出现了一种新的商业模式，改变了传统商务的模式，使商务运行的工作效率得到有效提高，并且还使交易的成本得到了有效降低。但是，由于网络具有的开放性，对电子商务发展造成影响的主要问题就是网络安全问题。这就要求在电子商务

第四章 ICT 技术对电子商务的影响

发展的同时,需要建立一个具有较高安全性的电子商务平台。

电子商务主要指的是建立在网络上的经济行为,也就是说利用电子手段作为商品流通的行为都属于电子商务。它是与传统商务进行比较来说的,包括广告、仓储、服装、互联网等,是一个十分广泛的范畴。从 20 世纪开始,电子商务就得到了发展,且发展的速度十分快,不仅对传统的经济模式进行改变,还对人们的生活产生很大的改变。另外,电子商务的发展也给传统企业带来了一定的挑战。且由于电子商务是产生发展于国外的,电子商务的发展环境也与中国的经济环境存在一定的差异,因此,在发展电子商务的时候,不能出现盲目跟风的情况,否则就会对中国经济的平稳发展带来一定的影响。电子商务经过第一、第二阶段发展之后,从 21 世纪迎来第三发展阶段,第三阶段是以企业为主体。与前两个阶段相比较,电子商务的发展更加成熟光明。在电子商务中,其核心是商务,电子只是为商务服务的一种手段。现今,利用互联网信息通信技术来开展电子商务已经成为传统企业求发展的必然选择。

二、新时代互联网信息技术下电子商务的特点

随着"互联网+"行动计划的实施,中国经济发展进入了一个新常态,生产和消费模式的深刻变化,市场供应和需求模式深度调整,开放、共享、协作,电子商务产品信息技术和商业活动经过十多年的发展,已经融入国民经济的各个部门,给传统的商业模式、业务流程和思维习惯带来了变革性的影响。在"互联网+"新时期,中国的电子商务呈现出一些新的特点。"十三五"规划期间的中国经济已经进入新常态阶段,该阶段的中国生产经营模式发生了巨大的转变,中高速的经济增长促使中国市场供求格局也发生了一些调整,同时,"互联网+"战略的提出,表明中国现在的众多产业链都逐渐与开放、共享、智能的信息化产业进行融合,而电子商务作为信息化与商业活动结合的产物,现在已经深刻融入到我们生产、生活中的各个环节中来,使传统商务活动发生巨大变革,也对我们传统的商务活动中的购物思维带来了变革性影响。在"互联网+传统行业"的新时代下,中国的电子商务呈现出一些独特改变。

(一) 政府、国家等部门对电子商务的发展越来越关注

中国各个政府机构和国家机关在近几年的历次会议上,都提到了对电子商务发展的支持,包括降低行业门槛、提升网络连接、增加议题谈判等,同时,

在最近的大型国家会议上，习近平总书记对中国的互联网与信息化提出重要论述，李克强总理和汪洋副总理同样也对电子商务的发展提出了要求。

（二）中国经济增长受电子商务发展的影响越来越突出

电子商务交易额增长迅速，从侧面反映出中国内需的增加，同时电子商务的发展，促进了大家对于信息产业的消费。信息消费快速增长，所占GDP比重逐年上升，并且互联网行业一直与电子商务行业紧密相关，其行业收入的增长速度更是超过50%。因此，为了电子商务的进一步发展，各地政府希望通过整合产业资源、建立相关电子商务（电子政务）平台，将信息经济作为地方产业发展的最重要一环，加强地方经济增长和地方产业转型升级。

（三）电子商务范围扩大，产业发展逐渐由城市向农村渗透

反观近几年国内各大电商企业，都开始积极向农村市场延伸，例如京东在乡镇投入亿元，来粉刷广告进行宣传，阿里巴巴计划大规模投入建立县、乡、村各级业务与服务站点。国家相关部门也积极推动电子商务下农村计划，商务部开设农产品信息服务平台，希望通过对接农产品市场和超市连锁，规范农产品的网上采购流程。同时，商务部、财务部共同发力，希望通过建立电子商务示范县，使农村交流沟通、产品流通的矛盾和问题可以得到解决，让今后的农村发展依托于信息化与电子化，促进农村经济快速发展。

（四）电子商务的购物方式重心越来越偏向于移动端

观察这几年的电子商务交易数据，可以发现中国电子商务移动端的购物比例增长速度远超于电子商务总体购物的增长速率。在近两年的天猫"双11"活动期间，移动端的成交额都已经占当天总成交额的一半，增长幅度巨大。另外，有调查显示，移动端购物在青少年与30岁以下的年轻人中更加频繁，也更加普遍。

（五）传统企业（尤其是服务业）通过O2O模式发展互联网服务普遍

O2O是连接线上与线下的快速交流平台，通过O2O使传统企业在提供产品或服务的过程中，直接与消费者进行信息交流，省去中间环节，节约了产品或服务在流通过程中所产生的一部分成本，同时，一些仅仅依托O2O生存的互联网企业通过整合线上与线下资源，扩大了自身的业务范围与发展，达成双赢。

第四章 ICT技术对电子商务的影响

第二节 信息通信技术在电子商务中的应用

一、ASP技术

ASP主要是指活动服务器网页，该网页可以和数据库以及网络上的其他程序交互，是一种十分方便快捷的编辑工具。将ASP网页与HTML进行比较可以发现：①其对静态网页所存在的功能限制进行了突破，从而实现网页的动态化。②由于在HTML代码中就已经存在ASP文件，因此该技术的修改以及测试工作开展都较为简单。③利用ASP技术形成的网页可在各种浏览器中正常打开。另外，ASP技术还提供了内置对象，因此，在服务器端脚本中的功能也会更加强大。在ASP技术中可以利用Active X组件对于各种类型的任务进行执行。④在ASP技术中其编写的原始程序代码不能轻易被看到，因此可以保证ASP代码的安全性。

二、流媒体技术

流媒体技术主要是将连续的声音以及影像通过压缩处理后，在将其放入到网站服务器中。这样用户可以一边下载一边收听以及观看，不需要等到下载完成之后再进行观看。这项技术又被称为流式媒体技术。这需要在用户的计算机上建立相应的缓冲区，当播放视频所耗费的网络速度大于实际网络速度的时候，播放程序就可以取一段缓冲区中的数据。这样不仅可以防止播放终端出现错误，也使播放时的品质得到保证。

三、构建"服务器"技术

在一台计算机中如果其中没有安装服务软件，那么是不能称之为一个完整的服务器的。计算机只有安装软件之后才能提供各种服务，满足用户的各种需求。为了使和用户的交流更加方便，就需要服务器为用户提供WEB、FTP以及其他的数据库服务。

四、新一代通信技术不断发展成熟

第四代通信技术（4th Generation，4G）是集第三代通信技术（3th Generation，3G）与无线局域网（Wireless Local Area Networks，WLAN）于一体，并能够以100Mbps以上的速度下载、快速传输数据、图像、音频和视频等。随着4G通信技术的长期演进，第五代通信技术（5th Generation，5G）在连续广域覆盖、热点高容量、低功耗大连接、低时延高可靠等领域突飞猛进地发展。

五、近距离无线通信技术的发展

在各种远距离无线通信技术飞速发展的同时，近距离无线通信技术也得到快速发展。红外、蓝牙、Zigbee、WiFi等近距离通信技术的出现可以在短距离内为公众和商业用户提供无线网络服务。

六、超宽带无线载波技术

无线载波技术（Ultra Wide Band，UWB）是一种无载波通信技术，具有高速率、低成本、低功耗的特点。与其他的无线通信技术不同的是，它不使用载波，而采用超短周期脉冲进行调制，直接把信号按照0或1发送出去。与4G相比，其结构简单、成本相对较低，是未来短距离无线通信的主流技术。

第三节 互联网信息技术和电子商务的关系

传统技术在电子商务的发展过程中已经远远无法满足人类对电子商务的需求，所以为了改变这种供不应求的发展模式，提高电子商务在贸易领域的地位，最终互联网技术与电子商务终究是合并发展到了一起，依托着互联网技术对于信息传递的有效性、快速性、及时性等相关的优势特征，其与电子商务的结合是一种势不可当的趋势。由于电子商务的发展正是需要一种信息平台的处理以及转运，而互联网技术的出现正好满足了电子商务发展的需求，其不仅帮助电子商务产业压缩了规模，还为电子商务发展的模式提供了个宝贵的发展空间，而电子商务进驻互联网产业的发展也为其注入了新鲜血液，两者相辅相成缺一不可。

互联网是人类历史发展中一个伟大的里程碑，极大地促进了人类社会的进步和发展。伴随互联网发展的电子商务对经济发展和社会进步产生了积极影响，改变了生产、商务和消费的方式，将人类真正带入信息社会。近年来，随着经济全球化和全球信息化进程的加速，互联网和电子商务的发展已成为经济竞争新态势。

曾经有人说过，说"互联网和电子商务将不会是独立的一个行业，而是推动传统行业实现飞跃的一种工具"。在不久的将来，越来越多的企业将利用互联网开展电子商务，没有人会再争论新经济和旧经济的关系，也没有人会再去谈电子商务和传统商务的区别，互联网将完全融入企业的经营和管理中，电子商务将成为企业压缩成本、扩大规模、迎接新挑战的最佳工具。电子商务与互联网有着密不可分的关系，电子商务是从互联网上发展起来的新兴产业，而电子商务又是互联网的新鲜血液。电子商务借互联网而发展，互联网因电子商务而发展壮大，就自然形成一个循环，有了新生与衰退的循环才有了世界的发展。

随着社会的进步，互联网必将沿着一个既定的轨迹高速发展。而互联网的发展，也必将影响着电子商务的发展。互联网的发展为电子商务的发展提供了一个良好的发展契机。两者的发展相互影响，相互制约。电子商务的发展可以带动互联网的发展，同时，互联网的发展也会促进电子商务的发展。在不久的将来，我们有理由相信，电子商务会成为互联网的主流运用。而互联网也必将为电子商务的发展提供无可比拟的优势和条件。

第四节　互联网信息技术对电子商务的影响和趋势

一、互联网信息技术对电子商务的影响

电子商务与互联网信息技术的挂钩直接促进了其正常发展，但是在发展的

过程当中两者依旧存在着众多的影响关系。

(一) 简化购买方式

日常消费者购买物品的方式往往选择一种外出购买的手段，这种手段不仅消耗了消费者的购物时间，还在挑选物品的方面消磨了消费者的耐心，这就使消费者最终得不到自己满意的产品。但是电子商务与互联网的接轨可以使消费者快速寻找到自己喜欢的商品，如果感觉商品不合适或者价格谈不妥，消费者可以立刻换店，这就提高了消费者的效率，促进了商务的发展。

(二) 提高了电子商务产业的竞争力

由于互联网的出现使消费者喜欢坐在电脑前解决自己的需求，这就促使商家在网络战场上进行无烟的厮杀，这是另一种竞争———一种不依靠实体武器的无烟厮杀。由于消费者在互联网上可以快速搜寻到自己所需要的产品，这就使电子商务的实体卖家面临了压力，因为消费者不费吹灰之力就在众多的电商间进行选择，这就增强了电子商务产业间的自由竞争，影响其发展的规划方式，促进其朝着更加人性化的方向发展，这种发展有利于电子商务产业的运行。

(三) 互联网金融降低电子商务交易成本

21世纪以来，互联网技术的发展更加深刻地影响着全球社会经济的各个层面，金融行业也不例外。在互联网技术广泛利用的基础上，互联网金融的概念由此产生。比起传统金融，更能体现"开放、平等、协作、分享"理念的互联网金融吸引的不仅仅是以银行为代表的传统的金融企业，还有电子商务平台。电子商务作为一种基于信息技术的电子化交易活动，在互联网金融的背景下更能发挥连接金融与金融外企业工具的职能的优势。尤其是以一些国际大公司比如IBM和惠普为基础时，电子商务与金融结合的尝试会产生更大的盈利空间。大公司们看到了抢占市场的先机，主动寻求与全球范围内的各家银行展开合作的机会，开发新的电子商务模式，并在一些比较大的城市里试营众多网络银行模式，最终取得了比较明显的效果。

互联网金融模式包括第三方支付、在线理财产品营销、金融中介、金融电子商务、众筹等，是互联网技术与金融领域结合的时代产物。互联网金融与传统金融最大的不同是业务操作过程中利用的媒介不同，其更依赖网络，需要通过网络运作。互联网在金融业务流程中发挥的重要作用也使互联网金融具有一

第四章 ICT 技术对电子商务的影响

些传统金融不具备的特点,比如互联网金融的信息透明度强、全民参与高度实现、机构之间协作性更好、中间流程成本低、用户自己操作更快捷等特点,能够使用户觉得更贴心,更符合当今时代快速、信息化的特点。

(四)促进农村电子商务的发展,助力扶贫攻坚

随着中国电子商务的兴起,其迅速地改变着各个行业领域的发展路径和创新模式。当然,作为农业大国的发展中国家,其在农产品销售领域的应用实践也逐渐受到重视,农产品电子商务的概念应运而生。一方面,由于农户自身知识水平低、物流网络体系不完善、食品安全保障体系不完善、农村专业技术人员和服务人员匮乏以及相应的法律法规不健全制约着传统的农产品电子商务模式发展。另一方面,互联网技术的发展,即 2015 年 "互联网+" 行动计划的提出,以及物联网、大数据和云计算等新 ICT 技术在农产品生产、销售、加工、运输和售后等环节的应用,给农产品电子商务模式的发展带来了新的挑战和契机。如何在新的时代("互联网+")背景下利用互联网信息技术创新农产品电子商务模式将农产品和市场需求进行匹配,助力扶贫攻坚,提升农民收益,是当前脱贫攻坚实施中一个重要的问题。

(五)云计算对电子商务的影响

云计算一般认为是分布式计算技术的一种,透过网络将庞大的计算处理程序自动分拆成无数个较小的子程序,再交由多部服务器所组成的庞大系统经搜寻、计算分析之后将处理结果回传给用户。正如我们在网络服务中已经随处可见的搜寻引擎、网络信箱等服务。透过这项技术,网络服务提供者可以在数秒之内,将千万计甚至亿计的信息,提供给被服务者,进而达到超级计算机所提供的服务能力。

1. 云计算对计算机系统的影响

电子商务的运行离不开计算机系统,"云计算"将影响现有的操作系统的设计。从操作系统的设计方式上来看,采用"云计算""云存储"方式的操作系统将成为新一代云操作系统。云操作系统的鲜明特点是"网络化"。将"云计算"作为任务发送给各个处于不同地理位置的服务器处理,得到结果返回。这种网络是一种"云网络",有内存的拓扑结构,能够最有效地利用服务器的计算性能,为用户提出的"云计算"任务提供高效的计算服务。"网络化"还将用户的存储资源分布地存储在各大服务器上,一是保证了脱离本地机时,仍能使用自己的存储资源,二是可以方便地与他人共享。云操作系统的又一鲜明特点是安全。其安全是指"云计算""云存储"在逻辑上的安全性。也就是说,云计算通过云服务,可以通过多种多样的安全保障措施来保障用户数据的安全。

一般采用的方式为:第一,云网络操作系统内存的安全性,这种安全性对于本地来说是"严格受限"的计算。任何服务都是相互隔离的,用户任务各个数据之间没有任何内在相关性,数据、计算任务是相互隔离的,这使任何已知的病毒在这种环境下都将失效。第二,云网络的逻辑安全性。在云网络中传输的数据是受严格保护的,原因是使用了各种数据加密措施来保障云计算任务与数据的安全;不仅如此,云网络是冗余存放,多重备份的网络式存储,任何局部化的数据损害都不会影响到用户数据的安全。

云操作系统将使软件计时服务成为主要的软件服务,从而杜绝了软件盗版问题。云操作系统内在的网络化以及安全性,保障了计算的分布式实现。从而可以有效地把软件视为一种计时服务而提供给用户。这种计时服务的好处是避免将任何完整的二进制形式的可执行文件发布到个人空间中,从而保障了软件资源的安全,保护了软件发明者的知识产权。当然,在这种情况下,软件资源也是可以设置为免费方式。未来可以预测云操作系统将实现集无病毒、数据安全、存储方便、共享方便、软件发布安全方便、计算资源可以动态扩充多种优点为一体的网络服务。

2. 云计算对关系型数据库的影响

正如10Gen工程副总裁Geir Magnusson所指出那样,"在云计算计划里将找不到关系数据库的影子,这并非偶然,因为关系数据库不适合用于云计算环境"。同时他还指出,"云计算是一种不同的技术,不同得足够改变开发者看待问题和解决问题的方式","我们将不得不重新审视我们做事的方式"。

许多被专门开发用于云计算环境的新型数据库,包括Google的Bigtable、Amazon的Sim-pleDB、10Gen的Mongo、AppJet的AppJet数据库以及甲骨文开源BerkelyDB,这些数据库没有一个是关系型的。这些数据库具有一些共同特征,正是这些特征使它们特别适用于服务云计算式的应用。它们中的大多数可以在分布式环境中运行,这意味着他们可以分布在多个地点的多台服务器上。它们本质上都不是事务性的,并且都牺牲了一些高级查询能力以换取更好的性能。在很多情况下，这些数据库可以通过对象调用来检索，而不用 SQL。尽管大型关系数据库已经被应用在很多数据处理中心，但云计算需要一种不同的设置来充分发挥其潜力。试想，在跨越地理空间距离之间执行复杂查询以便减少响应时间、设计和维护支持不同位置的相关数据备份、在一个点瘫痪时能保证该数据同步、维护和运行这样的体系并非易事。因此，数据库组成部分在不同位置的分散对云计算很必要，这也是云计算产生的原因。更重要的是云体系结构具有不同于目前使用的关系型结构的属性，在云体系结构里，关系不复存在，人们以群集形式看待数据。目前用户所使用的传统数据库开发软件系统本质应该叫数据库软件系统，是一个数据库系统，开发这样的系统非常简单，成本也非常低廉，只要根据需求先设计好数据表结构，然后设计编写大量 SQL 语句，虽然也使用 JAVA/PHP/. NET 等语言，但实际上这些语言只是将 SQL 送往数据库执行的运输工，没有什么价值和地位。所以，这样的系统运行在互联网环境下，主要负载就集中在数据库的 SQL 运行上，也就是说，整个软件系统性能关键点就集中在数据库上了，数据库是性能的主要承担者，尽管用户使用的有可能是 Websphere/Weblogic 等应用服务器，但是由于 Java 只是运输工，所以起不到性能上分散负载的作用。正是由于以上种种原因，有专家认为云计算对关系型数据库的应用将产生巨大的影响，而绝大多数电子商务系统所使用的数据库还是基于关系型的数据库，随着云计算的大量应用，势必对电子商务数据库的构建产生影响，进而影响整个电子商务技术的发展。

3. 云计算对电子商务搜索引擎的影响

云计算最成功的应用就是搜索。搜索是云计算最早的应用，有了搜索以后信息可以被找到，进而造成信息爆炸，所以搜索和云计算是分不开的。在云计算时代，搜索将可以做到提出搜索请求的是谁、可以了解你想干什么，也可以了解你的搜索请求中隐含的需求等，这些都是目前搜索所面临的挑战。云计算对搜索引擎的影响一般是其提供更强大的网页搜索服务。随着互联网的高速发展，全球仅中文网页就有数百亿个之多。那么，如此巨大的网页数量，再加上每个网页至少有几百 K 的容量，现有的搜索引擎已经难以应对，更何况这些网页信息实时处于动态更新状态，即使是每一秒更新一次，比如说新浪、搜狐这样的网站，可能几秒钟就需要爬一次。因而，能为用户提供高效、优质的搜索服务将是推动电子商务发展的关键技术。提供整合搜索服务。整合搜索就是当用户搜索一个词的时候，它不但会带来网页的结果，还会带来各种其他相关信息的结果。整合搜索最大的优势在于用户一次搜索操作相当于同时动用了多个搜索引擎。例如，当用户键入一个商品名称时，和这个商品名称相关的诸如图片、生产厂家、地址等信息都会同时被检索到。同时，还可以看到每一个不同的商家在什么地方，可以看到开车的路线、公交的路线、步行的路线等信息，因此，能够更加全面地提供商品及其相关信息。提供语言机器翻译服务。目前由于互联网的发展，很多企业都需要在互联网上把自己的信息转换成英文，然后把自己产品的信息及时地、海量地推广到全世界。语言的运用在某种程度上是阻碍中小企业用户最大的问题。因此，机器翻译服务将成为电子商务发展过程中跨越语言障碍的助推器。而云计算的应用将有效解决搜索引擎机器翻译服务中语言种类繁多、单词量大、信息表达需要精准、速度快等矛盾。

5G是在4G基础上，对于移动通信提出更高的要求，5G网络的传输速率为1Gbps，即1000M宽带，下载速度可达125M/s。它不仅在速度而且还在功耗、时延等多个方面有了全新的提升。我们生活中每一个产品都有可能通过5G接入网络。我们的眼镜、手机、衣服、腰带、鞋子都有可能接入网络，成为智能产品。家中的门窗、门锁、空气净化器、新风机、加湿器、空调、冰箱、洗衣机都可能进入智能时代，也通过5G接入网络，我们的家庭成为智慧家庭。目前的搜索技术主要是搜索音视频的关键词，如产品的名称，并没有办法搜索音频内容。如今，大多数的视/音频搜索引擎依赖于人工创建的文字信息，比如包含视/音频网页的环绕文字或者注册源的描述性文字。随着NGN时代的到来，多媒体信息将必然增多。这个时候，需要一种技术对音视频文件去理解，只有知道了内容，才能应用搜索引擎。对于下一代搜索引擎来说，语音识别技术是关键。因此，语音识别技术将会对未来的互联网搜索引擎产生重大影响，进而推动电子商务的发展。

4. 云存储对电子商务应用的影响

云存储是在云计算（Cloudcomputing）概念上延伸和发展出来的一个新的概念。云存储的概念与云计算类似，它是指通过集群应用、网格技术或分布式文件系统等功能，将网络中大量各种不同类型的存储设备通过应用软件集合起来协同工作，共同对外提供数据存储和业务访问功能的一个系统。但是，云存储不是存储，而是服务。云存储服务对电子商务应用的影响在于它所能提供的服务本身。

首先，云存储将提供个人级云存储应用。网络磁盘提供在线存储服务，使用者可通过 WEB 访问方式来上传和下载文件，实现个人重要数据的存储和网络化备份。高级的网络磁盘可以提供 Web 页面和客户端软件等两种访问方式实现重要文件的存储和管理，使用的方式与使用本地磁盘相同。

其次，提供在线文档编辑服务。除了个人级云存储应用外，企业级云存储应用也将成为未来的趋势，而且可能会成为云存储应用的主力军。从目前不同行业的存储应用现状来看，云存储时代将会为电子商务企业用户提供的服务有以下几种：第一，为企业提供空间租赁服务。信息化的不断发展使各电子商务企业的信息数据量呈几何性增长。数据量的增长不仅仅意味着更多的硬件设备投入，还意味着更多的机房环境设备投入，以及运行维护成本和人力成本的增加。即使是现在仍然有很多单位特别是中小企业没有资金购买独立的、私有的存储设备，更没有存储技术工程师可以有效地完成存储设备的管理和维护。通过高性能、大容量云存储系统，数据业务运营商和 IDC 数据中心可以为无法单独购买大容量存储设备的电子商务企业提供方便快捷的空间租赁服务，满足电子商务企业不断增加的业务数据存储和管理服务，同时，大量专业技术人员的日常管理和维护可以确保云存储系统运行安全、数据不会丢失。第二，提供企业级远程数据备份和容灾服务。随着电子商务企业数据量的不断增加，数据的安全性要求也在不断增强。电子商务企业中的数据不仅要有足够的容量空间去存储，还需要实现数据的安全备份和远程容灾。不仅要保证本地数据的安全性，还要保证当本地发生重大灾难时，可通过远程备份或远程容灾系统进行快速恢复。通过高性能、大容量云存储系统和远程数据备份软件，数据业务运营商和 IDC 数据中心可以为所有需要远程数据备份和容灾的电子商务企业提供空间租赁和备份业务租赁服务，电子商务企业可以租数据中心提供的空间服务和远程数据备份服务功能，可以建立自己的远程备份和容灾系统。

5. 云技术对电子商务信息安全的影响

随着云计算技术的发展，云安全技术逐渐发展为信息安全产业的热点问题。自 2007 年底开始，全球范围内的恶意软件、攻击行为日益复杂并且变得难以防御，在"海量威胁"的压力下，传统的基于"签名"的安全防御技术受到了挑战，而这恰恰为"云安全"技术发展拓展了空间。正如 Fortinet 中国区技术总监李宏凯所指出的:"云安全最重要的技术特点在于其分布式运算的强大能力和客户端的安全配置精简化,也就是用户们经常谈到的瘦客户端发展趋势。这点对于企业用户而言确实具有明显的安全性提升和降低客户端维护量的优势。本身云安全技术也提供了对未知威胁的评估和防御推送能力,因此在安全防御级别上无疑是有明显的进步。"那么,云技术对电子商务安全将产生哪些影响?

首先,"云安全"技术是未来内容安全防护技术发展的必由之路。因为从目前的技术发展来看,这已经是一个无法回避的趋势。

其次,"云安全"技术有非常突出的防护木马、间谍软件、恶意程序攻击的效果。从实际的使用情况看,集成云安全技术的产品,由于在网络威胁侵入前就进行了阻止,所以能够降低管理和维护成本与人力耗费。随着未来云安全技术的不断发展,用户具体需求的细化,云安全的未来会有一个更完善的发展。现在外部信誉是最突出的需求,未来随着网络威胁的变化,用户应用和需求的不断变化,云安全一定会以用户需求为导向,最终可以满足用户的安全防护需求。

总之,云计算即将互联网上某些节点强大的信息资源包括存储资源、计算资源、软件资源、数据资源、管理资源,通过云计算以互联网上的服务方式,变成广大用户动态、可伸缩的虚拟资源,为用户所用。同时云计算强调需求驱动、用户主导、按需服务即用即付,用完即散,不对用户集中控制,用户不关心服务者在什么地方。云计算的广泛应用将对电子商务的发展产生深刻的影响。

(六) 大数据及相关技术对电子商务的影响

大数据及相应分析挖掘技术的发展,对电子商务在分析用户需求、保证用户隐私及购物安全方面有很大促进作用,同时通过大数据的分析可以有效配置资源、缩短物流配送时间。另外,利用大数据的分布式存储技术,可以分散数据的存储、节省硬件的直接投资和维护投资,降低电子商务的准入门槛。

1. 用户需求更加明细化

用户每次购物或者在购物平台上浏览心仪的物品都会留下购物和浏览痕迹,每年海量的浏览和购物痕迹形成巨大的数据,利用大数据分析挖掘技术,对这些海量的数据进行分析和挖掘,可以得出用户的准确需求,比如喜好的颜色、款式、用户的使用习惯等。

2. 物流更加迅速

目前很多电商平台选择建立多个仓储中心，用户下单后可以从最近的仓储中心发货，以缩短物流在配送及运输环节的花费时间，但是如何用最优的配置达到各个仓储中心所需的物品数量且满足用户快速到达的需求是电商平台亟待解决的问题，因为这关系到电商平台未来的发展提升空间，大数据分析挖掘技术为解决这一问题提供了可能，通过分析购物用户的地域属性及各区域购买某种物品的数量，便可有效分配各仓储中心物品配置的种类和数量，做到既能满足用户需求，也可以节省因配置过多造成的成本积压，同时也缩短了物流的运输时间。

3. 购物更加安全

电子商务面临的一个重要的问题就是安全问题，一旦发生用户信息泄露不仅会造成隐私泄露，甚至造成用户账户的资金安全面临严重威胁，影响用户对购物平台的信任，造成用户永久流失。大数据存储基于云存储，即数据分布式存储在多个云上，由于无法得知目标数据存储哪个云上，从而可以有效避免数据因被攻击导致丢失和泄露，大大提升了数据的安全性。

4. 更加节省成本

电子商务会产生海量的数据资源，存储海量数据需要大量的存储设备，这将带来软硬件设备的巨大投入及后期的维护费用。大数据基于云计算的技术，云存储系统能够提供很多虚拟的存储设备，无须购买专用的存储软硬件设备和招聘维护人员，节省了硬件的投资，降低电子商务的准入门槛，间接助推了电子商务的发展。

（七）生物识别技术对电子商务的影响趋势

现代社会生活各方面都需要可靠方便的身份认证识别技术，尤其是在电子商务领域内，目前电子商务的运营过程中不乏因为过程监控不够周密而出现货物丢失、冒领，并由此引发纠纷事件。未来，基于生物识别技术的身份认证识别能够覆盖电子商务的全领域，彻底解决电子商务运营过程中的身份认证问题。

1. 在电子商务领域内的全领域覆盖

电子商务在运行过程中涉及了买卖双方的身份认证、订单信息认证、支付

信息技术创新及应用对电子商务生态系统的影响研究

安全认证、物流运输安全认证等多项认证。其流程之烦琐，认证技术运用频率之高是其他行业所无法比拟的。可靠便利的生物特征识别认证技术能够确保电子商务系统的正常运转。未来，电子商务的买卖双方可以通过生物特征认证技术证明自己的身份；通过生物特征认证和数字签名的双因子认证确定订单的真实有效，并完成相应的支付；物流公司的物流派送人员通过指纹验证确认接收到需要派发的货物；最终收货人通过提供带有生物特征信息的签收信息表明身份，确保货物安全送达。由此，生物特征技术确保了电子商务安全领域内的安全性、可用性、可控性、保密性和不可否认性，保障电子商务系统正常有序运行。

2. 多项生物特征融合应用

从目前的应用来看，生物识别技术虽然前景良好，但仍存在漏洞。例如，利用塑胶可塑性的特点采集指纹应对指纹验证系统，利用3D打印技术欺骗静态人脸识别验证系统。多项生物特征的融合使用就是生物特征识别技术的多因子验证。这种对多项生物特征的采集、融合、联合验证的新型理论和技术就是生物特征识别的未来发展趋势。该项技术能够对所采集的生物特征信息进行多方面、多级别的处理，得到更加完备的数据特征信息，从而完成精准度更高的身份认证，为安全可靠的身份认证技术的实施奠定了基础。

二、互联网信息技术下对电子商务发展的趋势

智能终端以及移动自动化是电子商务和移动互联网未来发展的主要趋势。在其技术发展中，电子商务技术以及移动互联网都将向着自动化以及移动化方向发展。移动互联网和电子商务技术在自动检测系统的支持下，其自动性以及准确性更高，且能进行自动信息处理以及信息分析，从而使整体技术领域得以扩展，其技术系统无论运作方式、功能都更加先进，具有更高的自动化特性，带动了整体技术的发展。利用高端技术进行信息处理，并在不断地应用中逐步总结出技术优势，使技术向着更加长远的方向发展。移动互联网技术的发展以及电子商务技术的发展能够通过自动化方式得以控制，使技术的转化以及应用能够达到预期效果，从而使自动化系统得以实现。而智能化也是电子商务同移动互联网发展转化的主要方向，通过智能终端的应用，使两者逐步转化为智能技术。想要在发展自动化电子商务技术、移动互联网技术的基础上实现技术同

智能化终端的结合，就必须发展特色化技术，使新技术在原有的技术基础之上得以创新，并成为能够推进社会发展的新生力量。

移动互联网技术及移动电子商务信息量逐渐增多，信息向复杂性转变。在移动互联网技术及移动电子商务的未来发展中信息量也会不断增多。通过技术的不断推广，使技术的应用性逐渐增多，也使电子商务流通量逐渐增加，信息增加速度也更快。并且互联网与电子技术本身就涵盖大量的信息，这些信息使服务的对象更具移动性，对服务的要求也更加及时，通过信息的采集和选择使服务更加私人化，把信息同个人的空间紧密相连，个人可以通过私密的信息来开展私密的工作，使服务更加方便，为移动互联网技术及移动电子商务的未来发展提供了广阔的空间，同时信息也更加复杂化，信息之间的联系通过两者可以更加明显地体现出来。移动互联网技术及移动电子商务向宽带化、数据化和应用化发展。在移动互联网技术及移动电子商务的未来发展中，两者逐步向宽带化方向发展。移动互联网承载的信息量正在成倍增加，高清图文信息、视屏多媒体信息等都要求移动互联网技术向更高的带宽、更稳定的传输体系演进。把技术同宽带网紧密联系在一起，通过宽带的形式让互联网的应用更加快捷也更加准确，让电子商务更好地为人类服务。同时两者也向数据化方向转变，把数据同高新技术有效联系在一起，用数据体现网络和电子技术，让数据可以为互联网和电子商务提供更好的发展平台。移动电子商务的价值链是从通信技术开始，连接其他平台、服务和应用提供商，形成一个比较完善的移动增值服务运营模式和体系，最后到达消费者，这从根本上改变了电子商务的消费形态。

本章小结

信息通信技术的使用为电子商务的发展起到了积极的推动作用，不仅帮助电子商务企业从信息交流的地下转移到了地上平台，还促进了电子商务的运营模式发生了质的变化，其信息传输的模式直接影响了电子商务的发展成本以及发展方式，促进了电子商务的有效发展。

在未来的发展中，互联网信息技术将会逐步添加新的元素，同时将信息化元素融入电子商务技术发展中，逐步提高信息传输处理和智能终端的发展速度，信息技术的应用在电子商务中将更加便捷化、智能化和安全化，电子商务交易将服务以及信息共同带入系统平台中，从而使电子商务同移动互联网整体发展，以推动社会经济的整体进步，并作为社会新兴技术产业带动新兴产业腾飞。

第五章　电子支付技术与电子商务

第一节　电子支付技术的发展历程

在电子商务的流程中，交易双方通过与电子商务相关的各个环节来办理交易手续，其中最重要的环节就是电子商务支付。

在相当长的一段时期中，银行作为金融业务的中介，主要利用传统的纸质媒介进行资金流通，如利用现金或单据等方式，来为用户办理支付与结算业务。传统的支付方式使得支付的效率较低，不能实现实时支付。尤其是像一些跨国支付的业务，往往需要较长的时间：一方面资金的流转要经过许多中间过程，导致支付过程中的处理流程极为烦琐；另一方面，不同银行的处理方式也存在着一定的差异，给用户或消费者的实际应用带来了不少麻烦。

而电子支付的出现，解决了上述问题造成的困扰，给消费者的应用体验带来了极大的改善。电子支付是指以金融电子化网络为基础，通过电子信息化的方式，实现交易中的价值与使用价值的交换过程，即完成支付结算的过程。电子支付实际上是把交易中使用的货币及各种传统形式的单据等转换为一定格式的数据流来表示，以电子信息传递形式实现流通和支付。现阶段电子支付方式主要由第三方支付、移动支付、智能支付等方式体现。

第三方支付，是指具备一定实力和信誉保障的独立机构，一般采用与各大银行签约的方式，通过与银行支付结算系统接口对接而促成交易双方进行交易的电子支付模式。第三方支付模式体现为，买方选购商品后，使用第三方平台提供的账户进行货款支付（支付给第三方），并由第三方通知卖家货款到账、要求发货；买方收到货物，检验货物，并且进行确认后，再通知第三方付款；第三方再将款项转至卖家账户。第三方是买卖双方在缺乏信用保障或法律支持的情况下的资金支付"中间平台"，买方将货款付给买卖双方之外的第三方，第三方提供安全交易服务，其运作实质是在收付款人之间设立中间过渡账户，使汇转款项实现可控性停顿，只有双方意见达成一致才能决定资金去向。第三方担当中介保管及监督的职能，并不承担什么风险，所以确切地说，这是一种支付托管行为，通过支付托管实现支付保证。

　　移动支付，也称为手机支付，就是允许用户使用其移动终端，通常是手机，对所消费的商品或服务进行账务支付的一种电子支付形式。单位或个人通过移动设备、互联网或者近距离传感，直接或间接向银行金融机构发送支付指令，产生货币支付与资金转移行为，从而实现移动支付功能。移动支付将终端设备、互联网、应用提供商以及金融机构相融合，为用户提供货币支付、缴费等金融业务。移动支付主要分为近场支付和远程支付两种：所谓近场支付，就是用手机刷卡的方式坐车、买东西等，很便利。远程支付是指通过发送支付指令，如网银、电话银行、手机支付等，或借助支付工具，如通过邮寄、汇款，进行的支付方式，如掌中付推出的掌中电商、掌中视频、掌中充值等均属于远程支付。

　　智能支付，现在还没有明确的定义，一般认为，将电子支付通过人工智能的技术赋予其新的支付形式，使电子支付更加人性化、智能化。如虚拟现实（VR）技术对电子支付领域的渗透，用户可以在虚拟世界的商店中进行买卖。

　　电子支付方式的发展主要经历了以下七个阶段：第一阶段，银行利用计算机及网络处理银行之间的业务，办理结算；第二阶段，银行计算机与其他机构计算机之间资金的结算；第三阶段，利用网络终端向客户提供各项银行服务，如 ATM；第四阶段，利用银行销售点终端（POS）向客户提供自动的划账服务；第五阶段，通过互联网进行直接转账结算，如网上银行、第三方支付；第六阶段，PC、PAD、手机等各类多元化智能终端的兴起，如移动支付；第七阶段，NFC（近距离无线通信技术）介质、二维码等各类账户载体的多功能移动支付终端演变，形成智能支付的发展趋势。

　　银行卡支付方式在 20 世纪 70 年代就产生并投入使用了，通过银行系统的专线实现。20世纪90年代后,许多银行开始在互联网上搭建平台,电子商务的发展更为迅速,出现了以金融电子网络为基础的网络支付,它通过计算机网络系统来实现资金的流通和支付。

随着电子支付的深入渗透,银行卡作为支付工具的不适应性正在逐渐显现。第一,介质实体化导致的便捷性"瓶颈",如果客户在各家银行都有不同的银行卡,客户仍然需要持有这些卡片才能进行支付;第二,电子支付环境对支付工具免密且近场接触的要求,使用芯片卡容易引发较多的差错与纠纷,银行卡支付的不便捷和安全问题会逐步放大;第三,新型支付工具的替代作用凸显。用户对快速便捷支付体验的追求,手机支付产品、可穿戴支付产品、生物支付产品的替代,使银行卡使用率未来有可能大打折扣。

尽管电子支付环境下使用银行卡的不利因素正在显现,但目前零售支付领域结算工具中银行卡仍然占有一定比重。经历了数十年的发展后,目前银行业每年的发卡量和交易量仍保持20%左右的增长,且业务量占全国跨行支付总笔数的比重在70%以上。伴随着移动金融时代到来,银行卡的介质也逐步升级,全面普及到IC芯片卡,支持"闪付"等各种快速支付场景,越来越向电子支付技术靠拢。在该模式下,支付数据主要通过金融专网进行传输,具有较高的安全等级,但也承担相对较高的传输成本。伴随着客户随时、随地、随心所欲支付需求的日益迫切,利用金融专网传输支付信息的传统方式暴露出明显的时空局限性,难以满足新时代支付需要。随着NFC、HCE(基于主机的卡模拟)、二维码、蓝牙4.0、Token(令牌)等新技术的日臻成熟,为了适应线上线下、有卡无卡支付需要,通过互联网、移动互联网等公网传输支付信息和开展支付交易已成为大势所趋,其安全性也正在得到实践的检验。

为完善中国现代化支付的基础平台,中国人民银行于2014年底组织完成了第二代支付系统的切换,包括所有国有银行、股份制商业银行、城商行、中国银联等在内的310余家参与者顺利实现了"一点接入、一点清算"。新系统的上线一方面提升了央行跨行支付通道的安全效率,另一方面为银行、客户提供了更完善的支付场景功能支撑。

据中国人民银行统计,2014年国内主要跨行支付清算系统业务情况如下:大额支付系统交易量为7.13亿笔、金额达2346.89万亿元;小额支付系统交易量为14.36亿笔、金额达22.08万亿元;网上支付跨行清算系统交易量为

16.39亿笔、金额达17.79万亿元；银行卡跨行支付系统交易量为118.09亿笔、金额达33.61万亿元。2014年，上述"央行系"跨行支付系统的业务处理金额是全国GDP总量的53.24倍。

如果将互联网金融的创新发展比喻为高速行驶的汽车，那么电子支付就是高速公路，这就是电子支付技术的显著特征。

其体现在移动支付技术方面为：现在，移动支付已经不是新鲜事。扫一扫即可完成付款，大到商场，小到路边小贩，都可使用移动支付来结账。从2016年全年数据来看，中国移动支付业务笔数首次超越互联网支付，成为里程碑式的事件。另有国外媒体称，中国在移动支付领域远远领先于其他国家，移动支付已进入日常生活的方方面面，手机完全有取代钱包的可能。

其体现在第三方支付技术方面为：与传统的银行业支付模式相比，第三方支付通常是嵌在整个交易流程中的一个环节，利用支付场景的优势，实现线上线下一体化，并将支付和金融结合起来。由于线下与固定终端的收单市场已接近饱和，在移动金融浪潮下，第三方支付机构不断挖掘新潜力，积极探索转型。2013年开始，BAT三家互联网巨头开始布局移动支付，争夺移动端入口，推出面向个人的移动支付产品，如支付宝钱包、百度钱包、微信钱包等。而随着第三方支付机构在支付规模和支付技术方面的进步，其发展已逐渐突破"靠银行吃饭"的局面。此外，第三方支付机构的商业嗅觉敏锐，合作方向已不再局限于境内，包括支付宝在内的一批第三方支付机构已涉足海外市场，已与多国电商平台展开合作，市场运作更为灵活的第三方支付机构，其发展的空间和市场潜力依然十分巨大。

如今，借助"互联网+"的"春风"，许多创新型企业不断挖掘新的商机。然而在支付领域，虽然形形色色的新产品不断落地，但中国整个支付体系格局还处于相对稳定的状态，用户主要支付手段与支付习惯虽有互联网支付和移动支付方向的变革，但目前主要限定于零售支付市场，未对支付体系产生变革性的颠覆。

随着物联网技术的不断发展，在未来"万物相联"的时代，手表、汽车、电视机等都将可能成为新的"账户载体"和"受理终端"，这使支付流程不再仅仅局限于传统的实体卡和POS终端，支付信息收集介质的多元化将使人们真正实现支付的随时、随地、随心所欲。

第五章　电子支付技术与电子商务

第二节　电子支付技术在电子商务中的应用

从交通出行到商业消费再到公共服务，诸多领域都可以实现电子支付。这在其他一些国家可能难以想象。中国民众对于新型支付手段的接受程度远比其他国家要高，这与中国电子商务的快速发展对广大群众消费观念和模式的影响密不可分。中国的电子支付与电子商务有着非常紧密的关系，两者相伴相生，互相促进。正是依赖高效、便捷、低成本的电子支付手段，中国电子商务市场才得以迅速发展到今天的规模。

一、电子支付技术的特征

电子支付技术具有以下三大特征：

（1）便捷实时性。便捷，即随时随地完成金融业务的办理，不受地域、人工、时间的限制；实时，电子化货币的转移在互联网下演变成一种信息类的转移，它的流通速度几乎可以用秒来计量。例如，微信红包就充分利用了移动金融的便捷实时性，结合游戏特性、特定场景，轻而易举获得大量用户。

（2）普惠性。普惠，让普通群众都能得到电子支付技术带来的便利。电子支付技术的迅猛发展，颠覆了帕累托的"二八定律"，突显出"长尾效应"。在目前高端市场接近饱和的情况下，聚焦非主流的、利润不高的长尾消费需求的"长尾理论"不断凸现价值。例如，UBER平台实现了普惠与长尾效应完美的结合，打造出共享经济下调动闲置资源、创造价值利润的典范商业模式。

（3）创意性。基于移动互联网设备日新月异的升级与发展，其创新能力、发展潜力和空间无法估量。基于2014年谷歌提出的模块化手机概念，一些商业银行已意识到电子支付技术的创意性，并进行了初步尝试。平安银行于2015年推出"仅仅凭借一束光，银行卡的信息就能突破网络、支付额度限制并完成支付交易"的光子支付，实现了在无卡、无网络的情况下，进行无额度限制的支付。除了光子支付，还有指纹支付、虹膜支付等创意陆续面世，这充分说明移动互联网引领的电子商务金融创新大潮才刚刚开始。

二、电子支付技术在电子商务中的应用

（1）电子商务线上线下加速融合。在互联网渗透率提升和信息技术加快创新应用的推动下，传统的线下商务活动与线上电子商务活动相互渗透、日益融合，形成了线上到线下、线下到线上相互交织的O2O商业形态。传统线下交易的订单生成、支付指令确认等环节转变为依托互联网在线完成，经典意义上的线上电子商务模式也转变为线上交易与线下实体店消费相结合的O2O交易模式，从而实现了线上线下交易支付场景的无缝连接。大型实体零售企业在巩固实体网点优势的同时不断延伸线上服务渠道，传统电商平台也积极投资线下实体零售企业，着力打造线上线下一体化的电子商务服务体系。

（2）移动电子商务规模快速扩大。随着智能手机终端的快速普及和移动支付业务模式的不断成熟，中国移动电子商务的应用领域和深度不断拓展，市场规模呈现出爆发式增长的态势。阿里巴巴等电子商务平台纷纷通过减免手续费、提供额外现金奖励等措施，引导客户从电脑端向手机端迁移，依托微信朋友圈"口碑"效应所形成的"微商"等模式也不断涌现，有效满足了客户对便捷化、移动化的电子商务服务需求。数据显示，2015年中国移动购物市场规模达2.1万亿元，同比增长123.4%，移动购物交易额增速是中国网络购物交易额整体增速的近4倍。

（3）跨境电子商务业务持续增长。跨境电子商务是传统国际贸易活动的电子化和网络化，对于满足社会公众的海淘需求和促进外贸升级具有积极助推作用。为满足快速增长的跨境电子商务结算服务需求，国家外汇管理局在2013年开展了支付机构跨境外汇支付业务试点，并于2015年1月试点范围扩展至全国，允许支付机构为跨境电子商务交易双方提供外汇资金收付及结售汇服务，进一步提升了跨境电子商务资金结算的便利性程度。

（4）电子商务城乡一体化格局日益成型。借助互联网的低门槛优势和广泛联通性，电子商务的发展在促进商贸物流体系及城乡一体化方面发挥了重要作用，并成为提升农产品商贸流通效率，促进农村消费和农民增收的重要动力。除了现有的全国性电商平台向农村延伸外，全国各地还涌现了一批以山东博兴县等为代表的农村电子商务集聚区。大型电子商务平台企业纷纷到农村"刷墙"推广其电子商务业务。如京东提出未来农村电商发展的"工业品进农

第五章　电子支付技术与电子商务

村战略""农村金融战略""生鲜电商战略"三大战略,设立了专门的农资频道,并结合农村特点建立了乡村推广员制度。阿里巴巴也大力推进"千县万村计划",计划建立1000个县级服务中心和10万个村级服务站。

三、电子支付技术的发展障碍

中国电子支付发展的初期阶段曾经面临一些阻碍。一方面,对于那些规模较小的商家和在网上开店的个人用户而言,越来越难以承担因与商业银行连接而产生的维护成本和交易费用;另一方面,在茫茫的互联网中,商户与交易者的信任面临冲击。提前付款模式中,购货方无法相信小商家和网店的信誉,实际上购货方受骗的事件也屡屡发生。卖家不愿先发货,怕货发出后不能收回货款;买家不愿先支付,担心支付后拿不到商品或商品质量得不到保证。货到付款模式中,商户也往往无法承担购货方大量拒收的时间成本和物流成本。

因为信息高度不对称,当时的市场开始出现道德风险和逆向选择,电子商务发展受到很大限制。后来,在新技术发展的促进下,具有担保功能、廉价高效的第三方电子支付因能够解决上述问题而异军突起,成为电子商务中不可或缺的重要角色。

与国外普遍更加信任银行等大型正规金融不同,在电子商务熏陶下的中国消费者,对于灵活机动的支付机构具有较大的信赖,支付机构具备创新精神和创新动力,信任支付机构的消费者也信任支付机构的创新措施。同时,虽然支付手段日新月异,但并非是支付机构一意孤行地向前推进,而是支付机构从消费者需求出发的积极创新,并且当下大数据、云计算、人工智能等数字技术层出不穷,人类数字文明时代的蓝图已现,拥抱万物互联的电子支付也自然将会有更好的发展。

第三节　第三方支付对电子商务的影响

一、第三方支付的概念和运营模式

第三方支付是指由非银行金融机构的第三方机构经营的网上支付平台。第三方支付平台相当于一个中介机构，在银行、商家和消费者之间建立连接，实现了从消费者到商家以及金融机构之间的货币支付、现金流转和资金结算等功能，起到了信用担保和技术保障的作用。第三方支付平台不仅是一个中介机构，还是一个信用中介。但是，没有安全保证的电子商务环境是没有真正的诚信和信任而言的，解决安全问题的关键就在于从交易环节入手彻底解决支付问题，比如阿里巴巴的支付宝，消费者将商业银行里的资金转移到支付宝中，在淘宝买了商品之后，利用支付宝进行转账，支付宝将消费者的资金再转给供应商，第三方支付平台就起着代管交易货币资金、提供增值服务的作用，这种信任建立在消费者、商业银行和商家这三个群体基础之上的。

以B2C交易为例，第三方支付的交易流程为：第一步，客户在电子商务网站上选购商品，最后决定购买，买卖双方在网上达成交易意向；第二步，客户选择利用第三方作为交易中介，用信用卡将货款划到第三方账户；第三步，第三方支付平台将客户已经付款的消息通知商家，并要求商家在规定时间内发货；第四步，商家收到通知后按照订单发货；第五步，客户收到货物并验证后通知第三方；第六步，第三方将其账户上的货款划入商家账户中，交易完成。

当2011年第三方支付牌照发放后，在政策鼓励下，第三方电子支付企业以创新思维快速抢占市场。目前，中国电子商务蓬勃发展，国内一些信息服务企业创办的支付平台也开始初露锋芒，第三方支付作为新兴产业，有着更加广阔的前景。2014年中国第三方支付总体交易额规模达到17.9万亿元，同比增长43.2%。其中互联网支付金额为9.22万亿元，同比增长48.57%。移动支付增长迅猛、线上线下进一步融合是第三方支付的最大亮点。2014年中国第三方支付市场格局发生较大变化，支付宝、财付通和拉卡拉分别以78.96%、8.08%和7.70%位居市场前三位，其中支付宝的份额接近80%。微信支付依赖于自身强大的用户群体，不断构建打车、红包、缴费等微信支付消费场景，财付通的市场份额扩大显著，位居第二。据统计，第三方支付市场总体格局在2015年二季度仍维持稳定分布，支付宝市场占有率继续占据市场首位；财付通位列第二，比2015年一季度增加1.75个百分点。央行公布数据显示，2016年第三方支付机构累计发生网络支付业务1639亿笔，金额达58万亿元，同比分别增长99.5%和87%。2017年，第三方支付交易规模超过100万亿元。

第三方支付运营模式主要包括独立第三方支付模式和担保功能的第三方支

付模式。独立第三方支付模式是指第三方支付平台独立于电子商务网站，只提供给用户支付产品和支付系统解决方案，不具备担保功能，以快钱、易宝支付、汇付天下等为典型代表。易宝最初凭借网关模式立足，针对行业做垂直支付，而后以传统行业的信息化转型为契机凭借自身对具体行业的深刻理解，量身定制全程电子支付解决方案。担保功能的第三方支付模式是以支付宝、财付通为首的依托于自有 B2C、C2C 电子商务网站提供担保功能的第三方支付模式。第三方支付平台先暂时托管货款，然后通知卖家货款到达，收到通知后卖家进行发货。在此类支付模式中，买方在电商网站选购商品后，使用第三方平台提供的账户进行货款支付，买方检验物品并进行确认后，就可以通知平台付款给卖家，这时第三方支付平台再将款项转至卖方账户。

二、第三方支付对电子商务市场的影响

（1）促进了中国电子商务市场的大发展，降低信用问题发生的概率。随着第三方支付市场的发展，中国电子商务市场也日益进步，过去交易中出现的信用问题也都迎刃而解，越来越多的人参与网购，越来越多的人加入了电子商务的浪潮，推动了中国经济的巨大发展。

（2）促进了银行网络业务的发展，增加了中间业务第三方支付平台模式，并对传统银行业带来了不小的冲击。随着中国市场化程度不断提高，过去的存贷差业务模式已经不适应现在的竞争。所以，银行需要更有效地利用第三方支付平台，与其合作，促进银行网络业务的发展，还可以开展更多的中间业务。

（3）降低了金融业门槛，增加了金融的扩散性。对于传统金融来说，资金专业和金融专业的门槛都很高，传统的金融借贷交易对于投资人有着严格的要求，并且只接受大额借贷和支付，有人称其为"富人间的游戏"，社会的大部分人都无法参与。对于传统金融来说，就是 20% 的富人玩着社会里的 80% 的钱，而 80% 的穷人紧握着手中那 20% 的钱不知道怎么办。第三方支付平台的出现，使"微××"出现在人们的视野中，"微理财""微支付""微投资"等走进了千家万户的生活，现在的 P2P 和众筹公司都依赖于第三方支付机构，80% 的"穷人"可以做投资者，甚至可以创业开公司。互联网金融的出现，为中国小微企业和更多的个人创业者提供了小额信贷资金的业务平台，大量的小额投资人和借贷人开始参与"富人玩的游戏"中，金融业的门槛逐渐降低。

三、第三方支付技术面临的挑战

第三方支付在为我们的生活带来了方便快捷的同时，也带来了一些问题，这些问题将对我们的生活产生影响和挑战，包括信用体系建设、电子支付的安全性以及资金入口的发展趋势等方面。

(1) 信用体系不健全。目前，第三方支付在中国并没有健全的信用体系建设，国内很多的P2P和众筹公司"跑路"现象十分严重，投资者将资金交给借贷机构去运作，但是资金的运行机制并不透明公开，投资者不知道自己的钱到底去向何处，这就使很多投资者陷入"庞氏骗局"的深渊。据21世纪经济报道，e租宝机构虚构某些交易项目，并许以客户9%～14.6%的年收益率，由此吸引大量的客户前来投资。吸收的大部分资金就从第三方支付平台汇集后转入高层人员的账户，且任由他们支配。根据第三方平台数据显示，截至2015年12月7日，e租宝平台上的假项目占比达95%以上，e租宝累计成交超过700多亿元，实际吸收资金金额为500余亿元，广告费用上亿元，支付给"承租公司"好处费8亿多元。由此看来，一个没有信任的机构必然会失败。此外，中国没有建立很好的数据信息共享机制，各个企业只拥有自己企业的客户数据信息，由此，信息获取量少，收集信息的成本会大大增加。而缺乏一个数据信息共享机制以对各个电子商务企业进行统一管理，信用体系就会缺乏稳定性。

(2) 安全性存在缺陷。在第三方支付平台模式中，付款人将银行卡信息暴露给第三方支付平台，如果第三方支付平台的信用度或保密手段低，将会带给付款人风险。另外，非监管型账户支付模式的第三方支付公司提供的非交易支付性平台账户资金划转，以及监管型账户支付模式的虚假交易支付平台账户资金划转，很可能成为资金非法转移套现以及洗钱违法犯罪活动的工具。监管部门对于资金审查不到位，如果出现"跑路"等问题，资金就很难追回，所以说安全性是第三方支付的一大隐患。

(3) 资金入口存在较大隐患。据统计，中国第三方支付市场近几年一直保持稳定的增速。过去几年电子支付的交易规模涨幅增速较快，但未来几年将有所放缓。商业银行在互联网领域也逐渐拓宽业务，不断推行新的金融产品，现如今第三方支付平台的客户体验服务仍超于商业银行，大多数的用户会选择使用第三方支付。如果按照这种趋势发展，未来一旦资金都从第三方支付进入，将对银行业带来巨大的冲击。目前很多的电商已经开始构建或者收购支付公司，这一现象存在很大的隐患问题，如果说所有电商与支付宝达成合作，支付宝就成为了一个公共服务平台，但是支付宝是由淘宝控制和运作，淘宝才是真正的操盘手，从这一点上来讲，各个电商之间就不可能存在公平，承担责任的时候，支付宝不会撇清它与淘宝的关系，甚至支付宝有可能成为淘宝打压其他电商的工具，这势必会对社会造成危害。

（4）对于抓捕犯罪分子增加了难度。第三方支付的出现推动了金融创新的发展，但是由于其隐蔽性和便利性，给洗钱犯罪带来了极大的诱惑，造成了中国"反洗钱"工作的新难题。通过网上支付平台进行资金的转移具有很好的隐蔽性，第三方支付机构在身份审查监管方面相比银行机构来说并不严格，网上支付主要通过对数字签名、密钥、证书的认证来完成，这种加密技术保证了用户的隐私权。通过网络虚拟商品交易就可以实现洗钱，这样的包装比实物商品交易更加快捷和隐蔽，这样也就导致了很多犯罪分子利用这一便利进行违法交易。不法分子利用网上支付平台匿名进行洗钱，交易没有详细的记录清单，监管部门很难查出双方的身份信息，加大了中国的"反洗钱"工作的工作难度。

四、第三方支付技术发展对策

针对现在中国第三方支付在增强信用体系、提高安全性、提升资金入口的发展趋势以及反洗钱等方面面临的问题，从以下两个方面提出对策。

（1）推动第三方支付主体自主发展。第三方支付应找到属于自己的最佳定位。以支付宝为代表的第三方支付诞生于商品交易之中，是作为一种通道型支付机构而存在的，帮助资金更好地流转，而现在的支付宝已逐渐走出了商品交易的框架，开始涉及更多的领域，目前，用户利用余额可以购买理财产品，支付宝越来越成为一个独立的资金账户体系了。如果支付宝继续沉淀资金在体系内，不断拓展支付前景的话，会带来很多的不确定因素。中国人民银行出台的《非银行支付机构网络支付业务管理办法》就是希望第三方支付可以明确自己的地位，走通道型支付机构的道路，避免第三方支付不断走向大额资金的借贷中，使其回到原本的细分领域中。例如，支付宝余额回到淘宝支付平台，财付通回到 QQ 支付结算中去。虽然缺少了很多的体验服务，但是也利于保护用户资金的安全。第三方支付的核心要立足于银行的基础之上，网上支付属于金融产品，其来源是银行，没有银行，第三方支付无法继续发展。所以，银行要在业务上不断创新，拓宽业务领域，第三方支付应该从现在的外部化慢慢地转变到内部化去，在银行的监管下进行支付结算，与银行一起走到合作大于竞争的道路中去。

（2）加强部门监管力度。第三方支付应该开创新的融资方式。金融业竞争的本质就是信息和大数据战争，只有掌握一切有关资金流动和信用变化的信息，才能找到低风险的机会。第三方支付平台在运营支付业务的过程中积累的客户和交易数据信息，以后必将成为其向金融领域渗透的重要"武器"。第三方支付企业积累的大量行业用户的资料和交易行为信息，不仅在数据规模和质量上优于商业银行的支付流水以及信用卡还款记录等数据，而且单家企业的数据集中度很高，也可辐射多个行业。目前，第三方支付正逐步引领金融系统进入金融服务的新时代，以用户支付信息为依据，第三方支付应不断提高创新性，拓展盈利模式。第三方支付机构应运用"长尾理论"，不断开发创新金融服务产品，从最初的满足用户的支付需求到开发支付需求，引领用户进行有效的投融资。信用体系建设和安全性等方面存在的问题，已经使一些用户对第三方支付平台望而却步，监管部门应加强监督力度，有效地规避风险。同时，第三方支付应找到属于自己的最佳定位，发展自我，以银行为核心，与银行走向共同合作发展的道路。

第四节　电子支付技术在电子商务应用中存在的问题

近年来，便捷、高效的非金融机构电子支付获得了高速发展，丰富、影响和改变着以商业银行为主体的传统支付服务体系，也带来新的风险因素、分布形态和关联关系。

2016 年 9 月，全国中小企业股份转让系统发布了有关指引公告，其中公告披露了对电子支付技术中第三方支付机构《公开转让说明书》的最新要求，这体现了明确电子支付机构作为金融类机构挂牌新三板的主体地位，由此体现了电子支付的广阔前景。电子支付爆发式的增长吸引着人才和资金前仆后继，但同时也意味着相伴而生大量的风险，对此进行分析和管控非常有必要。

一、电子支付安全的现状评估

从电子支付机构角度看当前电子支付安全，可归结为以下两点：

（1）当前中国支付安全风险可控，总体平稳，趋势向好。一是经过近十年的发展，国内电子支付机构在安全方面的投入规模非常大，电子支付的安全技术不断完善。包括 Usbkey、动态口令、数字证书、钓鱼网站的实时拦截等具体措施也已经广泛应用，电子支付风险控制能力不断提升、风险防控措施不断深入。二是市场主体风险可控，行业整体风险可控。经过多年发展，电子支付平台业务规范程度大大提高，支付宝、财付通、银联在线、快钱、汇付天下等各领域市场份额领先的电子支付机构，对风险防范意识及风险管理水平不断提高。三是政府行业监管力度不断加强，明显推动了电子支付行业的健康规范发展。中国人民银行以《非金融机构支付服务管理办法》为核心，明确了非金融支付行业的地位及业务属性，设立了行业的准入门槛，确立了备付金安全、实名制规范等多方面的监管原则并不断细化；中国支付清算协会成立近几年来，在行业自律、机构合规性检查以及行业研究方面开展了大量工作。同时，各级地方政府从重视高新技术企业的视角，对电子支付机构的关注和支持力度也明显提升。四是电子支付安全的强化趋势仍在继续。随着网络的日益普及、网上银行以及电子商务的广泛应用，电子支付安全日益受到重视，在市场竞争的压力和社会广泛关注下，电子支付参与各方强化安全的步伐不会停滞。

（2）中国电子支付机构中的主要风险。在实际运行中，电子支付安全受类型多样、内容各异复杂的多种因素的影响。综合来看，当前影响中国电子支付安全与效率的最突出的四种典型风险因素如下：一是基础关系违法，即因电子支付服务被违法犯罪行为利用或者为违法犯罪行为提供了便利，而引起的安全问题，主要集中于与黄赌毒、危险品类"商品"违法交易配套的电子支付服务；二是内部管理失当，指电子支付机构在流程、技术和信息安全、资金安全、规则和人员诚信等内部管理事项中存在过失与疏漏的情况，产品服务缺陷、用户资金挪用和用户信息泄露等风险事件都属于此类；三是外部欺诈层出，指外部人员利用各种手段骗取、窃取与支付交易相关的信息和数据，继而操纵或介入支付交易，以盗窃、诈骗行为非法侵占支付交易当事人合法权益的情况，网络钓鱼、木马病毒以及类似"庞氏骗局"或金字塔传销类型的商户欺诈均属此列；四是配套环境缺失，影响安全感受，具体包括互联网环境存在潜在风险、用户安全教育、安全意识不足、电子支付风险缺少规范、高效的查处机制等。

二、电子支付安全的监管

对于电子支付安全问题的监管，需要进行针对性的治理，应当从以下三方面重点推进：

（1）针对外部欺诈与互联网环境对电子支付安全的影响，强化以政府监管部门为主要推动力的外部环境营造。净化互联网环境、强化与用户安全感受密切相关的退货、理赔、投诉、安全事件查处等配套机制，为电子支付的健康规范发展提供良好的生态环境十分重要。

（2）针对基础关系违法以及配套环境缺失对支付安全的影响，要强化以产业链合作为主的全行业的风险防控能力提升。目前，电子支付机构和商业银行作为电子支付服务的主要提供者，应当努力强化在电子支付安全方面的合作。要共同开展网络商户和消费者安全教育，研究涵盖整个电子支付过程的安全合作机制，推动诸如安全技术、反欺诈、反洗钱、防钓鱼、"黑名单"共享等具体措施的落实。

另外，当前在电子支付产业链上，从银行端到电子支付机构再到用户，内部的风险管理、安全防范水平以及风险防范意识呈现出逐渐降低的趋势，产业链上的安全防范水平参差不齐。对此，监管部门未来应引导中小电子支付机构加大安全投入，关注电子支付机构的基础设施投入和业务连续性保障能力，防止中小电子支付机构发生的风险事件对整个行业产生负面影响。

（3）针对电子支付机构内部管理失当对电子支付安全的影响，对电子支付机构为主的风险管理机制的完善。通过重点参与者带动、把握、控制和降低整个产业链在关键环节上所面临的各类实际或潜在的风险。对电子支付机构而言，关键是要借鉴商业银行等机构的风险管理架构和经验，从内外部环境、内控机制、安全技术等方面，探索适合未来互联网金融服务特点和需求的风险管理架构。

三、电子支付风险管理发展的趋势

（1）需要关注电子支付范畴的动态发展。电子支付定义的不断扩展、技术创新带来的不断丰富的支付指令和网络渠道是电子支付范畴不断扩大的主要原因。从支付指令和网络渠道的发展角度来看，生物识别技术带来的声波支付、指纹支付、虹膜（视网膜）支付，以及数字电视网、智能手机4G网络等都会进一步扩展电子支付的范畴。

（2）需要关注用户体验对电子支付安全的重要影响。现实中，大量用户往往将网络购物中遇到商户不诚信、产品质量差、物流时效差等不良体验，作为对电子支付安全问题判断，这种现象很容易导致对电子支付安全环境的低估甚至误判，产生不利影响。电子支付安全的本质是要实现互联网环境下货币资金转移的安全性。要准确衡量和有效提升电子支付安全水平，在行业内应当把握住货币资金安全转移的这条"主线"。

（3）电子支付风险管理体系建设的两个重要原则：一个是安全效率的平衡；另一个是风险收益的平衡。即强调安全的同时不显著影响效率，承担风险获得的收益能覆盖成本。

（4）坚持创新驱动的发展理念。在电子支付安全方面，要坚持通过技术创新解决安全问题的理念。从未来电子支付安全的技术趋势来看，有两个方面需要特别关注。一是智能实时防控系统，通过相应规则对交易实时筛查的监控系统，配合人工核查，最终锁定风险交易，控制风险账户，从事后响应转为事中响应，从而提高风险防控效率。二是大数据在安全方面的应用，互联网技术提供了这个可能性，通过手机、电话等大量的行为状态记录，存储到云端服务器，将来可以通过对人的行为的连续性进行综合分析，而不仅仅是通过密码和密钥来分析。

第五节　电子支付技术创新发展趋势

带有创新性质的金融模式、金融现象不是简单地在金融中加入互联网技术

信息技术创新及应用对电子商务生态系统的影响研究

因素,而是在技术的方面进行突破。技术的进步只是新金融业态的基础,与以往的技术只是被治理的角色不同,新技术由于具有新的方法论和新的智能手段,已经演化为新的治理模式,开始深刻地改变我们原有的法律和治理模式。

中国电子支付的发展,成就了中国的电子商务的发展,反过来,电子商务的发展又推动了电子支付、非银行支付机构的发展。目前,电子支付还成为互联网金融发展的基石,支付宝诞生后,余额宝等互联网金融产品纷纷涌现,如果将互联网金融的创新发展比喻为高速行驶的汽车,那么电子支付就是高速公路。这种良性循环世所罕见,也成为了中国在金融领域,尤其是金融科技创新领域弯道超车的重要条件。

一、技术创新

作为近代支付产业历史上最重大创新发明,银行卡及其相应组织模式的产生,大大加速了全球电子支付产业创新进程。当前,第三次信息化浪潮方兴未艾,并不断向支付领域渗透,促使支付技术创新日新月异,推动支付商业模式稳步演进。因此,技术创新是驱动支付产业发展的根本力量。

从技术创新的角度来看,在支付信息收集、信息传输、信息处理全方面发生着快速的技术变革,并呈现三大趋势:支付信息收集介质智能化、多元化,支付信息传输渠道公网化,交易信息处理系统云端化。

(1) 支付信息收集介质智能化、多元化。从账户端来看,受益于智能手机的普及,用户的交易账户载体正在由传统银行卡的磁条或 IC 芯片,向 PC、PAD、手机等各类多元化智能终端演变。从受理端来看,商户的受理终端正在由传统受理磁条卡的 POS 机向接受磁条、IC 芯片、NFC(近距离无线通信技术)介质、二维码等各类账户载体的多功能支付终端演变。随着物联网技术的不断发展,在未来"万物相联"的时代,手表、汽车、电视机等都将可能成为新的"账户载体"和"受理终端",这使支付流程不再仅仅局限于传统的实体卡和 POS 终端,支付信息收集介质的多元化将使人们真正实现支付的随时、随地、随心所欲。

(2) 支付信息传输渠道公网化。从当今全球支付产业来看,基于 POS 终端的银行卡支付依然是主流的非现金支付方式。在该模式下,支付数据主要通过金融专网进行传输,具有较高的安全等级,但也承担相对较高的传输成本。

第五章 电子支付技术与电子商务

伴随着客户随时、随地、随心所欲支付需求的日益迫切，利用金融专网传输支付信息的传统方式暴露出明显的时空局限性，难以满足新时代支付需要。随着NFC、HCE（基于主机的卡模拟）、二维码、蓝牙4.0、Token（令牌）等新技术的日臻成熟，为了适应线上线下、有卡无卡支付需要，通过互联网、移动互联网等公网传输支付信息和开展支付交易已成为大势所趋，其安全性也正在得到实践的检验。

（3）交易信息处理系统云端化。以中央银行、商业银行、清算机构、第三方支付机构等为代表的本地化处理依然是目前市场主流模式，而云计算技术正在支付行业得到充分的商业应用，主要支付机构和清算机构纷纷布局公有云、私有云，交易信息处理系统云端化的趋势已经显现。此外，以区块链技术为代表的分布式处理技术也得到了初步尝试，比特币、Ripple等正在以全新的理念介入支付领域，基于区块链技术采用多中心化模式也可能会成为未来支付信息处理的演进方向之一。

依托于高速发展的移动支付、大数据、云计算等互联网技术，能在更广泛的范围内方便快捷地将资金需求者与资金提供者联系起来，但带有创新性质的金融模式、金融现象不是简单地在电子商务中加入互联网技术因素，技术的进步只是新金融业态的基础，更为重要的是，具有开放、平等、共享、去中心化、去媒介等属性的新的金融业态，一方面能改变中国广大的中小微企业在传统金融市场、资本市场得不到融资的困境，另一方面改变投资门槛高、小额投资渠道匮乏的现状，使金融回归本质，实现其本应具有的资金融通、资源配置的功能。

结合金融科技创新以及金融本质，金融科技应更为准确地被界定为：基于移动互联网、大数据、云计算等技术，实现支付清算、资金融通、风险防范和利用等金融功能，具有快速便捷、高效低成本的优势和场外、混同、涉众等特征，并打破金融垄断，实现消费者福利的创新型金融。随着移动设备、智能手机的普及，在大数据、云存储等科技手段的推动下，电子支付的竞争优势逐渐明显，传统金融在潜移默化中被逐步替代和削弱。电子支付作为移动金融的入口，因可提供大量可用的数据、有利于精准营销而成为众多第三方支付机构、传统银行争相抢夺的市场。

技术创新催生了业务创新、商业模式创新，在原有开放式卡组织为主流的支付模式基础上，支付产业链又加入了互联网企业、手机厂商、移动运营商、行业商户等更多的产业参与方，与信息技术、电子商务、数据服务等行业不断融合，支付产业电子化、智能化、综合化程度不断提高，不断衍生出 HCE 手机支付、全手机 NFC 支付、互联网虚拟账户支付、扫码支付等多种创新业务模式。市场参与主体越来越多，支付产业网络和规模效应更加显著，各参与主体从中得到了价值的提升。这种现象集中体现在：

（1）支付与商务、社交综合化发展。作为金融业务最基础的一环，支付不仅是用户使用频率最高的金融应用之一，并且已经成为重要的用户数据来源，包括银行在内的各类商业机构凭借支付业务，积累了海量的用户资料和交易行为信息。随着大数据相关技术和应用的不断成熟，机构通过数据分析能够更加深入地了解用户的行为特征及信用水平，并在此基础上提供财务管理、消费金融、供应链金融、精准营销等各类增值服务，极大地丰富了其业务模式和盈利来源。

（2）支付与各类金融业务融合化发展。基于支付业务开展各类金融创新已成为业界普遍共识，支付与金融的渗透与融合愈演愈烈。各类支付机构依托其虚拟账户体系，通过与金融机构、银行卡清算机构等展开业务合作和产品创新，将业务领域从最初的支付拓展至理财、保险、P2P 借贷、众筹、征信等其他金融细分领域，在账户层面打造了"一站式"的综合金融服务入口。

二、制度创新

近些年，政府部门发布多个文件支持电子支付与电子商务的融合发展，特别是 2016 年 5 月 20 日国家发改委等部门发布的《关于推动电子商务发展有关工作的通知》中提到健全电子商务支撑体系，推动电子支付创新应用，大力发展移动支付。政府部门的支持推动着电子支付机构进行制度创新，一方面，随着监管层对支付机构的监管力度加大，多家支付机构被罚，支付牌照已经进入存量"洗牌期"，现存支付机构应严格遵循行业规范开展业务；另一方面，随着电子支付应用场景的不断扩大，电子支付的安全性也应引起人们的重视，制度创新成为必然发展趋势。

技术创新与制度创新的交织共同推动着人类社会的进步。技术创新带来的生产力发展引发制度创新，而制度创新又进一步释放了技术创新的潜力，可以说，产业变革与人类社会的进步始于技术创新，成于制度创新。正是因为有了股份制，将分散的私人资本联合起来形成集中的股份资本，生产规模得以扩大，才能让蒸汽机走出实验室，广泛应用于火车、轮船、印刷机，才有了第一次工业革命，进而有了社会经济的腾飞，才能在第二次工业革命中能源、交通运输、通信等领域取得巨大进步。这使兴办大型企业对巨额资本集中的需求与私人资本有限性之间的矛盾更为突出，伴随市场关系、法律制度信用环境的日益发展，以社会大生产为基础的股份制成为占统治地位的企业组织。

毫无疑问，移动支付等新兴电子支付技术和业态引领下的电子商务的未来发展趋势应当是革命性的。不断革新的技术也将不断冲击旧的金融业态，监管政策也将随之发生改变。新技术引发金融市场变革的最新实例就是金融科技，金融科技的核心是对移动互联网技术、大数据、云计算等技术的运用，这将导致我们的金融体系回归金融的本质。目前互联网金融创新蓬勃发展的态势，更像是几百年前的股份制企业，包括商业银行和证券交易所兴起时的状态，尤其是不久的未来实现万物互联的时候，信息不对称的问题得到了根本解决，而未来信息在网络上的无障碍流动也必将导致人类生产方式的改变。

三、应用创新

随着互联网技术的发展，支付应用创新纵深发展的成果不断显现。

（1）移动支付蓬勃发展，将成为主流电子支付方式。随着移动互联网时代的到来，智能手机及各类 APP 应用日益普及。智能手机以其即时性、便捷性、交互性的特征为移动支付的迅速发展奠定了基础。以"云闪付"、扫码支付为代表的移动支付逐渐成为人们日常消费的重要支付方式。"云闪付"系列产品是中国银联联合商业银行、手机制造商，基于 NFC、HCE、TSM 和 Token 技术推出的线上线下一体化移动支付解决方案，可通过智能手机终端实现"空中发卡、非接闪付、网上支付"。在线下端，"云闪付"通过智能手机非接模块与受理终端进行交互，在 500ms 内即可完成交易。在线上端，"云闪付"基于云端支付平台，通过移动互联网商户线上收单与本地手机客户端交互，完成云端支付卡的线上有卡交易。扫码支付则基于二维码、条形码等技术实现，其特点是完全基于软件，通过智能手机 APP 与二维码、条形码图像的交互实现支付，同时支持近场和远程交易。由于扫码支付对硬件成本投入要求较低，

信息技术创新及应用对电子商务生态系统的影响研究

该模式在日常类商户，特别是小微商户中实现了快速推广。

（2）智能支付将成为支付新趋势。近年来，物联网和虚拟现实（VR）技术蓬勃发展，并逐渐向支付领域渗透，推动支付流程实现全自动化，使支付更加智能化。物联网的核心是通过在物体上嵌入微型感应芯片，借助无线网络技术，实现人与物、物与物之间的交互。基于RFID（无线射频识别）技术的移动支付、金融IC卡是目前物联网在支付行业中最典型的应用。此外，物联网的发展将催生出更多人工智能的场景，也推动着支付流程全自动化。以智能汽车加油的场景为例，汽车驶入加油站时与加油机终端建立交互，加油机终端能够自动计算汽车所需油量，并结合实时的油价信息计算出所需支付的费用，随后向司机推送账单信息。司机通过终端确认后即完成支付，整个加油过程结束，车辆离开加油站。虚拟现实技术在本质上是一种先进的计算机用户接口，通过给用户提供视觉、听觉、触觉等实时感知交互手段，减轻用户的负担、提高整个系统的工作效率。虚拟现实技术在电子商务领域的应用可以大幅改善顾客线上购物的体验。目前，用户可通过佩戴VR眼镜置身于虚拟世界中的商店，挑选商品并进行试穿、验看，获得合适体验后再通过电商购物平台完成在线付款。未来，不仅购物环节，甚至支付环节也可能在虚拟现实环境中一并完成。

（3）人性化方式成为支付认证变革的方向。在传统线下支付模式中，验证持卡人身份的途径主要是PIN及签名等静态验证手段。在移动互联网时代，支付终端多种多样，支付场景转变为非面对面，支付信息也需要经过公网进行传输，这对支付验证手段的可选性、易用性、安全性等提出了更高要求。在此背景下，产业各方逐渐引入小额免认证、大额手机短信码认证等灵活易用的认证手段。此外，一些基于指纹、人脸、声纹等生物特征识别技术正在得到试验或商用，这些认证手段的应用也有助于改善客户体验。值得一提的是，未来物联网和虚拟现实技术将给日常生活带来越来越强的远程操控的能力，在支付验证时不但需要验证正在操作的是真实的人，还要验证这个人的身份及其对应的权限，而能提供这种验证的只有生物特征识别手段。

（4）百家争鸣，支付通道多元化。首先，银行账户间主要使用央行支付通道。人民银行的大额支付系统、小额支付系统、网上支付跨行清算系统、各地同城电子清算系统等已在银行业内建立起一套稳定的支付高速公路，基本满足各类银行账户间的支付场景,未来央行支付通道的业务规模仍会总体保持增长。在电子支付格局下,银行业金融机构将来可能采取的支付交易路由策略如下:工作日的大金额支付交易通过大额系统,小金额支付通过网上支付跨行清算系统,节假日不超过50万元的交易通过小额系统。

其次,互联网企业全面覆盖小金额支付场景。在电子支付环境下,当互联网企业把支付场景与支付通道完美结合时,中国的小额零售支付市场将可能发生颠覆性的变革。在大量的线下商业交易中,用户选择的支付方式也不仅仅限于现金结账和POS机刷卡。伴随O2O的革命性战略转移,包括扫码支付、微POS等创新性、低成本、移动化的商户收单模式的出现,越来越多的用户愿意将一定资金存放在移动"钱包"中,并在各种各样的线下场景中实现快速便捷的支付。从目前来看,移动支付领域已基本覆盖衣食住行,虽然支付习惯的完全替代仍需时日,但移动支付的号角已全面吹响。

最后,通信运营商有望为支付市场注入新的竞争力。中国移动、中国联通、中国电信三大运营商在新金融环境的影响下,为实现移动互联化的转型,寻求新的利润增长点,纷纷抢滩移动支付市场。由于现阶段移动电子支付主要使用智能手机通信设备,因此,运营商在移动支付领域具有"客户群、认知度、网络资源"三大优势。客户群是指运营商所掌握的大量用户可以被不断发展成自身的支付用户。认知度可为运营商带来一定的品牌影响力以及信用优势,较高的社会认知度将为运营商创造更良好的发展空间。在网络资源方面,运营商固有的基站与信息点,提供用户无处不在的WiFi连接体验,从而疏通移动支付通道。虽然目前运营通信商在移动支付的战绩并不理想,例如,中国移动NFC近场支付的手机产品由于受设备硬件的影响,市场使用反响一般,但随着通信运营商不断创新业务模式,积极探索与金融企业的业务合作,其在移动支付市场中的竞争力不容小觑。

(5)快速便捷,支付工具智能化。在安全性保障的条件下,电子支付的核心理念是更快速、更方便地完成资金的转移。为满足客户快捷便利的零售支付体验,工具的智能化与创新力就成为电子支付环境下抢占支付市场份额的"利器"。零售支付工具智能化的主要趋势大致如下:首先,电子支付线下流程将不断简化。当电子支付成熟后,POS机和卡片介质将渐渐消失,取而代之的是移动设备。其次,电子支付的手段将不断突破,其中"智能穿戴"与

"生物支付"是支付工具智能化最重要的发展领域。归根结底，未来支付的过程不会再依靠现金、钱包、银行卡，甚至都不需要手机，每个人的身体就是一个可靠的介质和数据库，人走到哪里，消费就到哪里，一切交易的支付都那么的自然。

(6) 互联网企业与银行将成为移动支付服务竞争的"主角"。电子支付环境下，支付服务组织间的竞争将主要集中在互联网支付企业和传统银行之间。互联网企业参与电子支付市场竞争的最大优势是海量的用户信息。对于BAT等互联网巨头而言，其主导电子支付市场关键要走好以下两步：一是将用户信息转换成有效的账户信息。二是力推公司结算服务，利用"公私联动"策略，同时实现两类账户的移动收单、支付、投资、理财等各项衍生业务。电子支付环境下，面对互联网企业的强烈冲击，传统银行需要从支付领域和支付工具两方面拓展市场。一方面，银行需将支付领域的"规模经济"努力转换成"范围经济"。例如，可通过专业的清算系统代理非银行金融公司开展支付业务，如证券、信托、保险、财务公司等，努力形成自身的生态圈，逐步扩大业务的覆盖面，进而借此重新占领支付领域。另一方面，需要加快支付工具的创新步伐，打造支付的全能化和移动化，以吸引流量、培养用户习惯、提升对外服务。

本章小结

2015年，李克强总理在政府工作报告中提出"制定'互联网+'行动计划，推动移动互联网、云计算、大数据、物联网等与现代制造业结合，促进电子商务、工业互联网和互联网金融健康发展，引导互联网企业拓展国际市场"。在"互联网+"政策背景下，互联网化发展浪潮进一步高涨，随着移动互联网、智能手机等日益普及，自然催生出对于电子移动支付直至移动金融的迫切需求。

移动互联网的本质为"互联、自由、共享"，支付体系是金融产业之血脉。未来，电子支付技术将更大地促进电子商务的发展，将会进一步融合，以移动支付为首的电子支付技术将在电子商务领域发挥越来越重要的作用。未来，信息技术与电子商务的结合将渗透到人们生产和生活方式的方方面面，重新定义和重新构造人与人之间的交互方式，并对人类社会的生态体系产生深远的影响。这个重构过程中，生产者和消费者将直接和电子商务联系在一起，而这一过程正是信息对称所导致的结果。信息的可追溯、点对点信息的可追随，其重要性甚至超过了单纯的大数据的统计数据，相比静态的大数据，不间断的数据流更有价值，而信息对称正是重构人类社会生态体系的最关键因素。

打造无现金社会，显然不只是支付无纸化，需要从更高层面搭建上层建筑。从社会治理的视角来看待这场重大变革。

新技术推动商业和社会的变革，带来大量新的问题，包括法律、隐私泄露、信息垄断等方面的问题，使传统的法律制度无法应对科技迅猛发展带来的行业变革。技术带来的问题达到一定的深度和广度后，可能会挑战深层次的治理原则和理念。与以往的技术相比，只是被动的角色不同，新技术由于具有新的方法论和新的智能手段，已经演化为新的治理模式，逐步地改变着我们原有的法律和治理。

以技术治理为指导的治理体系是人类拥抱数字文明的必然趋势。风险发生不确定性、问题复合性等是技术引发社会变革的特点，通过技术手段的制约有助于形成合法、合规的众管环境，让传统治理手段所不能触达的一些风险行为受到遏制。技术治理的真正变革潜力在于提升社会实时治理的能力，从而重构社会治理的逻辑和路径。

西方学者也已经注意到新技术、新制度对电子商务市场乃至整体社会的冲击，并与之对应地展开了相关监管与治理变革的研究和实践。但新技术、新制度冲击下诞生的中国金融创新是与西方发达国家不同的，以移动支付等为代表的中国的金融科技创新已经走在了世界前列，移动支付等金融科技创新发展及其监管是地地道道的中国问题，在吸收借鉴西方先进经验的同时，更多需要依靠中国业界、学界及政府共同努力，探索一条具有中国特色、适合中国发展的道路，适应数字时代需求，发展技术驱动型金融监管，促进金融回归本质，服务实体经济，并力争在以"新技术+金融"为基础的新一轮全球创新竞争中成为领导者。

第六章 大数据技术与电子商务平台

自 2015 年 9 月国务院发布《关于促进大数据发展的行动纲要》，十八届五中全会公报提出要实施"国家大数据战略"之后，各地纷纷出台大数据相关的政策文件，以此来统筹推进大数据发展。数据也如土地、资本等成为生产要素，企业内外数据、线上线下数据等与外在价值的融合将会诞生出新的商业模式，不断创造出新的价值。

《2018 中国大数据行业报告》显示，大数据在各行各业的成熟度与基础设施、市场规模和应用范围关系密切。根据调研，金融、政务、互联网这三个行业的 IT 投入位列各行业前列，随着"互联网+政务"的普及、政务云和政务大数据的落地，2017 年政府 IT 投入超过 800 亿元，占中国 IT 总投入的 5%~10%。金融一直是重 IT 投入的行业，以银行为例，2017 年中国银行业整体 IT 投资为 800 亿元，整个金融行业的 IT 投资突破千亿元大关。

随着网络用户日益增长，互联网记录着大量的用户个人信息和由智能终端产生的图片和信息，这些信息爆炸性的增长，并不断涌入网络海洋，产生海量的数据信息。电子商务的快速发展带来了相当大的数据流量，由此产生的大数据也进一步促进了电子商务的发展，在电子商务环境中大数据处理将会发展出更多强大、多元的功能。

第一节 大数据技术产生和应用

2012 年 3 月，奥巴马政府宣布投资 2 亿美元到大数据领域，大数据技术从商业行为已经上升为国家科技战略。美国政府将大数据定义为"未来的新石油"。美国宣布大数据技术后，世界其他国家都对大数据给予了极大的关注，中国也不例外。大数据是加速企业创新的利器。现代管理学之父德鲁克曾说过，预测未来最好的方法，就是去创造未来。而"大数据战略"则是当下领航全球的先机，如何抓住这一先机，是摆在电子商务企业面前的机遇与挑战。

如今，大数据已成为全球语言。"大数据"这一术语的内涵远远超越了"大"或是"数据"的含义。Forrester 分析师布赖恩·霍普金斯（Brian Hopkins）和鲍里斯·埃韦尔松（Boris Evelson）撰写的《首席信息官，请用大数据扩展数字视野》报告中提出大数据的四项典型特征，即所谓的"四个 V"：

（1）海量（Volume）：数据巨大，从 TB 级别跃升到 PB 级别。IDC 最近的报告预测称，到 2020 年，全球数据量将扩大 50 倍。

（2）多样性（Variety）：是指数据类型繁多，包含结构化的和非结构化的数据，如网络日志、视频、音频、图片、地理位置信息等。

（3）高速（Velocity）：是指数据被创建和移动的速度快。在飞速发展的网络时代，企业创建实时数据流，快速处理、分析并返回给用户，以满足用户的实时需求。

（4）易变性（Variability）：大数据的多样性意味着大数据会呈现出多变的形式和类型。

大数据是继云计算、物联网之后 IT 产业又一次颠覆性的技术变革，对于企业将产生巨大的影响。如今，大数据分析已经成为行业研究的热点，大数据正在以多种方式创造着巨大的价值。在大数据时代，未来数年数据量将会呈指数爆炸。图灵奖获得者吉姆·格雷（Jim Gray）和 IDC 公司曾预测，全球数据量每 18 个月翻一番。例如，淘宝网每日新增的交易数据达 10TB；eBay 分析平台日处理数据量高达 100PB，超过了美国纳斯达克交易所全天的数据处理量；亚马逊每秒钟处理 72.9 笔订单。由此可见，电子商务网站的数据正是典型的大数据。电子商务经历了三个时代：①基于用户数的时代，此时电子商务企业通过收取会员费、广告费等方式发展客户来赚取利润；②基于销量的时代，电商企业通过投放广告来实现销售量的增长，以此来提升品牌影响力和企业价值；③基于数据的时代，电子商务公司通过对消费者的海量数据的收集、分析、整合，挖掘出商业价值，促进个性化和精确化营销的开展。全球迎来大数据时代,数据成为越来越有用的资源,电子商务企业在开发利用大数据的市场上存在着巨大的发展前景。

随着信息技术的发展,中国电子商务快速发展,根据相关数据显示,2016年中国电子商务的交易额达到了26.1万亿元,同比增长19.8%,中国电子交易市场规模占全球电子商务零售市场的39.2%,中国电子商务市场的国际影响力不断增强,连续成为全球规模最大的网络零售市场。中国网络购物用户规模、电子商务交易额、电子商务从业人数不断增长,电子商务平台上承载了用户大量的个人信息和交易信息,而电子商务的数据信息不仅量多,而且结构复杂,其中业务数据信息比较多,如何通过大数据技术充分发掘这些有效的数据信息,从而充分利用这些数据信息,已经成为当下电子商务平台关注的焦点。

目前国内外电子商务企业已经认识到电子商务平台数据信息的价值,国内的阿里巴巴、京东等电子商务平台已经开始应用大数据技术。购物网站的大数据来自网站客户在线时留下的印记,包括浏览、评论等购物全过程所形成的用户真实档案,对这些数据进行发掘、交换、整合和分析后,就可以掌握用户在网上的行为规律,依靠这些规律,不仅可以适时地帮助客户解决目前的需求,也可以预测用户未来的可能行为,这些预测虽然不是百分之百的精准,但是为广告商投放广告提供了一定的指导。比如,当用户在某个搜索网站对某个关键词进行搜索后,他再去其他网站,都会出现这个关键词的信息。这正是大数据分析在背后做支撑。如此一来,购物网站可以根据记录着的客户信息,准确及时地了解到客户的需求,针对这些需求提供产品和服务,无疑将会大大提升营销的成功率。或者是通过大数据分析,对某类消费者行为进行分析,进而设计和改进产品服务,也会有助于提高浏览量与成交量,实现了从模糊营销到精准营销与个性化营销的转变。因此在电子商务平台上,大数据的应用将会提供更多元的功能。

在大数据背景下,把消费者分成很多群体,对每个群体甚至每个人提供针对性的服务。消费行为等数据量的增加为电商平台提供了精准把握用户群体和个体消费行为模式的基础。电商通过大数据应用,可以探索个性化、精准化和智能化广告推送和推广服务,创立比现有推广形式更好的全新商业模式。另外,电商也可以通过运用大数据,寻找更多更好的增加用户黏性、开发新产品和新服务、降低运营成本的途径和方法。

电商运营更多地转变为数据驱动的运营,在企业内部所有环节都利用数据进行分析、评价、利用数据视图进行管理。以阿里巴巴为例,其对旗下的淘宝、天猫、阿里云、支付宝、万网等业务平台进行资源整合,形成了强大的电子商务客户群及消费者行为的全产业链信息。同时,也将电子商务的竞争从简单的价格战上升了一个层次,形成了差异化竞争。目前,淘宝已形成的数据平台产品,包括量子恒道、数据魔方等,功能包括店铺运营分析、商品分析、营销效果分析、买家行为分析、订单分析、供应链分析、行业分析、财务分析和预测分析等。

大数据背景下,"数据即资产"成为最核心的产业趋势。未来企业的竞争,将是规模和活性的竞争,数据的经济效益和作用将日渐引起企业重视,因而催生出许多关于数据的业务。"数据成为资产"是互联网泛化的一种资本体现,它让互联网的作用不仅仅局限于应用和服务本身,而且具有了内在的"金融"价值。数据的功能不再只是体现于"使用价值"方面的产品,而成为实实在在的"价值"。目前,作为数据资产先行者的 IT 企业,如苹果、IBM、谷歌等,都在用各种方式挖掘各种形态的设备及软件功能,收集各种类型的数据,发挥大数据的商业价值,将传统意义上的 IT 企业,打造成为"终端+应用+平台+数据"四位一体的泛互联网化企业,以期在大数据时代分得一杯美羹。

第二节 大数据技术在电子商务平台的应用

目前,中国电子商务平台主要有淘宝网、京东商城、拍拍网和易趣网,其中淘宝网隶属于阿里巴巴集团,拍拍网是腾讯旗下平台,易趣网来自美国。这其中以淘宝网发展得最为成功,也最受国内网购者的青睐。截至 2014 年底,淘宝网已拥有超过 5.7 亿名注册用户,年交易额超过 1 万亿元。京东则是知名度与淘宝网比肩的网络购物平台,且同样是极具特色的网站。综观中国主要的电子商务平台,具有以下五个特点。

(1) 大多建立了自己的即时通工具,为商家与消费者的良好沟通创造了条件。比如,淘宝网有阿里旺旺,拍拍网有 QQ。消费者与电子商务卖家可以通过这些即时通信工具进行实时交流。

（2）建立了完善的支付系统。淘宝网使用的是整个阿里巴巴体系的支付宝，这也是目前中国最大的第三方支付体系，具有相当完善的服务内容。拍拍网使用的是腾讯系统自己的财付通。而京东商城则提供各类银行卡在线支付服务。电子商务平台比较完善的在线支付手段，让消费者可以方便地进行支付，并在很大程度上实现安全支付。

（3）安全认证相对严格。京东商城由于都是自卖产品，在认证上是最让人放心的。淘宝网商家众多，其建立一套自己的认证体系，对卖家实行实名认证，并通过心钻、钻石、皇冠等一系列信用评价，约束卖家行为。

（4）建立了比较完善的物流配送体系。淘宝网、拍拍网与众多的第三方物流合作，可以为买家提供完善的物流服务。京东商城则建立了自有物流配送体系，进一步将卖家与买家联系在一起。

（5）形成特色各样的经营理念。比如，淘宝网是免费注册的，采取不收费政策，并开设淘宝大学培养卖家。易趣网的认证与开店都是要收费的，但其卖家的信用更有保障。京东一直坚持自办，号称提供最有保障的产品与服务。

大数据技术在电子商务平台主要体现在用户体验、市场营销、库存管理以及用户管理等方面。

一、大数据技术应用于客户体验

电子商务平台网络上的界面结构和功能是吸引客户的关键，大多数电子商务企业为了提高交易额，往往通过大数据技术用户消费行为模式，并通过用户历史购物记录，在这个基础上通过 Web 挖掘技术改进关键词加权，将用户的关键词进行延伸，提高商品信息搜索的精准率，并根据不同消费者的消费习惯，动态调整商品信息的布局，实现对商品信息的分类和聚合，呈现商品信息初步浏览的效果。以淘宝网为例，淘宝网往往根据用户曾经访问某商品的比例和浏览人群设置广告的排版和布局，从而增加广告投放的投资效益。通过大数据技术的应用，能够满足消费者个性化的需求。

二、大数据技术应用于市场营销

电子商务企业将大数据技术应用在电子商务平台上，能够最大限度降低企业在营销、管理过程的人力、财力和时间成本。电子商务企业的技术人员可以构建分布式存储系统，并通过 Web 挖掘技术将用户在不同网络平台上的个人信息、浏览习惯贴上标签，按照不同格式的数据进行存储管理，对潜在的用户提供商品和服务的销售。

三、大数据技术应用于库存管理

在零售行业中，库存销量比是企业重要的效率指标，管理人员可以根据仓库库存及时查询到商品的流入和流出，并通过在线市场供求变化进行数据分析，从而准确预测到市场供求变化，制订商品生产计划，降低库存积压风险，从而提高商品生产、销售效率，提高企业的资金周转能力。

四、大数据技术应用于客户管理

电子商务平台上的客户管理其本质是为用户提供可持续的商品和服务，通过大数据技术，电子商务企业可以将消费者分成普通用户和核心用户，并根据消费等级建立会员级别。目前国内很多大型的电子商务企业，通过大数据技术分析消费者的消费行为定量定性测评买家的信用，并根据商家的商品销量和服务质量测定卖家的信用，这样让买卖双方都能够遵守电子商务交易规范，从而促进电子商务健康发展。在消费者反馈环节，传统的市场营销活动需要通过电话回访、问卷调查等方式采集用户反馈信息，不仅耗时耗力，而且采集的反馈信息准确率比较低。通过大数据技术和云计算，可以将海量数据信息进行统计、查询和更新，将其加工成具有商业价值的数据信息，从而为电子商务企业的市场营销提供精准、全面的反馈信息。以支付宝为例，支付宝注册用户达到了 6 亿人，通过对客户信息的研究，分析用户群的个性，在写推荐文案的时候，可以针对用户特性进行描述。而针对老客户，则通过购物记录，分析用户需要什么样的商品，从而向用户精准营销，提供用户购买频次。

五、大数据技术应用于供应链金融

供应链金融（Supply Chain Finance）是供应链管理的新方向，同时也是金融服务的创新之举。凭借其可以有效解决供应链中出现的中小企业融资难题、降低风险、减少资金成本等优势，在全世界得到迅速发展。

基于B2C电子商务平台的供应链金融是指基于供应链管理，在供应链中寻找一个核心企业作为主导，以核心企业的上下游为服务对象，以核心企业的资质作为信用担保，对供应链上所有企业的信用进行捆绑，为供应链中制造、采购、运输、库存、销售等各个环节提供融资服务，实现物流、信息流、资金流三流合一，以解决供应链中各个节点周转不灵、资金短缺等问题，激活整个供应链的高效运转，降低融资成本。

现有的供应链管理相关研究较多侧重于信息流、物流的管理，而忽略了资金流。进行供应链资金流管理对整个供应链的运营绩效有重大的影响，与此同时，提供融资服务的企业也可以从中获得竞争优势。为了能够协同管理供应链中的物流、信息流、资金流，从而实现"三流合一"，提升供应链的运作绩效，供应链金融应运而生。

与传统的融资业务相比，在供应链金融中，供应链金融很好地满足了部分中小企业的资金需求，有利于整条产业链的协调发展。通过引入核心企业等新的风险控制变量，银行能够灵活地参考融资企业的行业环境及特点，改变传统的融资信用评价指标，为其提供切实符合融资需求、最能解决融资问题的融资方案，降低融资成本，对供应链整体及其链条关系进行风险评估，而非传统只针对单一企业的信用风险评估。该模式既能控制风险，又能扩大市场服务范围。

随着物流业与金融业的日益融合，物流与金融开始融入电子商务平台，互联网金融潮流开始兴起，供应链金融逐渐从线下转移到线上，在线供应链金融出现平台化趋势。B2C电子商务平台具有开展供应链金融服务创新的优势和机会。B2C电子商务产业链主要包括产品制造商、经销商、物流、支付、B2C企业及用户六个主要部分。与传统零售业相比，从制造商到供应商的中间环节减少，供应链的长度缩短，更有利于开展供应链金融。

从产业链看出，B2C电子商务供应链上的融资需求一般发生在产业链的上游，即制造商到经销商的过程。B2C电子商务平台上，经销商多为一些中小型企业，甚至很大一部分为个人商户。规模小、资金不足、财务状况不明、没有合适的抵押物，在整个供应链中一般处于弱势地位。这些企业容易出现资金短缺、周转等问题，但借贷额度小、频率高，运营风险较大，在传统的融资模式下，很难获得银行授信，导致融资困难。另外，下游用户在进行交易时可以使用两种支付方式，即在线支付和货到付款。上游经销商需要一段时间才能真正收到货款，因此会导致经销商的资金周转较慢，资金运营出现困难。

在基于 B2C 电子商务平台的供应链金融模式下，B2C 企业一般是供应链上的核心企业。因此，供应链金融由 B2C 企业主导有两种方式：一是与银行进行合作，为银行提供融资中介服务；二是自有资金放贷，充当信用中介。电子商务平台上参与企业的每一笔交易记录都是其信用评价的依据，以供应链中 B2C 企业的信用和规模作为信用担保，将企业的电子商务信用作为其金融信用的补充，实现"三流"的高效协同，降低信用风险。电子商务企业开展供应链金融有着银行无法比拟的优势，基于 B2C 电子商务平台的供应链金融正在从单纯为银行提供融资中介服务向本身充当信用中介的方向发展。

电子商务企业凭借互联网的天然特性，积累了海量数据，这些数据真实有效地记录了用户的行为轨迹，构成了信用档案体系。对用户的交易数据、交易与交互信息和购物行为等大数据使用云计算进行实时处理分析，以此作为网购用户在电商平台中积累的信用指标，依据信用指标对其提供相应的信用贷款等金融服务。同时，借助信息技术搭建的网上服务体系，效率更高、成本更低的优点弥补了传统供应链服务的缺陷，推动了供应链金融的进一步发展。大数据背景下的供应链金融能够灵活地根据不同企业提出的融资需求提供个性化的金融服务，并且更加快速、准确、高效。

大数据呈现出数据量巨大、形态多样、流动速度快、价值密度低四个主要特征，对基于 B2C 电子商务平台的供应链金融有着重大的影响。

（1）拓宽供应链金融的服务内涵。B2C 电子商务平台会员通过平台进行交易，交易时会产生大量的金融需求，但 B2C 平台对会员的控制力有限，因此 B2C 平台会员的融资需求很难通过传统的供应链金融服务所解决。电商平台通过运用云计算对大数据进行分析，充分了解平台会员的交易历史和交易习惯等信息。同时，通过跟踪分析物流信息，对平台和平台会员的交易行为进行全面掌控，并根据这些信息对有融资需求的平台会员提供融资支持。

（2）减少供应链融资成本。用大数据的自动计算代替人工审核，可以大幅度降低运营成本，一方面能够解决小微型企业融资难的问题，另一方面能够依据生产周期灵活调整贷款期限。B2C 电商企业能够实时查询经销商订货和库存信息，了解经销商的经营情况。另外，取消对传统的对货押业务的监管，节约了经销商的融资成本。通过系统的数据分析，银行融资风险也可以得到有效控制。

（3）提供个性化融资方案。在传统的线下供应链金融操作模式下，跨区域和时效问题难以解决，以往的交易记录数据严重缺失，很难对客户进行筛选以及实施差异化营销。大数据通过对 B2C 电商平台上积累的大量用户交易行为数据进行分析，结合物流信息、交易信息、资金流信息，以电子化的形式传递相关单据，线上完成融资申请人的授信、融资申请的审核以及审批等全部流程。运用大数据技术完成的基于 B2C 的供应链金融业务，授信更加科学，并且可以有效解决传统供应链金融面临的空间和效率难题。通过大数据整合全面的信息，实现商流、物流、信息流、资金流"四流合一"，金融机构可以筛选和精准定位目标客户群，另外，还可以针对不同的客户制订不同的个性化融资方案，更好地满足客户的需求。

（4）降低金融风险。依据大数据，做出的决策会更加科学有效，出现不良贷款的现象也会大大减少。在云计算的基础上，大数据可以科学地构建风险评估模型，以此进行风险定价。传统的风险管理与风险定价被新模型所取代，并且新模型能够自动进行精算，在处理风险评估、信用分配、实施授权以及欺诈问题识别等方面发挥很大作用。除此之外，贷款在 B2C 电子商务企业上下游系统内部进行，对风险预警和防范十分有利。同时，根据交易行为产生的大数据，能够实时监控违约率、信用评分等，从而自动完成风险评级和授信，提高对金融风险的管控能力。

（5）提高供应链金融贷后管理能力。传统的供应链金融贷后管理手段落后，需要大量的人力通过电话、邮件等进行沟通以及实地核查，且无法实现实时、全面地监控供应链。大数据技术的应用，可以实现与融资公司平台线上对接，实时获取采购、付款、发货、物流等信息。通过分析这些信息，实时掌控融资公司的采、销和资金流向等一系列数据，提高对融资公司的贷后管理水平。另外，运用大数据技术，能够实现对不同的融资产品和供应链提供不同的贷后管理方法。

以京东的供应链金融服务创新为例。京东集团旗下包括京东商城集团和京东金融集团。京东商城是 B2C 电子商务平台，有着优质的上游供应商以及下游消费者，拥有很多潜在的金融业务客户。作为交易平台，京东直接参与了上下游的交易，积累了海量数据，有着现成的大数据资源，开展供应链金融有着天然的优势。京东供应链金融是运用大数据开展供应链金融的典型，业务主要包括两个方面：银行放贷，即将有融资需求的供应商推荐给合作银行；自有资金放贷，即使用京东自有资金为供应商提供贷款。从银行放贷到自有资金放贷，这是京东供应链金融不断发展的结果。在发展过程中，京东推出了一系列的金融产品，下面选取有代表性的金融产品"京保贝""京东白条""京小贷"以及"云仓京融"来进行分析。

（1）供应链金融起步——银行放贷。2012年11月，京东开始涉足供应链金融服务，通过与银行合作，为京东的合作供应商提供融资支持，解决供应商的资金难题，主要融资方式有订单融资、入库单融资、应收账款融资、委托贷款融资等。截至2012年底，累计融资15亿美元，获得超过50亿元人民币的授信业务。在这种融资模式下，京东商城负责完成供应商与银行之间的授信工作，银行负责发放授信资金。

（2）针对自营平台卖家——"京保贝"。2013年12月，京东基于其在零售平台上的供应链优势，首次推出针对其自营供应链的金融产品——"京保贝"。与之前的运作模式不同，"京保贝"不再是京东负责授信，银行负责发放资金，而是将授信企业与贷款方合二为一，由京东使用自有资金来提供全部的融资资金，但服务对象仅针对于自营平台的卖家。

"京保贝"是在原有的供应链金融服务基础上，借助大数据进行的升级，从供应商提出申请到贷款资金到账，整个审批过程均可以直接在线上系统中自动进行，不再需要传统的人工判断、审核。另外，京东可依据以往的交易记录等大数据进行授信，供应商无须提供担保和抵押。供应商只需在第一次申请融资服务时，与京东签订协议，并按照要求提供融资申请书等相关材料。再次申请时，相关材料可以直接从系统中调取，方便快捷。供应商在客户端进行申请，需求信息会从京东的零售业务系统自动传递到保理业务系统。保理业务系统可以通过ERP系统了解供应商以往的交易数据以及信用状况，在此基础上为融资额度的核定提供参考。当融资申请金额在一定范围内时，根据相应的风险控制模型，线上系统会自动判断是否同意融资申请以及融资金额，京东的网银系统会完成资金的发放工作。

（3）针对消费者——"京东白条"。"京东白条"于2014年初面世，与

"京保贝"针对上游供应商不同,"京东白条"是针对下游消费者个人推出的信贷,以京东会员的信用为依据,给消费者提供周转资金。消费者在购买商品时,有延期付款和分期付款两种不同的付款方式供选择,最大信用额度为15000元。在"京东白条专区",消费者按照要求填写姓名、身份证、银行卡等个人信息,提交白条申请材料之后,京东会通过大数据和云计算技术,对消费者在京东平台上产生的大量消费记录、退货信息、购物评价等消费行为数据进行分析和风险评级,以此作为授信依据,确定每个消费者的信用额度。白条业务覆盖京东自营及开放平台的大多数产品,申请白条服务的消费者需要绑定与京东合作的银行信用卡,申请和授信过程可在1分钟内在线完成。从上游供应商到下游消费者,京东的供应链金融走的是基于大数据分析的精准营销之路。

(4)针对开放平台商家——"京小贷"。"京小贷"是京东金融于2014年10月推出的一项金融创新服务,服务对象是开放平台商家,通过对京东平台拥有的大量高质量、真实可信的商户信息进行分析,为开放平台商家提供融资服务,满足商家的融资需求。此项服务弥补了"京保贝"覆盖范围的不足,不仅处理了小微企业面临的融资难题,而且增强了京东金融生态圈的竞争力。

"京小贷"立足于信用的基础之上,申请的商家无须进行抵押,自主选择贷款,随借随还。在京东金融平台上,商家使用自己的账号进行登录,可以在线查看贷款资格。自主申请及自动审批均在线上进行,方便快捷,申请成功后,融资资金会立即到账,无缝衔接商家在京东的支付和结算等环节,融资期限最长有12个月。"京小贷"可以为不同的商家提供个性化的融资服务,商家可以自主选择融资条件,并且不同的融资条件对应不同的利率。稳定诚信的经营活动、良好的借贷信用记录等,都可以为商家争取更好的融资条件。

(5)针对动产融资——"云仓京融"。2015年9月,京东联手中国邮政,推出"云仓京融"项目,这是互联网领域首个针对电子商务企业的动产融资供应链金融项目。京东电子商务平台储存了大量的商品SKU(库存量单位),其中包括商品的现时价格、历史价格、价格的波动情况以及其他电子商务平台的商品售价信息等。依据大数据和云计技术对海量数据进行分析、处理,"云仓京融"能够预测在质押期间质押物的价格变化趋势,从而自动评估商品的价值和质押率,解决了在传统动产融资中常见的质押物价值难以确定的难题,

第六章 大数据技术与电子商务平台

给有融资需求的用户提供更为方便快捷的服务。

传统的动产融资需要大量的人力、物力对质押物进行质量鉴定以及后续的监管，难度较大。"云仓京融"可以实现与仓储的WMS（仓库管理系统）无缝对接，直接获取所需的仓储及销售数据。另外，只要与京东合作的仓储企业按照京东研发的监控系统发出指令，即可实现京东对质押物的监管，解决了监管效率低、风险大的难题。

从上游供应商到下游消费者，京东的供应链金融走的是基于大数据分析的精准营销之路。京东供应链金融的这些主流产品，服务于自己的受众群体和整个电子商务供应链，覆盖点集中在消费者、商家和产品之上，强调信息系统和大数据平台的信息交换，依据大数据建立风险控制体系，可根据变动的数据自动计算识别出风险，最终完成授信。京东的供应链金融是京东金融和在线零售业务紧密结合的产物，在利用大数据方面显得游刃有余。

第三节 大数据技术应用和创新对电子商务平台的影响

大数据技术已经广泛应用在城市交通、通信行业、医疗、商业运营等领域，不仅方便了人们的生活，而且促进了行业发展，为行业带来巨大的商业价值。大数据相关社区不断成熟，各种数据中心的建立，极大地降低了大数据技术的门槛，并建立较成熟的生态圈，逐渐形成了数据采集、数据分析、数据存储、工作流处理、精准营销等配套系统和解决方案。因此，电子商务平台系统在开发设计过程中，还需要考虑到各个因素，确保平台自身的运营效率和安全性。

一、电子商务个性化推荐系统设计与实现

电子商务推荐系统主要是为消费者在购买商品的时候提供个性化的信息，帮助消费者购买做出决策，是面向消费者的系统。而个性化推荐系统则能够及时收集消费者个人信息，并根据消费者的偏好为消费者提供个性化推荐，提高企业服务水平。个性化推荐系统主要分为五个模块，即数据信息收集模块、推

荐搜索引擎、处理模块、用户交互模块和系统管理模块。

（1）数据信息收集模块。数据收集模块包括数据接口、网站数据收集、日志数据收集、用户网站行为数据收集。数据接口是系统向不同推荐引擎提供数据接口功能，从而实现不同推荐引擎都能找到该引擎的数据接口，网络数据收集指系统收集该电子商务网络的用户数据和商品数据信息，日志数据收集指提取系统日志中消费者行为数据信息，用户网站行为数据收集则是收集消费者在网站上的直接行为。

（2）推荐搜索引擎。推荐搜索引擎包括离线推荐搜索引擎、在线推荐搜索引擎、推荐引擎组合管理。离线推荐搜索引擎是系统通过离线推荐引擎进行推荐算法功能，在线推荐引擎则是通过在线推荐引擎进行推荐算法功能，推荐引擎组合管理则是根据不同用户制定不同推荐的功能。

（3）处理模块。根据用户数据信息对推荐结构进行过滤，对数据信息过滤以后，按照推荐结果对信息进行排序，最后对推荐结果进行解释。

（4）用户交互模块。用户交互模块有三个功能：在线收集、用户反馈、推荐结果封装。在线收集指为系统提供收集用户使用系统信息的功能，用户反馈则是提供用户向系统发送反馈信息的功能，推荐结果封装则是系统向上一层系统提供推荐结果时具有封装功能。

（5）系统管理模块。系统管理模块主要有两方面功能，一是系统提供对系统运行参数进行优化配置功能，二是系统提供对系统运行参数和状态浏览功能的实现。完善大数据技术在电子商务领域应用的安全技术。为了有效解决大数据技术在电子商务领域应用中的数据安全和个人隐私问题，应该完善交易成功前的两层数据传输安全防护技术和交易成功后的保留在服务器中的数据的客户隐私保护技术，不断增强大数据技术在电子商务应用中的安全性。

二、电子商务平台安全防护技术

（1）通过身份认证技术。为了确保电子商务交易的安全性，并保护用户个人隐私数据的安全性，电子商务平台系统在设计的时候，可以通过身份认证技术判定交易双方身份的真实性。近两年，一些不法分子通过计算机漏洞攻击用户网络支付系统，盗取用户个人信息，擅自修改用户密码和用户隐私数据信息。通过身份认证技术可以有效防止用户窃取消费者个人信息，比如消费者个人密码口令，或者用户指纹、人脸或者虹膜等方式的认证，防止黑客窃取用户信息。

（2）数字证书和数字签名。为了确保电子商务交易过程中双方信息的真实性，通过第三方机构对买卖双方真实身份进行验证，并为其颁发身份凭证。数字证书将双方身份信息综合在一起进行数据信息加密，并制作数字签名密钥。通过 PKI 提供公钥加密和数字签名服务的安全基础平台，管理密钥和证书信息，确保网络交易信息安全性。如今大部分企业已经意识到数据安全性和隐私性的重要性，但是系统开发和维护需要大量的成本，一些企业为节约成本而忽视了对用户数据信息的保护。比如一些快递单号上面有每一个消费者的个人信息，这些都威胁到用户数据安全。因此，国家还需要进一步加强这方面的立法，加强对这方面违法行为的打击力度。

第四节 大数据技术应用和创新对电子商务发展的机遇和挑战

一、大数据下电子商务的机遇

在大数据时代下电子商务的机遇方面，麦肯锡公司认为，数据已经如一股"洪流"注入了世界经济，成为全球各个经济领域的重要组成部分。企业可以分析和使用的数据在爆炸式增长，通过对大数据的收集、整合、分析，企业可以发现新的商机，创造新的价值，带来大市场、大利润和大发展。专注于调研及内容服务的安吉尔知识网络公司在 2012 年 5~6 月对北美零售经理进行的一项调查中发现：62%的零售商认为在电子商务和多渠道采购领域从"大数据"获益最多，其次是市场营销（60%）、商品（44%）和供应链（29%）领域。因此，对于电子商务企业来说，大数据时代蕴藏着巨大的商机。主要体现在四个方面：

（1）大数据有利于市场营销。据统计：一个销售人员为准备交易而寻找相关信息所花费的平均时间占工作时间的 24%，而这些时间和心血可以转化为 26 亿元收入，这些钱足够一个中等财富规模的 500 强企业卷土而来。要做到"低成本、高效率"的营销,企业必须基于大数据的分析和优化,把营销过程中的每一分潜在的价值都挤出来,从而节约成本、战胜对手、占领市场。美国信息经济领域著名的教授达文波特认为,能够始终保证自己以"数据"最优的方式经营的公司将会在竞争中坚持到最后,并不战而胜。大数据技术能够帮助他们获得更多的生意,销售人员预计实施大数据战略将对销售有显著的影响。腾讯网络媒体事业群总裁刘胜义在2012腾讯智慧峰会上则强调"大数据时代,网络媒体正在从单纯的内容提供方进化成开放生态的主导者,大数据时代的社会化营销重点是理解消费者背后的海量数据,挖掘用户需求,并最终提供个性化的跨平台的营销解决方案"。如果电商拥有了基于大数据的技术,在寻找潜在客户上、销售时间以及预测交易成功的概率上将会得到明显改善。

(2) 大数据有利于个性化和精准的商品推荐。随着电子商务的发展和对大数据的分析与研究,在信息指数性增长的同时,消费者获取、过滤、筛选、分析信息的能力却没有得到相应的提高,这必然会导致消费者淹没在浩瀚的信息海洋中。正如美国经济学家、人工智能的创始人之一西蒙所说:"信息消费了什么是很明显的,它消费的是信息接受者的注意力。信息越丰富,就会导致注意力越匮乏。信息并不匮乏,匮乏的是我们处理信息的能力。我们有限的注意力是组织活动的主要瓶颈。"传统的商业模式在大数据时代下显得落伍了,个性化和精准的商品推荐成为未来电子商务发展的新方向。大数据为个性化商业应用提供了充足的养分和可持续发展的沃土。2017年天猫"双11"最终以1682亿元的交易额结束,其中无线成交占90%。13时9分49秒,2017年天猫"双11"成交额突破1207亿元,打破2016年成交纪录。"双11"全天,支付宝支付笔数达14.8亿笔,同比增长41%;支付峰值达到25.6万笔/秒,是2016年的2.1倍。物流方面,2017年天猫"双11"全天订单数达到8.12亿笔,相当于2006年全年包裹量的3倍。12分18秒全网第一单便在上海嘉定完成签收。8小时8分8秒,天猫"双11"进口订单清关破500万笔。截至18点49分,物流订单量达到6.57亿笔,已经超过2016年"双11"全天订单量。"双11"期间,菜鸟协同了包括仓配、快递在内全国将近3000万平方米的仓库、分拨、配送点,超过300万物流人员,18.8万个快递网点,近3万个末端驿站、20万组自提柜、超过10万个快递代办点。除了城市,全国还有2.6万个物流村点参与到"双11"当中。顾客的结构、流量、点击率、购买的周期以及兴趣，都会在电子商务平台上产生大量的数据，通过对大数据的收集、整合和分析，电商可以对消费者的品位和消费意愿进行准确识别，主动为其提供个性化和精准的销售产品和服务，提高销售额和利润率。在电商领域，亚马逊就是一个值得表率的例子，它通过个性化技术为用户进行智能导购，大幅度地提升了用户的体验与销售业绩。

进入大数据时代，客户的信息来源更加广泛，各家企业在客户维护上可以做到更加轻松。淘宝网近年来一直根据客户的需求进行产品设计与改进，其基础就是来自淘宝平台和支付宝平台的客户大数据。一方面，淘宝网利用大数据分析客户的需求设计新产品，不断提高消费者的购物体验。比如，根据支付宝个人数据信息渠道，淘宝网可以摸清会员的特点，从而在设计商品推荐文字时，专门针对用户的心态去做描述，或者判断其所需要的产品与服务，从而设计新的产品和服务。另一方面，淘宝网利用大数据分析改进产品与服务，提升企业产品黏性。对于很多消费者而言，网上的商品不是太少而是太多，多到无从选择，不少用户不知道怎么选择时，过往消费者的评论会成为重要的参考依据。而淘宝网根据这一特点，及时改进了其页面设计，极大方便消费者的使用。再如，自2012年以来，淘宝推出时光机，其主要分析顾客一直以来的行为，进而用顾客喜欢的口吻描述顾客在淘宝上的成长，这种贴心的服务，受到众多消费者的欢迎。这些建立在大数据基础上的客户维护工作，要远比传统的客户维护更有效、更个性化也更有效。

（3）优质产品信息的汇总。传统电子商务背景下，消费者面对海量的商品信息往往很难找到心仪的商品，这就需要电商将产品进行归类，将消费者需求与商品匹配起来。在大数据背景下，电商可根据商品的购买和收藏等数据将消费者最喜爱和最优的商品筛选出来，以吸引更多的消费者，同时也帮助消费者节省了挑选和比较商品的时间。

（4）有利于挖掘数据潜在价值。在大数据背景下，爆炸式增长的数据成为了电商重要的资源，对于提升核心竞争力、推动生产创新具有重大价值。以淘宝为例，每天有近5亿条产品信息，电商对数据进行采集、分析、挖掘，将各类数据进行有效整合，可为企业决策提供支持。数据的价值是其所有可能用途的总和。以数据价值为核心，将不断涌现新的盈利模式，电商只要把握机遇、放宽视野，就能找到新的利润增长点。

二、大数据下电子商务的挑战

善于利用大数据的电子商务企业将会获得新的发展方向和动力。京东商城副总裁李曦在"大数据2012论坛"上认为"大数据商机无限"。根据Columbia Business School's Center on Global Brand Leadership（哥伦比亚大学商学院全球品牌领导中心）和 New York American Marketing Association（纽约美国营销协会，以下简称NYAMA）2012年2月发布的报告，要收集和发挥大数据的潜力，电子商务企业仍有很多障碍和挑战需要去克服。电子商务企业在大数据时代将会迎来重大的机遇和契机，同时也面临着大数据处理能力和隐私保护等方面的挑战。

(1) 拥有大数据的挑战。在大数据时代下，电子商务的竞争已经成为基于数据的竞争。数据就是电子商务企业的财富和金矿，谁拥有大数据，谁就有制胜的砝码，谁就可能成为大赢家。然而网络上的消费者并不会直接告诉企业其需求，电子商务企业必须去收集、分析、跟踪、对比消费者在互联网上留下的种种"足迹"、评论、图片、视频等。当今极速爆炸的信息量远远超越了大部分企业IT架构和基础设施的承载能力，其实时性要求也大大超越了现有的计算能力。Columbia Business School's Center on Global Brand Leadership 和 NYAMA在2012年2月发布的报告中指出：39%的营销者表示很难收集到可以及时支持个性化营销的用户数据，51%的营销者认为组织内数据共享机制缺乏是应用大数据的最大障碍。此外，挖掘大数据的价值类似沙里淘金，由于大数据价值密度低的特性更加增添了数据收集工作的巨大性和繁重性。拥有大数据是利用大数据的前提条件，若不具备整合大数据收集和使用的能力，企业就很难在广告和多个营销渠道中提供真正个性化和精确的产品和服务推荐，而拥有大数据的企业则能在竞争中脱颖而出，不战而胜。对于中小型电子商务企业来说，拥有大数据的挑战将显得更加的突出和严峻。因此，面对此挑战，电子商务企业首先应该从思想上认识到大数据的价值，高度重视数据的收集工作。其次，企业需要重构其IT架构，加大基础设施的承载能力，租用足够的空间，进一步加强信息化投资和建设，适应大数据时代的要求。

(2) 处理大数据能力的挑战。2010年12月，美国的科学技术顾问委员会、信息技术顾问委员会向奥巴马和国会提交的《规划数字化未来》的专门报告中把数据收集和使用的工作提到了战略的高度。该报告的第一个挑战就是"数据"问题，即"如何收集、保存、维护、管理、分析、共享正在呈指数级别增长的数据是我们必须面对的一个重要挑战"。据统计，82%的公司正受到处理海量信息的挑战，而且他们花很多时间对其进行研究，89%的公司因超负荷处理数据而失去销售机会。仅仅坐拥大数据并不够，对大数据的分析和挖掘能力已成为企业的核心竞争力。因此，建议电子商务企业着手部署"大数据战略"，引进和培养大数据相关人才，创建基于大数据的研发团队，从技术层面上解决大数据的困难和挑战，提高挖掘潜在商业价值的能力，从而有效地指导企业制订精确的行动纲领、采取高效的行动。

(3) 对隐私保护的挑战。在大数据时代，网络用户在互联网的评论、图片、视频、个人信息、兴趣爱好、交易信息、访问的网站等均被企业记录在案。企业掌握了大量消费者的行为数据，对大数据进行整合和分析，从而可以发现新的商机，创造新的价值。然而这些数据经常包含消费者的真实信息，如在淘宝网上交易时的真实姓名、家庭住址以及银行账号等重要的真实信息，这逐渐引起了我们对个人隐私的担忧。正如美国著名的计算机专家迪博德所言，在信息时代，计算机内的每一个数据、每一个字节，都是构成一个隐私的"血肉"。信息加总和数据整合，对隐私的穿透力不仅仅是"1+1=2"的，很多时候是"1+1>2"的。因此，针对隐私保护方面的问题，建议电子商务企业和国家从以下三方面着手：①电子商务企业应该恪守行业道德，不能将消费者的个人信息进行交易和泄露；②企业应该从技术层面上采用先进的隐私保护技术进一步加强用户的隐私保护，解决由于过度开发或者深度营销可能造成的用户隐私侵犯等问题；③随着大数据应用的发展，隐私保护的问题和概念在不断地发展，因此国家应该制定与之相应的隐私保护的法律和法规，确实保护公民的隐私权。

仅以淘宝为例，商家超过800万家，卖家间的竞争之激烈可想而知，许多卖家因此而出现了经营管理、效率、利润等一系列问题。借助大数据分析手段，淘宝卖家可以分析后台提供的数据，其中用小艾分析、量子统计看店铺数据，用生意经、数据魔方看行业数据，找出自己想了解的问题。比如，通过数据魔方，店主可以清晰地看到本行业消费者访问的集中时段与非集中时段，进而设计合适的宝贝上架时间。再如，数据魔方的"淘词"与量子恒道可以显

信息技术创新及应用对电子商务生态系统的影响研究

示消费者的搜索习惯、看货特点等，店主就可以从中发现潜力产品。可以说，各式各样有用的大数据就是淘宝卖家经营好店铺、挖掘财富的钥匙。每天都产生海量数据，就看怎么去建立数据分析模型，去做好统计，从而为店铺经营决策提供科学依据。目前，阿里巴巴的大数据分析同时向天猫、淘宝平台上的服务提供商提供数据计算、数据存储服务，这也是其能够获得众多卖家拥护的重要因素。对于各家的电子商务平台而言，必须在大数据分析上有所作为。因为与传统商务不同，电子商务模式下数据具有极强的分时段特点，闲时很闲，忙时又非常忙。所有与消费者有关的数据都是店家需要的，所能提供的越多，越能得到店家的认可，聚拢的人气自然也会更多。

三、大数据下电子商务发展遇到的问题

（一）大数据应用效率低

随着操作系统和集成技术的发展，让国内很多电子商务系统出现了数据孤岛和异构问题，再加上企业竞争，电子商务平台数据信息不能进行业务交换、信息共享、协同和控制。大部分电子商务企业的数据和系统都是自己独立开发的，大数据应用的海量信息不能在电子商务行业进行共享。以国内的阿里巴巴为例，作为全球最大的电子商务平台，阿里巴巴的信息基础设施相对比较完善，但是其数据具有一定的封闭性，其他互联网企业无法在业务与电子商务安全方面实现互联网信息的共享和操作。一些中小型电子商务企业无法承受系统开发和维护成本，所以数据信息的开发利用率比较低。

（二）消费者个性化需求不断扩大

随着电子商务的不断发展，电子商务平台上各类商品信息越来越多、覆盖面积越来越广，商品的同质化现象严重。面对琳琅满目的商品，消费者往往无从选择，很多消费者在购买之前，需要对商品进行反复选择，这在一定程度上增加了消费者购物的时间成本。因此，如何优化用户体验，为用户提供个性化的商品服务迫在眉睫。在信息时代，电子商务企业的竞争已经转变成了数据的竞争。数据成为电子商务企业主要竞争力，谁拥有了大数据，谁就有了市场竞争力。但是消费者不会直接告诉企业其个人需求，需要企业充分挖掘消费者的消费习惯、消费模式、浏览习惯，对比消费者在网络上留下的各种足迹。这就需要企业充分对消费者的个人数据信息进行采集、分析和对比，为消费者提供

个性化的商品和服务推荐，提高商品的交易额。

(三) 消费者个人隐私和数据安全问题

随着大数据技术在电子商务平台的广泛应用，消费者个人隐私和数据安全成为当下社会关注的焦点。由于互联网所具有的开放性、共享性，使这个问题更加突出。这具体体现在两个方面：一方面由于电子商务是一种新型的商业模式，国家对电子商务活动的相关法律法规还不够完善，电子商务交易活动涉及的敏感数据的使用权和所有权还没有明显的界定，在大数据采集、分析和挖掘过程中没有考虑到个人隐私问题，如果这些数据信息处理不善，很容易对用户个人隐私造成威胁。另一方面，由于各个电子商务平台信息安全技术水平不一，一些黑客通过互联网很容易窃取企业机密和个人隐私信息，对用户的财产和人身安全造成威胁。因此，电子商务平台在开发和设计过程中，还要加强信息安全保护。

第五节 大数据技术应用下的电子商务平台发展趋势

进入大数据时代，云计算架构和大数据处理的能力已经日益成熟，无论是消费者还是电子商务平台，抑或是网店店主，都可以从大数据处理中获得好处。尤其是对于电子商务平台和店主而言，其在运用大数据分析上更有优势，可以获得更加清晰的消费者数据。在网络购物中，店铺首先看中的是流量，有了流量才有成交量。流量是顾客到达网店页面的体现，没有流量就没有顾客。通常店铺会通过搜寻排序成为获得免费流量的主要手段，无论是淘宝、京东还是拍拍都是如此。当消费者进行网络购物时，都会多看几家以降低购物风险，当其看到一个产品或是网商列表时，有感兴趣的就会挑出来进行比较。而且相对于商家自己的描述，消费者更愿意相信前一个消费者的购物反馈。但总的来看，由于消费者时间与精力都是有限的，其对产品和商家的认知存在较大的局限，是否能够找到令其满意的结果，还要看电子商务平台是否能够及时为其提供。因此，对于电子商务平台而言，重要的就是要在第一时间抓住消费者的消费需求，让其在有限的时间里做出购买决定。也就是说，电子商务平台要借助大数据处理与分析能力,尽可能地通过网站的优化设计,拓展消费者在购物过程中的认知能力。比如,在展开产品列表时,尽可能基于大数据分析结果,将最有可能获得消费者认可与接受的产品和商家排在前面。再如,当消费者选定要购买某个产品时,根据消费者的购物习惯,及时向其推荐效果更好或是价格更低的商家。通过这样一系列的优化设计,让消费获得更好的购物体验,使消费者对电子商务平台具有更高的认可度与黏性,为电子商务平台和众多商家的发展提供更好的助力。

一、依靠大数据创新客户管理模式

截至 2014 年底,中国移动手机用户数超过 12.7 亿,移动互联网用户数超过 8.7 亿,而在实行入网实名制的今天,这些用户的资料对于电子商务各类企业而言,就是庞大的客户资源。进入大数据时代以来,来自互联网各类平台、渠道的巨量数据,看起来纷繁,但实际上却可以通过大数据分析得到各自想要的信息。依靠大数据创新客户管理模式,一是要注意收集、获取客户大数据。电子商务平台应努力通过各个渠道获取大数据。比如,阿里巴巴在 2013 年对新浪微博的收购,进而获得了后者大量的客户数据。获得的客户数据越多,可供处理的客户资源也就越多,越有利于电子商务平台做出具有针对性的决策。二是要学会应用大数据分析提取准确的客户资源。据统计,大数据每年都在以翻番的速度增长,其中既有有用数据,也包含了大量无用的数据,是否能够从中看到有用的客户数据,提取出真正的商机,还在于电子商务企业是否会用。比如,新浪微博用户在使用过程中输入的各种自己的信息,包括个人信息、社交信息、实时动态信息等,这里面会表现出用户的网购偏好、网购趋势等。阿里巴巴、淘宝网运用先进的云计算技术,将来自新浪微博用户在使用过程中输入的各种自己的信息进行处理后,可以在第一时间对消费者的消费需求进行响应,从而牢牢抓住消费者。三是要建立数据共享机制。电子商务平台,特别是类似于淘宝网这样的电子商务平台,拥有数量众多的商家,应建立数据共享或是数据分析成果共享机制,让所有的网店商家都能享受到大数据的成果。比如,设立面向商户的搜索平台,让商户可以进行相关搜索,以便更好地指导其网店的经营管理。

二、大数据背景下创新电子商务渠道，抢占终端先机

电子商务平台的立足点是互联网，对于广大的用户而言，他们是否愿意使用某个电子商务平台购物，除了其具体商家的各种促销等因素外，更为关键的是连上这个平台是否方便，也就是电子渠道是否便利。事实上，随着现代信息技术的发展，电脑、手机等电子终端越来越丰富，人们的选择也越来越多。客户作为整个电子渠道的主导，他们拥有选择服务的最大自由，可以根据自己的时间特点、需要来选择产品和服务。在服务功能越来越强大的今天，电子渠道已经从以前的产品展示中心转变为服务中心，不仅可以让消费者看到产品与服务的具体内容，更可以直接购买这些产品和服务。在大数据背景下，电子商务平台应加强创新电子渠道，在终端抢夺战中占得先机。比如，电子商务平台应看到目前消费者大多比较忙，基本很难拿出很多时间用来网络购物，时间碎片化的特征非常明显。要尽可能地开发、丰富通过手机等移动终端上网的方法，让消费者便利地上网购物。再比如，加强各个渠道之间的协同合作，打造为消费者的全方位服务。以阿里巴巴的"双11"为例，阿里巴巴每年都会投入大量的人力物力备战"双11"，其中最为重要的就是手机淘宝、官网、手机天猫等平台的协同，不仅网购活动全部实现统一，在不同的渠道中都可以实现账号互通，消费者无须进行切换、重新登录等步骤就可以实现在不同渠道中的转变，服务体验得到极大提升。因此，电子商务平台一定要从消费者的角度，开发出消费者能够方便使用的电子商务渠道，用更好的购物体验吸引消费者，提高客户黏性，必须根据用户行为习惯的改变，及时做出调整，始终满足其购物需求。

三、应对大数据挑战，关注安全隐私问题

大数据的确给我们带来了巨大的方便，消费者的上网痕迹变成了商家开发客户的重要依据，为电子商务平台的发展提供了巨大的动力。但同时，大数据的运用必须考虑到大数据的安全问题。比如，电子商务平台记录着大家的购物习惯、上网习惯，社区软件更是让我们的朋友圈、社会关系都存在暴露的可能。虽然有些信息是零零碎碎的，但在大数据处理后，就会指向某个具体的人，这无疑就是巨大的隐私风险，一旦出现泄露，就可能对消费者的现实生活

造成巨大的冲击，甚至产生财物、安全的危险。目前，因为客户数据泄露造成的各类冲突越来越多，人们也越来越反感这种无限制使用大数据分析成果的行为。因此，必须意识到大数据应用可能带来的挑战，关注安全隐私问题。一是不要因为一些不良商家的行为而因噎废食。大数据分析给我们的生活带来巨大的便利，就如所有科技一样，有好的一面也有不好的一面，关键是用好，技术本身是好技术，不能因为一些泄露事件而对大数据采取视而不见的态度。二是加强立法，用制度规范大数据的分析与使用。我们现在在大数据应用领域的法律法规和政策都比较欠缺，应从保护民众隐私、规范企业行为等角度入手，为大数据的采集、整理、分析和使用等各个环节设置条件，最大限度地提升大数据应用的正面效益。对于信息泄露特别是出卖个人信息的行为明确处罚标准，减少数据泄露现象。三是加强技术研发，构建大数据运用的防火墙。虽然不少企业都意识到了大数据泄露的隐患，并采取了相关措施，但由于技术不到位，依然杜绝不了这种现象。政策和电子商务平台企业都应加强技术投入，开发出一些有助于提高大数据保密运用的技术，减少隐患。

本章小结

正如麦肯锡研究在《大数据：下一个创新、竞争和生产率的前沿》中所言，"在全球经济的很多领域，大数据在以很多方式创造价值。事实上，研究表明：随着消费者、公司、各个经济领域不断挖掘大数据的潜力，我们正处在一个巨大浪潮的尖峰，这个浪潮就是大数据驱动的创新、生产率提高、经济增长以及新的竞争形式和新的价值的产生。"众多学者和企业家也一致认为：在未来，数据将会像土地、石油和资本一样，成为经济运行中的根本性资源。在大数据的时代，数据就是直接的财富，就是核心的竞争力。电子商务将要跨入一个数据兴则企业兴、数据强则企业强的竞争时代。大数据将成为电子商务的新武器，谁拥有大数据和对大数据的强大处理能力，谁就有制胜的砝码，并将最终赢得市场。

第七章 人工智能与电子商务

第一节 人工智能的产生和应用

一、人工智能技术的发展

人工智能的发展离不开科学技术的研究创新,所谓人工智能,主要是根据智能化手段,采用机器设备进行工作,其属于高新科学技术中的一种。人工智能的主要目的,是结合智能化的模拟以及延伸,对人体的智能进行扩展,利用人工智能模式,代替一些人体脑力劳动,自动提供相应服务。当然从实际应用上来讲,人工智能主要是对计算机系统以及智能应用的延伸,属于新一代计算机智能技术,拓展了计算机的应用领域,为脑力探索提供了研究方向。

人工智能以及原子能技术等都属于当前世界中的最前端科技,尤其是21世纪之后,人工智能更是成为很多发展行业关注的焦点,人工智能、原子能技术、空间技术被称为20世纪的三大尖端科技,也是推动时代发展进步的重要动力。专家认为,未来几年,人工智能的应用将推动电商发展进入新阶段,智慧商业必将成为新的发展方向。"人工智能的超级计算能力让企业可以无比精准地为客户提供个性化服务。"现在,人工智能应用尚未真正开始,未来它必将应用在世界的每个角落。

明确上述人工智能定义后,不难指明智能化与电脑化的区别。"人工智能"是指采用人工智能理论、方法和技术,并具有某种或某些拟人智能特性或功能。有电脑后不一定采用人工智能方法,也不一定具有拟人智能特性,故不一定能被称为"智能化"。

二、人工智能在电子商务应用的现状

网络、通信和信息技术快速发展,使得每一个商业组织都要来适应这种全球性的发展和变化。电子商务就是为了适应这种以全球为市场的变化而出现和发展起来的,它是一种依托现代信息技术和网络技术,集金融电子化、管理信息化、商贸信息网络化为一体,旨在实现物流、资金流与信息流和谐统一的新型贸易方式。电子商务在互联网的基础上,突破传统的销售观念,缩小了生产、流通、分配、消费之间的距离,大大提高了物流、信息流和资金流的有效传输和处理。

人工智能技术和电子商务的发展推动了全球科技、经济领域的进步。随着电子商务的不断发展和人工智能技术的不断完善,两者在各个层次、各个领域的相互融合将更加密切。基于人工智能技术的电子商务使电子商务向着良性发展的必然趋势。

中国近年来的电子商务交易额增长率一直保持快速增长势头,并以GDP 7%~9%的2~3倍的速率在增长。特别是网络零售市场更是发展迅速,2012年达到13110亿元,按汇率计算合计2068亿美元,与美国2012年的2255亿美元已经非常接近。而2012年11月11日阿里巴巴"双11"当天交易额达到191亿元,更是让人们看到中国网络零售市场发展的巨大潜力。毫无疑问,电子商务正在成为拉动国民经济保持快速可持续增长的重要动力和引擎。

为促进电子商务经济发展,近年来各部门都基于各自职能采取了诸多的政策措施。国家发改委、商务部于2012年5月在全国开展了建设电子商务试点城市和试点基地的活动,中国人民银行在2010年通过了《非金融机构支付服务管理办法》,并从2011年开始多批次地颁发了将近200张第三方支付牌照。2012年是中国出台电子商务环境举措最为密集的一年,对促进今后中国电子商务经济的发展产生重要的影响。

人工智能始终是计算机科学的前沿学科,人工智能理论进入21世纪,正酝酿着新的突破——人工生命的提出,不仅意味着人类试图从传统的工程技术途径,而且将开辟生物工程技术途径,去发展人工智能;同时人工智能的发展,又将作为人工生命科学的重要支柱和推动力量。可以预言:人工智能的研究成果将能够创造出更多更高级的智能"制品",并使之在越来越多的领域超越人类智能,人工智能将为发展国民经济和改善人类生活做出更大贡献。

第二节 人工智能在电子商务中的应用

人工智能技术在电子商务发展中的整合应用,很好地提高了电子商务运行的安全性,同时将信息数据等处理也做出科学调整,为电子商务的发展奠定了坚实的基础。

一、电子商务数据库的建设应用

人工智能技术和电子商务的结合简称商务智能,商务智能中的核心技术就是数据仓库,以下将以数据仓库为例来论述人工智能技术在电子商务中的应用。著名的数据仓库专家 W. H. Inmon 在其著作 *Building the Data Warehouse* 一书中给予如下描述:数据仓库(Data Warehouse)是一个面向主题的(Subject Oriented)、集成的(Integrate)、相对稳定的(Non-Volatile)、反映历史变化的(Time Variant)数据集合,用于支持管理决策。对于数据仓库的概念,我们可以从两个层次予以理解:首先,数据仓库用于支持决策,面向分析型数据处理,它不同于企业现有的操作型数据库;其次,数据仓库是对多个异构数据源的有效集成,集成后按照主题进行重组,并包含历史数据,而且存放在数据仓库中的数据一般不再修改。

数据库的建设主要是为了满足电子商务对信息的存储需要,电子商务运行中会产生大量的信息数据,这些信息数据很多具有保密性,所以需要存储到数据库中。尤其是人工智能技术在电子商务中的应用,将电子商务智能化推向新的发展高度,智能化电子商务中最突出的便是数据仓库的实现。数据仓库中将数据进行稳定的处理,利用这些数据为决策者提供参考建议。数据库建设期间,需要从数据源、数据存储与管理、OLAP 服务器以及前端工具进行分析。

首先是数据源的确定,数据源是数据仓库建设的重要前提与基础,其包含内部电子商务信息与外部电子商务信息。外部电子商务信息主要体现为在电子商务运行期间的各种法律规定、市场信息等，内部电子商务信息主要包含电子商务的各种交易数据、文件等。

其次是数据的存储与管理，电子商务中很多数据必须保密，所以数据的存储与管理非常重要，同时也是数据库的中心任务。智能机器人是一种具有感知能力、思维能力和行为能力的新一代机器人。这种机器人能够主动适应外界环境变化，并能够通过学习丰富自己的知识，提高自己的工作能力。目前，已研制出了肢体和行为功能灵活，能根据思维机构的命令完成许多复杂操作，能回答各种复杂问题的机器人。货物分类机器人在其数据库中存储颜色、数字等区分条件，能够对输送物品进行迅速清拣。建立专业的数据处理系统，结合数据处理系统对电子商务中在各种业务进行抽取、集成以及清理等。数据仓库的存储范围将企业数据、部门数据等全部囊括其中。

再次是 OLAP 服务器，该服务器将数据信息进行集成，采用特殊的多维处理模式进行科学处理，对数据进行多角度、全方位信息分析。

最后是前端工具，前端工具主要是对数据报表、查询工具等进行专业分析。

企业数据仓库的建设，是以现有企业业务系统和大量业务数据的积累为基础。数据仓库不是静态的概念，只有把信息及时交给需要这些信息的使用者，供他们做出改善其业务经营的决策，信息才能发挥作用，信息才有意义。而把信息加以整理归纳和重组，并及时提供给相应的管理决策人员，是数据仓库的根本任务。因此，从产业界的角度看，数据仓库的建设是一个工程，是一个过程。整个数据仓库系统是一个包含四个层次的体系结构。

（1）数据源。数据源是数据仓库系统的基础，是整个系统的数据源泉，通常包括企业内部信息和外部信息。内部信息包括存放于 RDBMS 中的各种业务处理数据和各类文档数据；外部信息包括各类法律法规、市场信息和竞争对手的信息等。

（2）数据的存储与管理。数据的存储与管理是整个数据仓库系统的核心。数据仓库的真正关键是数据的存储和管理。数据仓库的组织管理方式决定了它有别于传统数据库，同时也决定了其对外部数据的表现形式。要决定采用什么产品和技术来建立数据仓库的核心，则需要从数据仓库的技术特点着手分析。针对现有各业务系统的数据，进行抽取、清理，并有效集成，按照主题进行组

第七章 人工智能与电子商务

织。数据仓库按照数据的覆盖范围可以分为企业级数据仓库和部门级数据仓库（通常称为数据集市）。

(3) OLAP（On-line Analysis & Processing）服务器。对分析需要的数据进行有效集成，按多维模型予以组织，以便进行多角度、多层次的分析，并发现趋势。其具体实现可以分为 ROLAP、MOLAP 和 HOLAP。ROLAP 基本数据和聚合数据均存放在 RDBMS 之中；MOLAP 基本数据和聚合数据均存放于多维数据库中；HOLAP 基本数据存放于 RDBMS 之中，聚合数据存放于多维数据库中。

(4) 前端工具。主要包括各种报表工具、查询工具、数据分析工具、数据挖掘工具以及各种基于数据仓库或数据集市的应用开发工具。其中，数据分析工具主要针对 OLAP 服务器；报表工具、数据挖掘工具主要针对数据仓库。

数据仓库的作用举个例子来说就是，假设你用自动柜员机取 200 元，当你等待柜员机交易确认时，银行可以查看一下你的账号，告诉你现金账上钱太多，应该换另一个账号，以便获得更多利息。如果银行这么对待你，作为消费者你肯定会觉得这是一个好银行。然而没有数据仓库，银行就做不到这一点。现在上网购物常常给人带来意外的惊喜。网站在你不知不觉中记录你的行踪，抓到你的喜好。如果你在网上点击一下衬衫，之后又看了一下书和裤子，网站就会记住你的点击顺序，记下你在每个产品上停留的时间以及你买了什么，没买什么。这些信息都由数据仓库保存整理。假如你买了裤子，没买衬衫，下次你上网时，数据仓库会跟你说："欢迎再次光顾，上次您买了裤子，现在我们有一件衬衫可以优惠卖给你，你感兴趣吗？"顾客遇到这种情况，一定是又惊又喜。这就是数据仓库的魅力。数据仓库及管理软件的市场潜力十分巨大。用一句话说，新经济的基础是用互联网武装各种类型的公司，并使之自我发展，这个过程中产生许多数据。如果没有数据仓库软件，这些数据就根本没有用处。有了数据仓库，就可以了解客户是谁，他需要什么，怎样提供更好的服务给他，并以此创造更多利润。

当前企业面临的挑战是在时间上的竞争需求，这种需求不是出于自身的生产速度，而是指市场中的高收益，可以创立品牌并赢得商业优势。实际上这个挑战就是要把很多应用、人员和信息资源统一到一起，这需要加速革新进程，建立客户关系（Customer Relationships），并确实建立起完整的价值链（Integrated Value Chains）。数据仓库是力图让企业实现这一目标而出现的解决方案，这些都将成为企业电子商务的关键驱动。

数据仓库为企业提供了一个统一的数据视图，为企业及其客户、合作伙伴和供应商提供了一个统一的应用界面，使他们方便快捷地访问数据仓库，进一步加快决策速度，提高决策水平。数据仓库的贡献不只在于帮助一个企业了解手中大量信息的意义，更重要的是使他们能够应付那些由于分散的信息资源和处理过程维护能力下降而产生的问题。企业信息门户能够通过超越现在分散的应用环境来实现这个目标，把原来不同的相互关系连接到一起，形成广泛的、相互关联的企业应用环境，从而缩短企业响应时间。事实上，数据仓库系统是企业信息门户的基石，为企业信息门户的建立提供了一个完整的基础框架和统一的数据视图，建立了对数据仓库的查询、检索、集成等功能的优化，是企业实现电子商务的关键因素。

21世纪电子商务将更加复杂，在很多内部和外部信息、人员和处理过程等方面资源都需要新层次的连接。数据仓库系统在企业电子商务中的应用将会让企业能够不断对变化的市场信息进行高度集成和快速响应，促进企业知识链和供求链的活跃，使其具有巨大的竞争优势。

二、电子商务ERP系统

电子商务中，人工智能技术应用渗透范围越来越广泛，其中最显著的人工智能技术便是ERP系统，在该系统功能设计中，需要设计人员重视系统建构在设计理念的优化，在ERP系统中保证所有的设计满足设计理念的要求，这样才能保证该系统功能的正常发挥。与此同时，人工智能技术的设计一定要保证积极性特点，对所有的系统设计情况都能够了如指掌，每个系统运行期间都能够得到详细分析，同时还需要保证人工智能设计的准确方向，对电子商务起到正确的引导。再者还需要将所有的设计理念灌输构建主义理论，加强设计基础上，提高电子商务运行的效率，这样就能够保证后期电子商务管理中，能够针对不同的交易业务实施分别管理，提高管理效果。管易C-ERP以SaaS模式打造，在降低客户硬件和IT成本的前提下，又确保产品具有良好的灵活性和可用性，是为中小型电商企业量身定制的简单易操作、轻便、精准的整体性解决方案。软件以订单为中心，为电商各行业的客户提供明确的模块化协同操

第七章　人工智能与电子商务

作，提供采购、库存、售后以及财务等环节的管控。帮助客户实现业务处理能力提升，提升行业竞争力。

对电子商务系统结构设计中，要根据电子商务活动中人工智能技术的具体运用功能，对全部的系统模块实施设计，保证所有的系统模块都能适应系统结构的设计方案要求。此外，要结合全部的智能系统运行特点，对系统模块的具体性能加以研究，使系统的辅助性特点可以与智能教学体系形成适应。智能辅助系统的使用必须保证与自主设计机制的特点形成一致，使全部的人工智能技术都可以在已经完成的系统结构规划方案中实现运用。必须借鉴专业人士在 ERP 系统设计领域已经出现的问题，对所有的智能教学体系实施研究，确保全部的智能辅助系统都可以在自主学习模式的运行中进行系统价值的判断。要保证所有的 ERP 系统运行方案都能与设计策略当中的优势实现整合，使网络商务活动可以在设计方案的调节过程中实现设计策略的合理运用，以便所有的设计策略都可以适应专业人士对人工智能系统规划方案的应用要求，增强电子商务系统的实践价值。网购平台的技术发展使其成本构成日趋复杂，虽然网购平台的作用得到了较大范围的认可，但由于相关贸易活动的程度较为复杂，信息机制的构建也面临着较大的困境，网购平台的建设成本始终处于较高的水平，如果当前的信息沟通机制无法保证对网购平台进行良好的适应，将在很大程度上造成网购平台的建设受到制约，最终提升网购平台的运行成本。因此，运行成本是网购平台的主要成本组成因素。必须从网购平台的运行要求出发，对人工智能技术当中的信息技术加以设计，使 ERP 系统能够适应新时期电子商务的处理要求。

对电子商务系统的用户角色设定中，要结合人工智能技术的运行要求，对所有的用户决策设定机制加以研究，保证全部的用户角色设定技术能够充分适应系统的操作特点。此外，要结合用户角色设定过程中的管理人员技术水平，对后续的电子商务活动权限加以研究和分析，保证后续的用户操作活动可以在技术层面上保证同角色的设定程序相适应，以便全部的用户管理活动能够在日常维护技术的处理过程中实现权限性因素的正确判断。要根据角色设定过程中的具体业务要求，对管理程序进行控制，以便角色的设定工作能够与电子商务活动的样本特点形成一致，提升权限性因素的应用价值。

对电子商务系统数据库的设计中，要保证人工智能技术的应用能够适应数据库的设计要求，保证电子商务活动的开展过程能够得到用户资源的有效支持。此外，要结合电子商务活动的数据库运行特点，对用户资源的静态处理要求加以分析，以便所有的技术策略都可以在静态知识的合理利用之下进行优化配置，保证数据库的设计工作能够在密码库的有效运行中实现电子商务活动静态资源基础的配置。要结合当前已有的样本资源特点，对全部的分析程序进行质量判断，使全部的分析活动都可以在相关结果的控制过程中实现人工智能技术的完整应用，提升电子商务质量。

三、数据挖掘与知识发现

数据挖掘（Data Mining，DM）和数据库知识发现（Knowledge Discovery in Data Base，KDD）是随着数据库技术、人工智能技术和网络技术的发展而提名的。在信息总量不断增加的情况下，就更需要有效的信息分析工具，用以发现大量数据间隐藏的关系，从而提取有用的信息，以获得用户满意的检索输出来指导商业决策。

过去只有简单的数据统计技术，还未达到成为智能数据分析工具。因此，在数据生成和数据理解之间还存在很大的差距。DM 和 KDD 就是一种新型的数据分析技术，旨在从大型数据库中提取隐藏的预测性信息，构建高效的数据仓库，发掘数据间潜在的模式，以便于用理解和观察的形式反映给用户，从而为企业做出前瞻的基于知识的决策参考意见。DM 与 KDD 需要解决的问题有：超大规模数据库和高维数据、数据丢失、变化中的数据和知识、模式的易懂性、非标准格式数据、多媒体数据以及面向对象数据的处理、与其他系统的集成、网络与分布式环境下的 KDD 问题等。DM 与 KDD 的区别是：KDD 是一个综合的过程，包括实验记录、叠代求解、用户交互以及许多定制要求和决策设计等，而 DM 只是 KDD 中的一个具体但又是关键的步骤。当然，它们都是对数据仓库进行有效利用的技术手段。

四、生物认证技术

目前，许多磁卡、存单大都是用密码来进行安全保障的，一旦密码泄露，也就不安全了。在电子商务中，电子货币得到急速的发展，对安全水平的要求也相应提高，从而带动了人工智能的一个分支领域——生物认证技术的研究与开发。

生物认证技术是指利用人体某一具有特征的部位或个人的习惯,如指纹、掌纹、手形、网膜、虹膜、脸形、声纹及笔迹等来识别人们的身份的技术。这种识别技术与磁卡式的靠持有物认证的方法和密码式的靠知识认证的方法相比,具有极大的优越性,它不会丢失、被盗和被伪造。

生物认证技术作为一种准确、快速和高效的身份认证方法,正应用于如银行、海关、医疗保险、重要通道控制、信息网络安全等领域。这是一项现代化生物科技与计算机科学相结合的高科技实用项目。微软公司宣布将把生物认证技术添加到自己的视窗操作系统中,这对这项新技术的发展将起到促进作用。

五、京东商城智能化发展

随着信息技术的迅速发展,电子商务顺应了时代的步伐,在变化中砥砺前行,为人们带来了种种便利。为了更好地应对互联网时代的挑战以及全球经济的发展,电商企业的智能化成为未来的发展方向。下一代互联网、云计算、物联网等先进技术,促使企业管理更加科学化、网络化、智能化,带动产业转型升级。京东商城作为全国自营式零售电商企业的代表,其智能化的发展趋势引领中国电商企业的发展方向。刘强东曾说,技术造就电商智慧,且京东已向技术转型进军,亚洲一号项目作为自营仓储和智慧物流的体现,越来越顺应了电商的智能化发展方向。其中,京东商城的自建物流从建立之日起,通过运用核心技术,对提高送货效率、管控物流成本、管理送货人员、实时更新物流信息等方面发挥巨大作用。京东自建物流的做法为中国众多电商企业树立楷模。

京东商城智能化物流,作为电商企业完成商品交易的重要环节,物流环节的处理速度和效率直接影响商品交易的成败与消费者的满意度。京东作为自建物流体系的代表,拉近了消费者与电商的距离,提升了用户的购物体验。在未来物流体系的升级上,京东成立无人事业部,并对无人物流中心、无人驾驶汽车、快递车、无人机、无人客服等方面进行研发,以使京东物流在未来的智能化道路上越走越远。京东商城智能化物流主要包括以下三点:

(1)京东商城智能仓储。京东商城的智能仓储主要体现为无人物流中心。这是一个人也没有的物流中心,所有的物流流程全由智能机器人来操作。从收到货物到上货架、整理货物、盘点库存、商品出库、货物打包,以及送货车辆调度，全程都由智能机器人完成。智能机器人代替了人完成机械、繁杂的工作，把人从其中解放出来，同时，智能机器人为京东商城节省了大量的劳动力，节约了人工成本。

（2）京东商城智能配送。京东商城的在配送环节已有两个智能化的配送工具，无人快递车和无人机。随着科学技术的迅速发展，人类生活逐渐出现了"智慧交通""智慧城市"。"智慧"颠覆了人类的生活场景。将来人们的购物场景也会随之发生巨大变化。京东商城在智能商业体的目标下，把触角伸向无人快递车，以契合其智慧电商的发展趋势。将来无人快递车有权限开到顾客的车库里，然后得到顾客的授权后，打开后备箱，把商品放进去，等顾客下班，直接开车把商品带回家，而且，整个流程物流配送环节，顾客与配送员不需要产生任何接触。此外，京东商城在全国布置了数万个终端自提柜，顾客在进入电梯前，打开自提柜门，就可以拿走其所购买的商品了。因为在此之前，网购、支付环节已在网上完成，物流配送环节，无人快递车已代替人工完成。因此，这一切都是自动化的。此外，无人机为京东商城开辟农村市场做出重要贡献。由于信息网络的快速发展，商家把目光瞄向农村这一潜在消费市场，但农村大多处在偏远地区，物流配送成本巨大。据经验观察，农村物流成本是一线城市的5倍，无人机送货则可以降低送货物流成本。无人机在送货时，可以沿着合法合规的航线飞行把货物送到指定地点，而不需要沿着盘山公路蜿蜒几十甚至上百公里路。

（3）京东商城智能服务中心。对电商企业而言，售前沟通和售后跟踪服务的作用尤其重要，因为其对销售量产生直接影响。而面对越来越庞大的客户量，需要更多相对应的客服人员提供服务。为了提高与消费者沟通服务的效率，降低内部人工客服的成本，京东商城推出了无人客服。无人客服致力于使用精密机器人，在其不断地学习人类的思维方式后，当消费者联系客服时，无人客服已有全部的解决方案了，其直接解决消费者的问题。此外，当无人客服发现客户还未发现的问题时，会主动联系客户。机密机器人代替人工客服，不仅提高与消费者进行沟通、解决消费者问题的效率，而且高效、及时的客服服务对提高消费者的满意度产生积极影响。

随着计算机技术的快速发展，互联网与传统行业结合，利用现代信息通信技术创造新的电商生态。京东自从其成立，就以技术作为成长驱动，并在近期

第七章 人工智能与电子商务

提出全面技术推动转型。根据京东商城三大业务领域，未来京东将朝着智能社区配送、智能金融、智能化农业、智能化国际贸易的方向发展。

在智能社区配送方面，电商的快速发展颠覆了传统的商业模式，目前，社区 O2O 引起电商行业的普遍关注。由于市场经济下生活方式的变化，社区居民对物质文化生活产生更高、多样化的需求。京东商城基于线上线下以及社区服务的定义与范畴，创建了"京东到家"。"京东到家"以店面为中心，辐射周围 3 公里的用户，这保证社区居民从下单到收货不超过 2 个小时。其具体运作流程是：社区居民在手机上下载 APP 软件，登录京东到家平台，找到附近商店在该 APP 上发布的商品信息，挑选商品、下单、支付，然后等待京东物流把社区居民所需的生鲜、超市、外卖、健康、家政等服务配送上门。京东到家颠覆了传统的社区服务，这一模式使消费者的生活更加便捷。

在智能金融方面，与一般金融不同，京东金融依托京东生态平台的交易记录数据，得到先天的数据优势。通过分析、挖掘这些数据信息向社会提供融资贷款、众筹、理财等服务。京东金融将传统金融业务与互联网技术相融合，为个人和企业用户提供更加安全、高效的金融服务。如京东众筹、京东理财、"京小贷"、"企业金采"等。此外，为了向个人消费者提供金融服务，京东推出"京东白条"服务。"京东白条"以京东会员的信用体系为依据向消费者提供"先消费、后付款"的服务。

在智能化农业方面，有人说，刘强东是个农民企业家。由于刘强东出身在农村，因此他对农村有深刻的理解和认识。在电商的迅速发展中，他看到了农村的需要，并把视角定格在农业的智能化上。针对长期困扰农村经济发展的三大难题，京东工业品提出进农村、农村金融、生鲜电商的 3F 战略。其中，工业品进农村主要应对农民"买东西贵"的难题，工业品下乡，促使农民有机会买到跟城里人同质同价的商品。农村金融解决了农民"借钱难"问题。例如，通过"京农贷"，享受惠农贷款专享低息，不需要任何抵押就可以申请，最快当天就能放款。而生鲜电商解决了农民"卖东西难"的问题，通过生鲜电商战略，农产品可以直接从产地送达消费者，没有中间复杂的流通环节，提高农民种植绿色农产品的积极性，有助于农民增产增收。

在智能化国际贸易方面，随着经济全球一体化进程，贸易全球化对中国经济和商务发展产生深刻影响。在这一宏观经济的发展背景下，中国产业集群初步形成，交易规模逐渐扩大，跨境贸易交易量逐渐增长。为了促进中国国际贸易与世界的深度融合，政府出台了《关于促进跨境电子商务快速发展的指导意见》，该意见明确支持中国企业能与境外的电子商务企业加强联合，积极构建公共平台、外贸综合服务企业和自建平台。自该鼓励跨境电商政策出台、明确税收规定之后，京东快速借助国家政策的东风进入智能化国际贸易领域。

京东商城智能化的发展，离不开互联网、大数据、云计算等现代信息通信技术，更离不开国家政策的导向支持。京东商城的智能化是在这样的时代背景下蓬勃发展的。由于当代科学技术、智能技术日臻完善，将来的电子商务朝着智能化发展是必然。而京东商城及早嗅到先机，并把其将来的方向定位到打造智能商业体，这也为中国智能化发展方向奠定基础，这一发展也是人工智能在电子商务产业链中的典型代表。

六、码隆科技的开放 API

在人工智能概念被无限追捧的 2017 年，码隆科技拿下了 2.2 亿元的 B 轮融资。码隆科技的核心产品 ProductAI 是一个人工智能视觉开放平台，通过开放 API 为电商企业提供拍照搜索商品和商品属性识别服务。ProductAI 可以根据图片识别商品并对商品进行归类、匹配，通过深度学习多维度解析图像信息，提取识别商品品类、颜色、材质、价格等多重信息，还可以根据电商数据库搭建定制图像搜索引擎。码隆科技 CEO 黄鼎隆对于自家的"商品识别"能力极为自信，他表示"我们的 AI 就像人一样可以看懂商品"。

人工智能催生零售新物种。不同于人脸识别的快速发展及应用，商品识别有点"慢半拍"。原因有两点，其一是"能用"，技术是可以试出来的，你说得再好别人一试根本不行，所以 2014 年成立至今，码隆科技花了不少时间在技术的打磨与升级上。识别的精确度主要取决于训练的数据量、算法模型设计、计算力。2017 年由谷歌研究院、苏黎世联邦理工学院共同举办的 WebVision 全球图像识别挑战赛上，基于最新的"弱监督学习"研究成果，码隆科技的识别正确率达到了 94.78%。其二是"有用"，码隆科技作为国内第一家做商品识别的企业，在人工智能快速发展的近两年才有企业找到商品识别的应用场景。码隆科技选择最早从纺织、服装相关行业切入，并拓展家居、电商、新零售领域。

对于当下最火的便利店场景，商家硬件投入可能仅需几个摄像头，最主要是码隆的技术可以接入各个平台各个环节中，只要将码隆的 API 切入平台代码即可，码隆会从中收取一定的服务费。

不少人觉得 AI 仍处于概念化的阶段，殊不知目前在使用的种种功能皆因 AI 在背后的支撑。单以"以图搜图"来说，不少电商商家通过其实现了商品的有效管理，比如通过 AI 进行商品去重及货源监控。同样的商品有不同的供应商、不同的价格，商家既需要保证上传的商品为同一商品，还需要找到最低价。以前可能需要有专门的运营人员负责在后台进行抽样检查，现在通过 AI 就可以快速将同类产品检索出来。这背后的逻辑是：通过码隆的技术将商品录入后，每个商品背后都会有一个卷积神经网络，不同角度的卷积神经网络会生成一个高维度的向量，这个向量代表着这个商品的各种特征。如果所有向量所有的特征都是一样，那它就是同样的商品。这个功能对于前端消费者来说，就是淘宝"拍立淘"的功能。

阿里巴巴有上百人的团队在做视觉深度学习，淘宝投入了巨大的人力物力才做出"拍立淘"。对于大部分的电商而言，没有必要投入这么大精力去做这个事情。"通过码隆可以就一天搭建一个属于自己的以图搜图引擎。"能这样快速搭建的原因在于码隆将 AI 放到云端并搭建了 PaaS 平台，客户登录后只要把需要检索图片的 url 上传至平台，即在自有图片集上快速搭建以图搜图服务。ProductAI 平台会下载客户图片，分析图片内容，抽取图片特征，在特征基础之上完成图片索引。索引启动之后，用户可以在自己的网站、移动端、智能硬件等产品中嵌入 ProductAI SDK，使用图片或者图片链接发起搜索请求，在图片索引库中发现视觉相似、视觉相同的图片或商品。码隆分享其客户的一组数据：通过拍图片进来的消费者在搜索结果页的点击率比文字搜索结果页的月点击率要高 50%以上。

有了 AI，那么是否美工也不需要了？通过码隆的另一个应用场景，可以帮助电商自动生成商品的详情页。每个淘宝店的店长会有很多新品要上，每款新品都需要做详情页去介绍。如果是服装服饰的话，还需要做很精美设计，处理很多局部的细节图，码隆推出了一个工具可以帮电商自动地生成这个页面。淘宝鲁班设计师相当于帮淘宝店主做这种自动的店面海报生成。码隆是基于对商品的理解，能自动判别出服装各个部位的具体特征。这背后也是基于 AI 对于这个商品的理解，只要你给它一些这个商品的图片，后面系统会自动判断：这是正面图，这是背面图，这是侧面，这是某个部分的细节图，然后对属性进行识别，基于以上就可以生成自动的页面，还会进行一些简单的修图加工。在零售场景下计算机能够看懂商品，会有很多新场景出现，随之将催生出很多新物种。未来码隆会结合更具体的商业场景，让 AI 越来越具象。

七、智能 Agent

随着智能 Agent 和多 Agent 技术的发展，Agent 技术逐渐成为在分布式、复杂开放系统中实施的最为重要的技术。

传统的电子商务主要是基于三层架构 B/S 模式，Web 服务器端以 Web 页面方式向用户提供信息的交互查询和操作，这也需要用户多次浏览后，找到相应的商品和服务，并自行对这些商品进行比较，最终选择所需的操作，所有的这些过程都需要在线操作，缺乏灵活性。当系统访问量越来越大时，用户和远端服务器站点的频繁交互使带宽浪费严重、系统负荷增加，既耗费了用户的时间和精力，也增加了网络的信息流量。B/S 结构的这些不可避免的缺陷，使它难以胜任对大量信息进行智能化检索和处理的新型电子商务应用。智能电子商务是运用分布式计算机技术和现代人工智能方法实现商务信息处理的自动化和智能化。

智能 Agent 是一种处于一定环境下包装的计算机系统，为了实现设计目的，它能在该环境下灵活地自主地活动，并能推理解释感知信息、求解问题和决定操作。在电子商务中，智能 Agent 可以被这样理解，其是一套辅助人和充当他们代理的软件，人们可以借助于智能 Agent 进行网上交易、网上付费等多种功能的操作。Agent 主要有以下几个方面的特点：

（1）自主性：Agent 无须外界参与而自主运行，且对自己的行为和内部状态有一定程度的控制能力。表现在以下几个方面：领会用户的意图按照特定的要求规划自己的活动；协调自身与其他代理之间的关系，以便更好地完成自己的任务；排除所遇到的各种干扰，包括识别和抵御怀有敌意的对手；根据情况变化选择适当的途径以保证目标的实现。

（2）智能性：智能性是指推理和学习能力，Agent 具有一定的推理能力，能比较准确地揣测用户的意图并能将复杂的任务加以分析，分解有针对性地提

第七章 人工智能与电子商务

供信息解决问题。它能根据用户的需求和环境的变化,主动向用户报告并提供服务。它还可能是用户的某种代理,代替用户完成一些任务,并将结果主动反馈给用户。

(3)主动性:主要指智能 Agent 的行为应该是主动的或者说是自发的。

(4)学习性:Agent 作为一个独立的个体,能自主学习,能与用户并行工作并将用户的兴趣、爱好习惯等信息直接转化为内部表示,存放在知识库中建立用户模型来指导自己的决策使之符合用户需求。

(5)移动性:Agent 可以在网络上漫游到任何目标主机,并在目标主机上进行信息处理操作,最后将结果集中返回到起点,而且能随计算机用户的移动而移动。

(6)协作性:Agent 有标准的外部接口,采用统一的通信语言进行信息的交流,能通过各种通信协议和多个智能体进行信息交流,并能通过协作和磋商来共同完成复杂的任务。

(7)持续性:各个 Agent 有不同的任务在 Internet 上搜索访问,这种移动是多点并行的,具有可以跨地域、时空持续运行的功能特点。

随着网络技术的发展,产生了移动 Agent 的概念,移动 Agent 在网络中可以自主移动到其他节点上执行来完成某些功能,任务完成后再将结果传送给用户。移动 Agent 是 Agent 技术与分布式技术相结合的产物,能够跨平台持续运行、执行过程中在计算机网络中自治、有目的地迁移,并且能响应外部事件,并在迁移过程中能保持状态的一致性。移动 Agent 具有节约带宽、减少延迟、异步方式、移植方便、动态配置等优点。

在应用过程中,主要有以下几个要点:

(1)智能 Agent 的组成,即系统的组织结构和对 Agent 的层次管理,用于电子商务的 Agent 系统要求具有易操作的人机交互界面。

(2)高效的网上信息查询和采集,对供应商进行有效的筛选,并派遣移动 Agent 到候选供应商网站进行协商以便达成协议。

(3)通信模型,这是 Agent 间的交互所使用的语言及通信方式的选择问题。

(4)安全性,指应用于电子商务领域的 Agent 系统的安全问题,主要包括系统自身的安全问题和电子商务交易中的安全问题。

Agent 的以上特点使其特别适合于电子商务领域。具体应用表现在以下方面:

（1）进行资源导航，解决用户迷航问题。在电子商务中，面对大量商品信息，用户有时不知如何确切表达所需商品信息的需求，也不知道如何更准确、更有效地寻找商品资源，这就是"商品信息迷航"。Agent 具有信息导引能力，能帮助用户确定自己需要的商品信息所在的领域。它利用表达和模型技术对大量数据进行模式分析，突出感兴趣的模式和特征，在此基础上进行分类，还可按照需要修改模型和数据过滤的标准，进行知识挖掘，对完成某些任务提供导航帮助。实现商品信息导航的关键是商品信息分类知识和用户模型的建立。商品信息分类知识必须完备、准确才能对用户进行正确的信息导引，细化查询要求，从而提高检索效率。用户模型应能确实反映不同用户的不同兴趣，以便进行个性化的信息导引。系统为用户提供详细、科学的信息分类知识，当用户输入关键信息后，用户 Agent 帮助用户推断关键字信息所在的领域，并将这些领域信息告诉用户，让用户确认。如果用户 Agent 不能推断关键字信息所在的领域，它检查用户模型，看看是否有相关的领域信息，如果有，将这些领域信息告诉用户，让用户确认；如果没有，要求用户提供领域信息，用户可根据信息分类知识选择类层次，或手工输入领域信息。对于不同的用户，用户 Agent 将学习用户提交的关键字和领域信息，并记录在用户模型中，当用户下次提交查询任务时，自动让用户确认相关信息，避免用户重复操作。用于信息导引的信息分类知识是可以不断扩展的，用户 Agent 不仅提供操作让用户建立某种分类信息，而且能让各 Agent 共享和交流信息分类知识。

（2）智能搜索与过滤，解决信息过载问题。传统搜索引擎纯粹按关键词匹配式查询带来大量的冗余信息，必须进行过滤，这部分工作由信息过滤 Agent 实现。信息过滤 Agent 完成信息的筛选，将搜索的结果按一定的规则进行过滤和筛选，最后以关联度优先顺序提供给用户。过滤时既要考虑信息的类别，又要结合用户 Agent 生成的用户兴趣模型进行过滤，从而为用户提供个性化服务。信息过滤 Agent 将用户的访问模式转换成过滤规则对搜索的信息进行过滤，从而使信息定位更准确，可以避免大量关联度低的商品信息传输到用户端。当信息用户指定了特定的商品信息需求之后，Agent 还能够自动探测到消息的变化和更新，进而将其下载到数据存储地存放起来，并同时将该商品信息自动地提示给用户。智能 Agent 可以理解一定的自然语言，能更好地表达用户的需求，进行理想的商品信息搜索。

（3）主动推荐页面，实现智能商务。在电子商务系统中，商品信息是动态变化的，用户时常关心这种变化。Agent 能从网上大量的原始商品数据中，整理出能反映其中规律的知识，并依据这些知识、信息动态地生成网页，给用户提供一个友好的浏览界面。用户通过这个界面可以进行互动式的交流，使 Agent 能更好地为用户服务。

（4）建立用户兴趣模型，实现个性化服务。用户兴趣 Agent 通过与用户 Agent 协作获取用户的访问习惯和偏好并加以分析生成用户兴趣模型，这是实现个性化服务的前提。建立用户的兴趣模拟有多种方法，基于学习的方法是较为有效的一种。用户兴趣模型的建立分为两个阶段：提供一个按学科分类的样本，样本的建立借助于齐夫定，按词频顺序由高到低排列，越靠前权值越高，样本的大小可以根据用户希望的查全率进行选择；根据用户的反馈信息对样本模型进行修改，剔除访问量较少的关键词，加入新的关键词并对其顺序进行调整，使之能够随时适应用户的需求变化。

（5）进行用户信息分析，为企业提供决支持策。企业可以利用 Agent 技术动态地对随机来访的用户信息进行收集、统计、整理和分析，在此基础上经过 Agent 的计算、推理来学习不同用户的个人偏好，并在用户下次来访时为他们提供符合其特点的个性化信息。不仅如此，当用户的需求发生改变时，Agent 也可以根据用户的行为模式感知这一变化并调整自己的行为，从而达到动态跟踪用户需求的目的。这样，企业就可以从看似无序的用户行为中发现其内在的规律，从中挖掘提炼出单个用户的行为特点，从而最大限度地满足用户的个性化需求，进而保持企业的长期快速发展。对网络用户而言，这一技术也可以有效地减少用户在商品信息获取上所耗费的时间和精力，使他们可以腾出时间来进行更具有创造性的工作。

第三节　人工智能应用及创新对电子商务的影响及发展趋势

工业和信息化部部长苗圩在 2017 年发表讲话时表示，政府将加强对关键核心技术攻关突破，加快人工智能、虚拟现实等技术的研发和商用。他表示，将推动互联网与其他产业跨界融合创新，加快构建普惠性、精准性创新支持政策体系，打造以市场服务为纽带、以价值链共创为基础的市场化运行机制。

近十年来，电子商务发展迅速，为消费者的生活带来了种种便利。人们在享受着这种便利的同时，也提出了越来越高的要求。为了满足消费者的消费需求，各大电商平台不断寻求新的创新，优化运营效率，提升服务品质。而人工智能的产生，为电子商务的发展又打开了新的思路和格局，它对电子商务行业的价值将是全方位的。

现如今，各大电商巨头已经纷纷将人工智能投入到电商运营的各个环节。例如阿里巴巴、京东等巨头正在加快无人机、无人仓的应用。

在京东"618"期间，50%的客服流量都由JIMI客服机器人实现，极大地节省了人工成本，而OCR技术也应用到商品图片过滤中，大幅降低了图片审核的人力成本，同时也大幅提升运营效率。京东不仅在供应链体系尝到了技术创新的甜头，也正在品尝"黑科技"带来的运营体系升级和成本效率提升，这些看不见的竞争力正在成为京东决胜电商领域的关键。

在京东集团首席技术顾问翁志的眼里，数据是京东的宝贵财富，人工智能代表了新兴的超级生产力，京东正在感受着人工智能的技术红利。

在过去，甚至是当下的普遍情况，仓储物流主要靠人来做，大量的工人要投入很多的时间和精力进行包裹的管理和分拣工作，难免会产生误差。而人工智能的运用，则大大地降低了仓储物流中的人力成本。就像无人机可以根据提前设置好的路线智能运输货物，无人仓可以科学、合理地对包裹进行管理、分拣，既降低了错误率，也提高了效率。

此外，基于大数据精确的用户分析也将是各大电商平台看好人工智能的一大原因。相较于一般的大数据运用，人工智能对电子商务还有一个重要价值，就是"镜像"消费者喜好，它能够对大量的来自消费者的数据进行精确的分析，因人工智能具备一定的学习能力和思考能力，其分析出的结果往往更接近消费者的真实想法。因此，通过人工智能得出的用户画像对于服务的优化以及提升用户体验将会更有参考价值。

同时，高精准的用户分析势必也会带来高精准营销，这也是电商广告主一直所要追求的。高精准的营销势必也会带来高效的转化率，人工智能的运用能帮助各大电商将广告精准地投放给所需的人群。

自2016年起，人工智能领域建设已上升至国家战略层面，相关政策进入全面爆发期。2016年5月，发改委在《"互联网+"人工智能三年行动实施方案》中明确提出，到2018年国内要形成千亿元级的人工智能市场应用规模。未来几年内，人工智能产业有望持续获得国家大力支持，预计更多细化政策将陆续出台，加速人工智能需求落地。人工智能的技术逐渐趋于完善，应用的领域也越来越广泛，相信在未来电子商务的发展中，人工智能将会发挥出越来越强大的作用，成为电子商务变革的助推剂。

本章小结

随着电子商务产业链的不断发展和人工智能技术的不断完善，两者在各个领域、各个层次的相互融合将更加密切。作为各自的成功因素，电子商务产业链和人工智能技术的融合必将成为一种关键技术。

2018年3月5日，李克强总理在第十三届全国人大第一次会议上所作的《政府工作报告》中指出，电子商务、共享经济等引领了世界潮流，提出要加强新一代人工智能研发应用，在多个领域推进"互联网+"。

过去的五年，中国经济结构出现重大变革，消费贡献率和服务业比重进一步提升，成为经济增长主动力。同时，这也是中国电子商务高速发展的五年，从根本上讲，企业的成长得益于在党的领导、在政府部门的改革创新举措下，中国经济持续保持的健康发展，消费环境和经营环境的不断优化和改善。随着国家大力推动创新驱动战略，企业和市场的创新活力和创新能力不断增强，我们应把创新发展作为核心动力，把坚守品质作为生命线，把创造价值作为最大的责任，通过技术创新促进流通和消费升级，加快与实体经济的深度融合，为经济高质量发展作出自己的贡献。

消费升级源于消费者自身观念的转变，现在具备的更好经济条件使他们将原来对商品性价比的追求逐渐转向对更高品质的追求。电子商务为国民消费升级提供了巨大帮助，尤其是跨境进口电商，通过不断引进海外品牌，在一定程度上满足了消费者对于高品质产品的需求。在政策扶持下发展起来的跨境电商，将有助于减少海淘税收监管的盲区，促进更多国外产品通过正规渠道进入国内，从而实现消费留在国内，税收留在国内，也会让商品的品质和供应链管控更有保证，对于解决消费外流起到积极作用。随着"新零售"的不断发展，线上线下之间的深度融合或将成为未来主流的零售业态。最近，行业内已发生多起互联网巨头与传统零售商家之间战略合作的案例，如腾讯、京东入股步步高、海澜之家，阿里巴巴入股居然之家等。这将改变线下实体店近年来在电商冲击下出现的发展颓势，加快零售行业转型步伐，改善消费者体验。

总而言之，作为一种商务活动过程，人工智能在电子商务产业链中的应用将带来一场史无前例的革命，其对社会经济的影响会远远超过商务本身。除了上述这些影响外，它还将对就业、法律制度以及文化教育等带来巨大的影响。

第八章　信息技术与电子商务市场

在电子商务技术飞速发展和电子商务模式逐步细分的大背景下，我们需要从信息技术的视角来重新思考和研究电子商务市场。

电子商务企业作为电子商务市场的主体，利用和创新电子商务模式，使现代消费体系变得更具有个性化，再造生产和流通流程，创造需求，实现增效增收。竞争是市场经济的特征，竞争必然导致优胜劣汰，这样才能使经济活力得以提高。竞争环境对于市场主体的作用往往具有两面性，一方面体现在竞争压力上，另一方面体现在推动市场主体的变革上。市场主体的变革意味着整个市场结构与盈利模式的变革。信息技术的发展带动了电子商务的发展，同时也对企业的市场环境产生了极大的影响。

本章是本书的重要组成部分。信息技术是研究背景，电子商务市场是研究主体。系统性地研究电子商务市场和电子商务分类模式，使电子商务企业更精准地制定市场策略和实施步骤。电子商务市场结构，包括电子商务市场模式、盈利模式、法律制度等，通过此层面的分析得出电子商务市场的特性及电子商务市场发展的重要影响环节，通过此章的研究旨在展现出清晰的电子商务市场影响因素框架。

第一节　电子商务生态系统与电子商务市场

一、电子商务生态系统与电子商务市场关系

在电子商务环境下，针对企业发展战略的复杂性，电子商务生态系统既是

信息技术创新及应用对电子商务生态系统的影响研究

企业的关键战略途径，也是一种管理理念的创新。系统中各成员间应实现资源共享、共同创新的集成化商务模式和标准，在不同的发展阶段调整战略选择、培养核心竞争力。

电子商务生态系统自内而外、层次分明，包括由核心电子商务企业、供应商及客户组成的核心层；直接参与电子商务交易的各个相关组织，如包括物流公司、金融机构等组成的支撑层；与电子商务交易有着千丝万缕联系的延伸层以及最外层的支撑电子商务系统运作的外部环境。其中核心层的主体是电子商务交易的主体，在支撑层的关联企业的支撑下有效便捷地完成交易。各层次中主体之间的交流协作也促进了电子商务交易中物流、资金流与信息流的交换共享，保障了电子商务生态系统的健康运行。

二、电子商务生态对电子商务市场的影响

在电子商务整个大生态系统中，互联网技术的发展带来了市场营销的两种模式：一是传统的一般是面对面地以实体交换为基本内容的市场营销模式；二是新生的一般表现为背靠背的以网络为依托的空间市场营销模式。前者解决传统价值链中产品/服务的采购与分配，后者则解决网络空间中信息的沟通与传递。以 B2B 为代表的电子商务市场的出现，无疑满足了企业在虚拟空间中交易的需要。

中国电子商务市场的未来发展，在遵循着有学者研究指出的一般路径选择：一是垂直扩展，即注重于某个行业或者细分市场，增加行业知识和积累经验，深化流程协作，建立行业的标准化平台，成为行业专业解决方案提供商；二是横向扩展，以成本效率为中心，扩展金融、物流等多项服务功能，形成某个特定交易方案的基础设施提供者；三是专业化发展或者建立利基市场，或者通过形成差异性或专业性比如在物流、金融、财务、商品目录和采购等方面的竞争性服务。这些都是基于传统的竞争思维和竞争战略的关于电子商务包括 B2B 电子商务的战略设计和路径选择，而且在目前竞争仍然存在的市场条件下依然是应该有的战略选择。但是，无论是从互联网技术以及电子商务的自身特点来看，还是从新形势下以"蓝海战略""和合管理"等新的战略思维的考量，努力寻求一种新的以合作为主要内容的发展路径，应该是未来电子商务市场包括 B2B 顺利发展的必然选择。由网络公司发展起来的 B2B 电子商务市场

正面临严峻的挑战,大企业自身的交易平台以及它所参与的战略联盟及其所形成的联合市场,都是企业有可能的替代选择。因此,虽然有些学者并不看好独立电子商务市场的未来。不过,在一些不成熟的市场体制中,如果B2B能够较好地利用其第一行动者的品牌优势和流量优势,为中小企业建设好可以信赖的交易平台,依然能够取得成功,如阿里巴巴。电子商务市场之间的战略联盟与合并是最现实的战略选择,通过提高合作伙伴的获利空间,由合作达到更广泛的市场和新的以合作为主要方式的市场,将有利于双赢、共赢的实现,也才能从根本上保证电子商务市场包括B2B的未来发展。同时,合作也是一种获取技术和实现技术创新的途径,而技术解决方案正是电子商务市场的主要推动力。

第二节　电子商务市场模式细分及竞争研究

电子商务是以信息技术为手段,以商品交换为目的的商务活动。电子商务市场同其他市场一样,也遵循产品和服务的生产及销售完全由市场来引导的市场经济规律,但不同的是,企业主体由原来的以产品为中心向以客户为中心转变。

电子商务市场细分,即采用科学的技术方法,并结合消费者的消费习惯和属性,把市场分割为具有不同需要、性格或消费行为的购买者群体,每个相同细分市场内个体间属性尽可能相同,每个不同细分市场内个体间属性尽可能不同。从市场决策角度来说,获取最大化收益的方法就是个性化购买,即为不同的购买者群体提供不同的产品和服务,因此,电子商务企业可以通过市场的细分提供有竞争力的产品和服务来提高企业的综合实力。

一、电子商务市场模式细分

电子商务企业已经改变向所有消费群体推销相同商品的市场模式,取而代之的是,根据细分的市场,在专业领域内,为那些具有相同需求的消费群体提供具有核心竞争力的产品和服务。

信息技术创新及应用对电子商务生态系统的影响研究

面临网络购物需求逐渐饱和、产品相似的市场压力，市场细分能为有效客户提供更好的产品和服务，减轻企业竞争压力，增加企业收益，成为电子商务市场发展的主要方向。

(一) 按交易对象来分

电子商务的参与主体，从整个电子商务产业链来讲，有生产商、流通商、平台及服务提供商、终端消费者等。因此，电子商务按交易对象来分，主要分为以下几种：

(1) 企业与企业间的电子商务（Business to Business，B2B）。企业可以通过互联网完成商品选购、价格商议、商品购买、结算支付等全过程交易行为。B2B 模式交易额在电子商务市场中所占比重最大。

(2) 企业与消费者间的电子商务（Business to Customer，B2C）。这是企业与消费者通过互联网进行网上垂直交易的模式，是零售商务电子化的形式。随着互联网的广泛应用，网上销售已经迅速发展。B2C 模式成交量在电子商务市场中所占比重最大。

(3) 个人与个人间的电子商务（Customer to Customer，C2C）。就是消费者个人间的电子商务行为。每个人都可以去网上开店，每个人也都可以去购物消费。

(4) 第三方电子商务市场，是指由参与交易的买卖双方以外的第三方提供的电子商务交易平台，企业利用这一第三方平台完成其与客户或者供应商之间的交易活动。

(5) 线上服务与线下消费的电子商务（Online to Offline，O2O）。消费者利用互联网这一线上平台作为线下服务的来源，同时消费者可以通过线上来选择线下服务。这充分利用了互联网跨地域、无边界、海量用户和海量信息的优势，规避了传统营销模式推广效果的不可预测性，直观地统计并追踪评估消费行为。

(6) 移动电子商务（M-Commerce）。移动电子商务就是利用智能手机、PDA 及掌上电脑等无线终端，通过互联网技术、移动通信技术、短距离通信技术及其他信息处理技术，使人们可以随时随地地进行各种电子商务活动。

除了以上主要的电子商务模式，非主流的还有 C2B（Customer to Business）、M2C（Manufacturer to Customer）、B2G（Business to Government）、I2C

(Information to Customer) 以及 B、C、M、G 之间的相互组合创新等。

(二) 按行业来分

信息技术环境下，传统的线下商圈将被打破，企业的客户群范围将不断扩大到全国甚至全球。首先，从传统意义上，专业市场供应链通常较短，主要通过个人的商业渠道来获取货源和客户，但并不能与更大范围的供应商确定有效的供应链关系，这就限制了专业市场商圈的扩大；其次，商品流通方式不再按照传统的行业和产业方式来进行，而且不再遵循传统商业模式——购买、运输、储存、销售，现代企业遵循"零库存"的经营理念和先销后购的销售模式，或者以虚拟企业的方式来经营，这种新的购销方式和经营模式必将对传统行业市场产生巨大的影响。

行业市场与其他商业业态相比，最大的优势就是聚集了某一类商品或若干类相似的商品。行业市场电子商务通过电子商务平台，就可以详细了解该市场的各类商家信息、产品信息以及行业行情、动态等。

行业电子商务化在提高专业市场的经营管理能力的同时还能确保其服务质量。这样的电子商务市场有医药产品类的、电子产品类的、服装产品类、旅游产品类的等。

(三) 按地域来分

地域型电子商务就是利用地域优势针对特定地域区间内的客户开展电子商务活动。地域电子商务平台，可以不受传统的地域限制，充分利用网络不受时间、空间约束的优势，来追求更大范围的客户群和利润空间。这里所提到的地域型电子商务并不是传统意义上的地区性的贸易保护和贸易堡垒，而是要充分合理发挥电子商务所具有的地域属性和特征。

虽然电子商务利用现有的信息技术、物流技术、通信和支付方式为消费者解决了一些时空方面的问题，但消费者对距离的认识是很敏感的，舍近求远不符合传统的营销观念。对电子商务平台来说，由于产品的地域属性，将必然形成根据地价划分对销售范围的局面，但是扩展程度不宜过大，否则难以达到利润最大化。

二、电子商务市场竞争分析

随着人们的消费观念向便捷性及体验性转移，市场主体针对消费者的偏

信息技术创新及应用对电子商务生态系统的影响研究

好，利用互联网等电子商务平台开起一种全新的竞争。

本节利用迈克尔·波特（Michael Porter）的"五种竞争力"模型，来分析电子商务行业的企业竞争格局。迈克尔·波特认为一个行业中的竞争，存在着五种基本的竞争力量，在电子商务市场中表现为：新增电子商务企业的威胁、同类产品和服务的威胁、网络消费者议价的能力、供应商定价的能力以及与已有电子商务企业之间的竞争。

（1）新增电子商务企业的威胁。对于大多数传统零售业来说，电子商务企业等新进入者对其在市场中地位产生较大的威胁。电子商务企业可以快速地进入市场，建立成本较低、维护方便的分销网络，而且产品通过第三方供应商来供应，不需要生产基地，节省生产成本。新的进入者若想提升其竞争力，就必须提供更好的服务和更有优势的产品，这将导致企业成本大大提高，新增的竞争者若能跨越门槛较高的投资壁垒和政策壁垒，将对已有电子商务企业构成较大的威胁。

（2）同类产品和服务的威胁。相对于传统行业，电子商务的核心优势就是以较低的成本为消费者提供产品、信息和服务，由于互联网产品和服务的边际成本较低，成功后容易受到复制和效仿，当同类产品和服务充斥市场时，"良币"会遭遇"劣币"驱逐的威胁。如车辆管理服务平台将物流企业的车辆汇聚到电子商务平台进行统一管理，通过信息技术的使用，提供每辆车的油耗管理、保养、维修、保险、车辆二手市场流通等不同服务，从而帮助物流公司和车队更好地管理资产，但这种服务模式出台后就遭到其他电子商务企业的效仿，导致市场混乱。

（3）网络消费者议价的能力。随着网络消费者网络知识和消费经验日益增强的，他们会通过不同的电子商务平台来评估和比较同一产品和服务的价格和性能，从而选择出最符合其需求的产品和服务。这种议价的能力对标准化的产品和服务的影响更突出：网络消费者可以通过各个电子商务购物网站（如对电子产品等标准化产品可以通过京东商城、中关村在线等网站）来进行价格比较，消费者可以清楚地掌握商品价格，购买性价比较高的商品。这就是电子商务交易方式相比较传统交易方式的价格优势。

在电子商务市场竞争环境中，电子商务平台的普遍使用能够使购买者以最小的成本选择不同的供应商，降低了购买者与供应商之间的转移壁垒，达到了双赢的局面。

（4）供应商定价的能力。对B2B电子商务交易模式而言，电子商务平台的发展降低了企业在不同供应商之间的转换成本，对供应商的影响则体现在其定价能力的降低。随着买方市场的出现，企业可以选择让它们的供应商改变原有业务操作流程，如订单发送模式上使用电子数据交换系统（EDI）等。供应商的市场地位将决定市场产品与服务的类型、交易模式等。

（5）与已有电子商务企业之间的竞争。随着信息技术的广泛使用，企业采用电子商务来拓展产品和服务的流通渠道，使产品和服务的创新周期和生命周期大大缩短，产品间的差异化大大缩小。电子商务为企业提供广阔市场空间的同时也带来本地乃至世界各地的更多竞争对手的威胁。

第三节 几个重要的电子商务市场

电子商务不仅形成了自身产业规模庞大、就业人数众多、经济带动性强的产业，而且促进了国民经济中的制造业、流通业与服务业的转型与升级。从全球范围来看，中国的电子商务市场依然处于发展与完善阶段，具有广阔的前景和巨大的潜力。

电子商务的细分市场和竞争机制的培育，促进了电子商务健康发展。为了更好地了解电子商务市场的产生、发展和不足，本节选取几个具有代表性的电子商务市场，如代表农业领域的农村电子商务市场、代表工业和服务业的医药电子商务市场和代表对外贸易领域的跨境电子商务，剖析它们的市场规律，以便更好地总结影响电子商务市场的共性因素。

一、医药电子商务市场

（一）医药电子商务市场发展背景

新医疗改革要求加快基本医疗保障制度建设，将全体城乡居民全部纳入基本医疗保障制度内，这将从根本上减轻居民个人部分支付医药费用的负担。建立国家基本医药制度，完善基层医疗卫生服务体系，方便群众就医，充分发挥医药在基本医疗中的作用，降低药品价格，使基本公共卫生服务变得公平、均等化。

医药电子商务作为新兴的医药流通手段，整合医药流通中的物流链、价值链，合理高效利用产品、服务资源，降低医药流通的成本，提高医药流通的效率，对传统的医药流通模式是一种很大的冲击。它将大大推动医药行业营销模式改变、经营模式转变和医药流通行业产业格局重组，促使整个医药行业发生深刻的变革，同时也有力地推动了医疗改革。

（二）医药电子商务市场主要模式

1. B2B 医药电子商务市场

按市场结构来分，可把当前中国 B2B 医药电子商务划分为买方主导的医药电子商务市场、卖方主导的医药电子商务市场两大类。

（1）买方主导的医药电子商务市场。这种买方主导的市场即为买方市场，属于多对多的交易模式。电子商务运营单位为药品需求方，一般由医疗机构和相关药品需求单位组成。某些制药巨头也曾尝试自主网上采购，采用"网上发布信息+线下招标采购"的模式，但由于业务本身的限制，没有真正开展起来。

（2）卖方主导的医药电子商务市场。这种卖方主导的市场即为卖方市场，属于一对多的交易服务模式。电子商务的运营单位为药品的供给方，一般由一家医药企业或者是企业联盟构成，打造成物流、资金流和信息流三流合一的 B2B 电子商务平台，主要客户为医院和药店等。

卖方主导的 B2B 医药电商模式，通过低价购进、高价售出来赚取差价，产生利润。这种销售模式属于完全的市场化行为，收益和利润也较为稳定，经营主体主要是医药企业，即我们熟知的药品代理商，这些药品代理商拥有很多医药生产企业的代理权，也拥有自己的销售渠道。药品的特殊仓储及运输要求，即物流因素是该模式的主要影响因素。

2. B2C 医药电子商务市场

按电子商务平台运营主体来分，中国 B2C 医药电子商务可分为网上药店和网上医药商城两种模式。

（1）网上药店模式。网上药店电子商务企业运营方必须是医药连锁企业，需要通过 GSP（Good Supply Practice，药品经营质量管理规范）认证，有多家实体连锁药房；具备专业的信息化设备；具备完善的物流系统。该模式的电子商务平台，还须具有《互联网药品信息服务证》和《互联网药品交易服务证》，且只能销售非处方药。

（2）网上医药商城模式。不同于网上药店模式，该模式的运营方为电子商务第三方平台。如阿里巴巴的天猫医药馆，目前是国内最大的网上医药商城，入驻天猫医药馆的药品类卖家都必须获得《互联网药品信息服务资格证》和《互联网药品交易服务资格证》，且只能销售非处方药。入驻医药商城的医药商家，以线下连锁经营的大药房为主、以品牌制药企业直销为辅，买卖双方产生的订单通过第三方物流将药品送到全国各地。

以上两种模式都必须具有健全的网络交易安全保障措施及完整的管理制度，具有网上查询、咨询、电子合同等基本交易服务系统等。

3. O2O 医药电子商务市场

O2O 电子商务模式，即"线上支付+线下实体店消费"的销售方式，通过这种方式不仅能够帮助消费者收集更有价值的信息，而且也能够帮助商家寻找更多更优秀的客户，在很大程度上促成了交易的达成，并且节约了双方的交易成本。与此同时，线下消费能够让消费者在对商家有所了解后再做是否消费的决定，这在很大程度上降低了信息不对称等情况的发生，而且对于消费的结果，消费者可以通过平台进行评价和反映或给予建议。这种电子商务模式的特点是商家每进行一笔交易，都能够实时记录，能够清楚地显示线下消费店的经营情况以及电商平台推广后所取得效果，也降低了商家的广告宣传成本，这远远超越了传统电子商务模式。

医药电商 O2O 模式将线下药店的功能从售药转变为医药服务体验、提货和配送，使线上购买、支付和线下用户体验直接对接，利用互联网庞大的用户基础，把电商平台作为宣传医药产品和服务的推广媒介，将流量从线上导向线下。

O2O 电商模式分为：

（1）医药 B2C 企业 O2O 模式。大型连锁药店做 O2O 具有很大的优势。

（2）自建物流平台的 O2O 模式。这是一种重资产模式，自己组建物流配送团队。这样能控制物流，提高服务质量，减轻线下合作的药店的投入；但人力成本非常高，无法控制药品库存及质量。

（3）全产业链 O2O 模式。该模式将药企、药店和消费者打通，在价格、品牌和配送速度上有明显的优势,但工程量浩大、资金和扩张速度都是问题。

4. 第三方医药电子商务市场

第三方医药电子商务,是指由参与交易的双方以外的第三方提供的电子商务交易平台,是一种完全开放、公平、公正的虚拟医药交易模式。通过这一平台,企业完成与客户或者供应商之间的交易。第三方医药电子市场是药品、保健品、医疗器械和其他医药商品的专业交易市场,在信息平台上为供需双方提供交易所需的各种药品和服务,在很大范围内覆盖整个医药卫生行业,减少中间环节、降低交易成本、提高交易效率。

中国第三方医药电子商务经过近十年的不断发展,在提高医药商品流通效率与降低流通费用这两方面起到了积极作用。协助国家社会保障部门、社会商业保险机构等政府部门和企业建立药品使用目录与服务网络,对控制医疗费用起到一定的辅助作用;通过专业的电子商务技术和成熟的商业模式,整合社保部门、商业保险机构、医疗机构及患者之间的供需关系,实现物流、信息流、资金流的有机融合。

(三) 医药电子商务市场发展趋势

国外成功的医药电子商务市场,都是在对目标消费者的需求进行深刻了解和洞察之后,运用信息技术、大数据技术,提高消费者满意度和忠诚度,留住忠诚的老客户,开发新客户,并努力使忠诚客户的宣传示范和传播效应最大化。

通过各大网站的产品数据分析可以看出,在互联网消费特点方面,除处方药之外,大多数都是围绕大健康概念的预防类、保健类产品、药妆类产品,这几种类型的产品组合更能够满足互联网消费者的需求。未来医药电子商务市场的发展将是充分利用信息新技术、不断完善消费者体验和沟通、优化移动互联的发展,随时为消费者提供定制的医药、保健、康复等服务,为消费者推送新产品和促销的相关信息,根据不同季节为消费者提供不同的健康建议,让消费者对其产生信赖感。

(四) 医药电子商务市场发展面临的问题

1. 中国医药电子商务仍处于初级阶段

信息技术的飞速发展对中国医药电子商务行业的发展模式和环境产生了显著的影响。国家食品药品监督管理总局出台《互联网药品交易服务审批暂行规定》文件,意味着中国对网上销售药品的开放。截至2016年12月22日,国内共有881家企业获得《互联网药品交易服务资格证》。其中,A证全国共有37张,主要为第三方互联网药品交易平台;B证全国共有195张,主要为企业与企业之间的互联网药品交易;C证全国共有649张,是企业面对消费者的互联网药品交易平台。

虽然最近几年中国医药电子商务的市场规模量成绩显著,但从产业链条的角度看,中国医药电子商务行业的整体发展仍处于初级阶段,主要表现在医药电商基础设备不完善,网上批发及零售药品的净利润低,《互联网药品交易服务资格证》审批严格、获取难度大,医药配送标准高导致成本高,不能销售处方药,网上医保购药未放开,相关政策法规不健全,没有良好的专业药师指导服务等方面。

2. 医药体系环境制约医药电子商务的发展

医药电子商务市场准入门槛高。进入医药电子商务行业,必须同时具备《互联网药品信息服务资格证》和《互联网药品交易服务资格证》,相关电商企业必须是医药连锁企业,通过GSP质量认证系统,要有相应的物流保障系统,从事电商服务的工作人员还要具备相应的岗位资质。

医保报销制度无法与网络药品销售产生联系,严重限制消费人数增长。此外,医药电子商务的发展空间还受到医保政策的影响。在那些医保定点药店和社区药店,消费者可以使用医保卡购买药品,而网上售药若想享受同等政策优惠条件,则需要政策支持。

3. 相关法律不健全,政府的监管力度小

与其他电商行业一样,中国医药电子商务监管组织框架主要由五个部分组成:电子商务发展的政策文件;计算机与网络安全的法律法规;交易安全的法律法规;医药卫生领域现有的法律法规;关于规范药品网络交易的法律文件。

虽然部门和地方规章法规的数量繁多,但由于缺乏更高的法律或立法规划的引导,导致现有法律法规的效力较低。再加上部分法律法规可操作性不强,因此仍然有大量售卖假药的电商网站存在,对消费者的消费和心理产生了严重的负面影响,制约了医药电子商务的正常发展。

4. 物流技术的制约

医药电商对物流技术要求较高。中国的物流信息化水平低,而对药品的仓储配送标准要求却很高。国家食药总局出台《关于加强互联网药品管理销售通知》，规定医药属于特殊商品，医药电商必须使用符合规定的药品配送系统，不得委托第三方物流公司或快递企业配送，这就要求医药配送企业必须具备 GSP 认证的药品配送体系，而网上药店采用一般商品的送货方式，没有正规的药品配送队伍，不能保证药品在物流运输和配送过程中的质量和安全性。配送时间的滞后，不能满足急病患者在时间上的迫切要求。如果电商企业自建物流系统则需要巨额资金投入，成为医药电商企业的负担，严重制约其发展。

5. 消费群体和消费心理等社会因素

中国网民的数量特征是年轻群体很多，但他们对药品的消费需求量并不大，而药品消费的主力群体如老人，又有对网络购物认知度低等问题；有些医药企业缺失社会责任感，为了盈利投放非法医疗广告欺骗消费者，导致消费者不相信网络购药；中国传统的医疗购药过程是患者经过医生诊断得到医嘱与说明，然后持处方到医院药房进行购药。但是对于网络售药来说，许多患者在无法知晓病灶病理的前提下自行购买药品，可能会造成药不对症，带来一系列副作用而损害身体。这样的消费群体与消费习惯、心理也会使他们放弃网络方式购药，通过医院和药店这一传统渠道购买药品。

6. 药品销售范围的限制

在美国，通过认证的网上药店就能销售处方药。但由于药品的特殊性及监管的复杂性，中国目前不允许网上销售处方药。另外，中国药品市场不规范、企业经营行为约束机制不完善、消费者对网上购药不认同等消极因素的存在，使网上销售处方药为时尚早。

7. 国家政策因素

医改方案影响。2009 年 8 月 18 日，中国正式启动建立国家基本药物制度，同时公布《国家基本药物目录基层医疗卫生机构配备使用部分》（2009 年版）并从 2009 年 9 月 21 日起施行，目录内包含共 307 个品种的化学药品、中成药的价格得到了限制。2010 年 3 月 23 日公布的《国家发展改革委定价药品目录》由 2005 年的 1561 种调整为 1917 种，另有 262 种药品纳入各省、自治区、直辖市价格主管部门的定价范围。限制药价已成为医改方案的重要内容，逐步降低药价是改革目标，因此部分药品失去网上价格优势，竞争力下降。

问题也是发展的潜力，面对如此广阔的"电商蓝海"，提前布局医药商业,拥有资格和竞争力的企业毫无疑问获得了占据网络市场的主动权的优势,但仅通过建立网上药店直接面对终端消费者的医药商业公司而言,由于信息流量受限制导致销售情况不佳的局面存在。因此,本书在以后的章节中,专门选取医药电子商务市场为研究对象,对影响其发展的因素多角度、全方位的分析,建立因素影响模型,对医药电商行业深入剖析。

二、跨境电子商务市场

(一) 跨境电子商务市场发展背景

跨境电商是指不同国家或地区间的交易双方通过互联网信息平台实现的各种网上商务活动。中国跨境电商起步比国外晚,2008年全球金融危机之后,过去对外贸易的"集装箱"式大额交易订单逐步被小批量、多批次、周转快的订单所取代,传统外贸发展速度非常缓慢,而跨境电子商务在发展规模和质量上却保持着非常高的增长水平。在总量方面,2010年,中国跨境电商交易总额突破万亿大关,达1.3万亿元;2011年,为1.8万亿元,同比增长38.5%;2012年,跨境电商交易规模进一步增长,达到2.3万亿元;2015年,交易规模达4.8万亿元。在增长率方面,2008~2015年,中国跨境电子商务交易额高速增长,平均年增长率达30%以上,远远高于同期中国进出口总额增长率。预计到2020年,中国跨境电商交易规模将达12万亿元,约占中国进出口总额的37.6%。

中国跨境电商的快速发展,主要得益于以下方面:

1. 政策层面

(1) 为了加快贸易方式的转变,政府最近几年陆续出台了一系列利好政策来支持跨境电子商务的发展。

国家发改委于2013年4月出台《关于促进电子商务快速发展有关工作的通知》,进一步促进电子商务健康快速发展并加快完善法规政策新环境,促进电子商务创新发展。

国务院办公厅于2013年9月出台《关于实施支持跨境电子商务零售出口有关政策的意见》,建立电子商务出口新型海关监管模式并进行专项统计,支持电子商务出口企业正常收结汇。

国家税务局于2013年12月出台《关于跨境电子商务零售出口税收政策的

信息技术创新及应用对电子商务生态系统的影响研究

通知》，对适用增值税、消费税退（免）税政局策的电子商务出口企业的相关符合条件进行规范划分。

海关总署于2013年12月出台《关于跨境贸易电子商务进出境货物、物品有关监管事宜的公告》，明确规定了海关对于跨境电商的监管措施，规范企业出口退税及结汇等问题，并对通过与海关联网的电子商务平台进行跨境交易的进出境货物、物品范围，以及数据传输、企业备案、申报方式、监管要求等事项做出明确规定。

国务院于2015年3月出台《关于同意设立中国跨境电子商务综合试验区的批复》，批准将杭州作为中国首个跨境电子商务综合试验区。

国务院办公厅于2015年6月出台《关于促进跨境电子商务健康快速发展的指导意见》，大力支持中国跨境电商的发展，推动"互联网+外贸"新模式，出台一系列海关、税收、支付、金融、综合服务、经营行为、行业组织、国际合作、组织实施等相关措施。

2016年5月，海关总署出台《关于执行跨境电子商务零售进口新的监管要求有关事宜公职》；2017年4月8日，财政部联合海关总署和国家税务总局共同推出《关于跨境电子商务零售进口税收政策的通知》等，跨境电商政策的密集出台，对行业发展起到积极的推动作用。

这一系列国家层面的跨境电商利好政策的出台与实施，为跨境电商提供了完善的法律保障措施，中国已经迎来了跨境电商高速发展的好时机。

（2）国内自贸区的平台优势。

从2013年9月上海自贸区正式挂牌到2015年3月粤津闽自贸区申请方案通过，中国已经成立上海、广东、天津、福建四大自贸区，这四大自贸区的成立为中国跨境电商的快速发展提供了更广阔的平台。

2016年，中国跨境电商交易总量超过6.5万亿元，并且在上海、重庆、天津、广州、合肥、郑州、成都、大连、宁波、青岛、深圳、苏州12个城市设立了新的一批跨境电子商务综合试验区，以创新的贸易模式来支持跨境电商的发展。

2. 经济层面

（1）人民币加入SDR。2015年11月30日，人民币加入国际货币基金组织的特别提款权（SDR），成为继美元、欧元、英镑、日元之后加入SDR的第五种货币,组成新的"一篮子"储备货币。人民币"入篮"SDR后,中国在国际贸易结算体系的地位得到了前所未有的提升,这将大大促进中国跨境电商的发展。

(2) 国际经济联系程度日趋紧密。在经济全球化驱使下,世界各国经济联系的加强和相互依赖程度的日益提高,逐渐融合为一个不可分割的有机整体。跨境电商已经成为中国促进自由贸易及生产要素流动的不可或缺的新动力。

(3) 生产和消费不匹配。近几年国内有些行业投资持续过热,产能扩张速度过快,导致生产能力大于消费能力总和,即产能过剩。扩大对外贸易的跨境电商是解决中国产能过剩的有效途径。

(4) 跨境电商的资本市场环境。虽然中国经济发展进入新常态,但近年来中国跨境电子商务仍然是资本市场青睐和追捧的对象。

3. 社会层面

(1) 信息基础设施建设不断加快。各国都在不断加强信息基础设施的建设,截至2016年底,全球移动蜂窝网络已覆盖95%的人口,固定宽带用户数约8.84亿,移动宽带用户数约36亿,发达和发展中国家带宽达到10Mbps的用户占比分别为75%和50%。

(2) 消费需求和消费观念不断升级。随着消费者不断提升的消费能力和消费水平,本土商品的品种及质量已不能完全满足消费者的需求,于是人们通过网络搜寻全球商品的信息,以满足多元化的消费需求。

(3) 海外商品和品牌认知提升。对中国而言,随着对世界各国开放程度的进一步加强,中国消费者对国外商品和其品牌文化较以前有了更广泛、更深度、更全方位的了解,从而将扩大中国消费者对海外商品的需求。当然,其他各国消费者也有同样的需求,实现供给端与需求端的高效对接,也恰恰是跨境电商发展的坚实基础。

4. 技术层面

信息通信技术、云计算大数据技术、信息安全技术、互联网技术、物联网技术、交易支付技术、物流技术等电子商务技术的快速发展,都为跨境电子商务市场提供了广阔的技术支撑。

(二) 跨境电子商务市场发展趋势

发展跨境电子商务目的就是促进全球贸易便利化、降低交易成本、提高生活品质、促进经济健康发展。中国跨境电商实现了从一开始的信息服务到全产业链服务，经历了三个不同发展阶段。

（1）跨境电商1.0阶段（1999~2003年）。这个阶段跨境电商刚刚起步，主要的功能是为企业产品信息提供第三方的电子商务互联网展示平台，即为商品提供网上的展示"货柜"，它本身并不涉及任何交易的环节，消费者可通过这个"货柜"来了解产品的详细信息，提供增值服务。

（2）跨境电商2.0阶段（2004~2012年）。跨境电商经过多年的发展，功能逐步完善，在提供信息服务的基础上，还为对外贸易活动提供交易平台，买卖双方可通过这个平台进行在线交易。

（3）跨境电商3.0阶段（2013年至今）。最近几年随着信息技术的广泛应用，跨境电商的商业模式发生了变化，从2013年延续至今。在这个阶段，产品制造商、材料供应商和外贸公司等逐渐成为跨境电商平台的主要消费群体和用户。

（三）制约跨境电子商务市场发展因素

中国跨境电子商务市场发展仍不成熟，不仅受到政策法律环境复杂多变、商务文化环境差异大、用户和企业接受度较低、产业链单一等外部因素的影响，还存在生产厂商之间竞价激烈、潜在进入者的威胁增高导致市场份额减小、替代品竞争机会增多等行业竞争、跨境物流和仓储、跨境支付、品牌推广和建设等问题。

三、农村电子商务市场

（一）农村电子商务市场发展背景

中国互联网信息中心数据显示，截至2015年底，农村地区与城镇地区的互联网普及率分别为30.1%和64.2%，相差34.1个百分点。无论是基础设施建设还是消费者的消费习惯与用户体验，城市均比农村要发达。

伴随着中国城镇化进程加快，农村居民可供消费及支配的收入在增加，农村家庭与城镇家庭之间的恩格尔系数的差距也在减小，农村成为中国未来电子商务最具发展潜力的市场。农村地区拥有大批的电子商务潜在客户可供挖掘，农村电子商务市场的健康发展，才是从真正意义上中国电子商务市场全面的发展。

近些年，农村经济发展使电子商务进入了新的发展期。2015年2月1日，国务院颁发《关于加大改革创新力度加快农业现代化建设的若干意见》，明确支持电商、物流、金融等企业参与涉农电子商务平台建设；2015年4月7日，商务部、共青团中央办公厅颁发《关于实施农村青年电商培育工程的通知》，鼓励农村青年积极利用电子商务等现代商业模式来创业致富；2015年9月24日，国家发改委、农业部、商务部颁发《推进农业电子商务发展行动计划》；2015年11月9日，国务院颁发《关于促进农村电子商务加快发展的指导意见》；2016年的中央一号文件提到了鼓励大型电商平台开展农村电商服务，支持地方和行业健全农村电商服务体系；2017年中央一号文件加快培育农业农村发展新动能的若干意见，首次直接将农村电商作为一个条目单独陈列出来；2018年"中央一号文件"，商务部推进的政策重点在农村电商、农产品冷链物流等方面。中央、国家部委以及各级政府对农村电商政策的密集出台，表明了农村电商是改变中国农村经济发展的重要模式，是增加农民收入来源的重要渠道。

电商巨头也纷纷加入了农村电子商务以争夺市场。早在2014年7月阿里巴巴举办的"首届中国县域经济和电子商务峰会"上，来自26个省176个县市的书记、县长探讨如何让农村普及电子商务，如何发展电子商务；京东商城也将战场燃烧到农村地区，通过刷墙打广告，扩大电商品牌知名度；全球最大的特卖电商唯品会在县域市场新招迭出，顺丰、苏宁、中国邮政等也都开始在农村市场进行战略布局。随着国家和企业的纷纷布局，农村电子商务市场的争夺战将旷日持久。

（二）农村电子商务市场发展趋势

随着中国信息化和城镇化进程的不断加快，农村信息生态环境的改善，农村电子商务对农业生产组织方式、农村经济发展方式和农民生活消费习惯产生了深远影响，对农村经济社会和农民、农村居民群体的渗透不断深入，农村电子商务进入高速发展期，有以下三个发展趋势。

（1）由传统电商模式向新型电商模式转变。早期的农村电子商务主要是农业企业、农民专业合作社和农业生产大户和个体户通过互联网平台发布农产品供需信息，实现农产品的购销。随着物流技术、信息通信技术、互联网技术、电子支付技术、金融保险政策等信息生态环境的不断发展，新技术的不断应用，越来越多的农业经济组织和农民个人也逐渐转向了线上的电子商务交易平台,并创新地发展了 B2B、B2C、O2O、C2C、B2B2C 等电子商务交易模式。除了传统的农产品从线下搬到了线上,在"互联网+"的影响下,民宿、农家乐、观光旅游农场也实现了线上交易、线下消费体验的 O2O 电商模式。

(2)从综合性的农业电商平台向专业性的农产品电商平台转变。专业的农产品平台将提供更加精细化的服务如产品信息查询、质检、交易、结算、存储运输配送等,平台业务向农产品产业链两端延伸,通过市场有效需求带动农业产业化、专业化和规模化。

(3)从发展经济向改善民生转变。电子商务逐渐向农村地区延伸是经济利益驱动结果。从政府角度看,农村地区发展电子商务,不仅使电子商务卖家开拓了农村生产、生活消费品市场,农民本身也可以利用电子商务平台将农产品、乡村旅游资源等销售出去,这样不但增加了农民收入、改变农业发展结构,而且还优化了社会管理、改善农村公共服务、缩小城乡差距,让农民共享科技发展红利的民生工程。

(三) 农村电子商务市场发展不足

2015 年被称为农村电商发展的元年,可见中国农村电子商务市场刚刚起步,在电子商务信息基础设施建设、市场经营规范、信息生态环境状况、人才储备等方面都面临很多发展"瓶颈"。

首先是农村的信息基础设施建设落后,造成农村信息资源稀缺和信息服务业落后等问题;其次是当前需要解决的问题是物流支撑体系的建设,由于大部分农村的交通基础设施不是很完善,快递网点普及程度低甚至有的地方没有网点,无法完成商品的配送和流通;再次是信息技术的应用和人才储备等方面的难题,许多农民缺乏基本的电脑操作知识,难以通过互联网寻找市场、推销农产品,手机支付和移动电子商务等的普及率低;最后是农民的消费观念与农村诚信体系建设。不同区域有不同的消费文化,标准的互联网产品营销模式需要培育当地居民的消费习惯和用户体验。诚信是电子商务发展的根本,城市消费文化和农村消费文化有各自不同的特点,建立农村电子商务诚信体系,防止网络诈骗都是农村电子商务市场在发展过程中需要解决的问题。

四、电子商务市场共性总结

不管是代表农业领域的农村电子商务、代表工业和服务业的医药电子商务，还是代表对外贸易领域的跨境电子商务，整体电子商务市场的发展存在以下共性：

（1）经济发展是电子商务市场发展的源泉。
（2）基础设施建设是电子商务市场发展的根本。
（3）信息技术应用是电子商务市场发展的动力。
（4）政策法律是电子商务市场发展的保障。

尽管中国电子商务市场整体发展落后，但伴随着信息技术的应用和各行业电商政策的制定，电子商务发展取得了显著的成绩。电子商务已经成为国民经济重要的增长点；技术环境和经济环境有利于电子商务的创新和人才的培养；中国电子商务市场品类多、规模大，对国际市场的影响力也逐渐增强；移动电子商务成为电子商务的主流模式；云计算和大数据技术的应用，使电子商务的服务精准化等，这些都构成了中国电子商务市场发展的有利环境。

第四节　电子商务盈利模式研究

利润是一个市场主体生存和发展的不二选择。电子商务企业的盈利对电商企业的发展有深远的影响，建立盈利模式、健全盈利管理体系和制度，是电商企业提高市场竞争力、争取长期可持续发展的根本途径。

电子商务盈利模式的要素主要包含四个：盈利对象、盈利点、盈利来源、盈利保障。

盈利对象主要指消费者和客户，价值对象往往决定了企业的市场定位。通过电子商务细分市场，企业可以清楚地确定提供价值给哪些需要消费的客户，电子商务企业的客户除了能够操作计算机进行上网并有网络支付能力的网民外，还包括从事网上交易的组织和机构，以及有电子商务交易意愿的消费者和个人。

盈利点是企业盈利模式的一个非常重要组成部分，电子商务企业提供给消费者的产品和服务就是其两个盈利点。

盈利来源是电子商务企业价值实现的最大动力，收入来源通常包括一次性交易收入和经常性交易收入两种类型。

盈利保障,也就是电子商务企业的核心竞争力,是企业阻止其客户资源被竞争者抢夺的关键能力。

一、网上销售产品盈利模式

网上销售产品,主要是电商网站自己销售产品或服务,通过差价来获得利润,这种模式在形式上有B2B、B2C、C2C三大类。

B2B电子商务模式在电子商务交易规模中居于主导地位,也是目前市场盈利较好的一种电子商务模式。其表现为供应链中上下游企业之间利用互联网进行生产采购和产成品的销售,通过网络化和信息化帮助企业降低库存、采购和管理成本;通过信息技术的使用,使产品具有更多的附加价值;再加上电商平台推广营销作用,扩大产品的销售渠道,从而使企业获取更多的利润。如美国戴尔公司的电子产品就是将产业链条搬到网上,降低企业生产和运营成本以取得成功的。还有一些B2B电子商务企业采用会员制,如阿里巴巴为企业提供更全面电子商务服务平台,向每一个会员收取会员费,会员企业在平台上销售产品实现盈利。

B2C模式是中国兴起最早的电子商务盈利模式。这种模式在时间和空间两方面为消费者、客户和企业带来了便利,很大程度上提高了交易速度和效率。如京东商城上很多商品的价格都低于线下实体市场的价格,这就给消费者物美价廉的感觉,进而也吸引了很多消费者。

C2C模式主要是提供一个电子商务网上交易的平台。其盈利主要包含以下几部分:首先是可以对平台上的每一笔流动资金收取一定的佣金服务费;其次是为C提供物流服务;再次是增值服务,如淘宝网针对C所需的店铺模板,提供类似的产品,收取费用;最后是平台上的广告等收取的费用。

二、网上信息收费盈利模式

(一)直接收费模式

(1)搜索引擎网站。互联网产生海量的信息,每天可达1EB(即10亿GB),是真正的信息大爆炸。广大网民急需一种有效的工具获取他们需要的信息,因此搜索引擎网站就有了它的应用价值。除了网站内容搜索,音乐、新闻、视频、位置以及衣食住行各方面的需求都是大家搜索的对象。目前中国的

第八章 信息技术与电子商务市场

主要的搜索引擎网站有百度、360搜索、搜狗、搜搜等,其盈利模式主要是采用竞价排名的方式,按照给企业带来的潜在客户访问数量计费,企业可以灵活控制网络广告投入,获得最大的回报。网民对搜索引擎的使用黏性,不仅因为它是一种常用的信息搜索工具,而是其对新闻、实时通信、社交、SNS等服务的引入,使它成为一种与传统门户网站类似的互联网应用入口。

(2)一般信息内容收费网站。用户通过付费才能下载所需的信息、浏览网站或者数据库查询等。如中国知识基础设施工程(简称中国知网,CNKI),是以实现全社会知识资源传播共享与增值利用为目标的知识资源共享平台。CNKI按照用户对文献使用的习惯,将数据库的文献分为10个专辑、168个专题,同时把国内6600多种学术期刊发到平台上供需求者共享,CNKI的专业检索技术极大地满足了广大学者和师生对学术研究、科学决策的需要。它的收费模式有两种:一种是包库使用模式,像高校或其他科研机构订购CNKI的产品;另一种是个人用户付费模式,个人用户通过给账充值,按下载的页数收费。

(3)专供信息内容收费网站。相对于一般信息内容收费网站,专供信息内容收费网站是根据有关政府和企事业单位的特殊需要,通过电子商务网站平台为需求单位量身定制的一种专业性强、实用性和实效性都有针对性的"产品和信息",订购者可定期收阅。如Wind资讯,主要的客户为证券公司、基金管理公司、理财公司、保险公司、各大银行、投资公司以及金融学术研究机构和监管机构提供完整、准确的可供参考的财经数据,通过使用用户名和密码的方式来限制IP和用户并发来进行账户收费的管理制度。

(二)间接收费模式

(1)第三方支付平台。第三方支付平台主要是指具备一定实力和信誉保障的第三方独立机构提供的交易支持平台。网上支付是制约电子商务发展的"瓶颈",第三方支付平台在一定程度上促进了网上支付的发展。买家可以先把交易的预付款付到第三方支付平台,收到卖家发出的货物后,第三方平台把货款转到卖家账户,这样买卖双方都打消了网上支付的各种疑虑,第三方支付平台则按成交额的一定比例收取手续费。第三方平台还有一个盈利点就是利用收到买卖款的时间差产生的资金沉淀,做一些资金运作,产生收益。

(2)收取佣金的网站。某些网站平台提供专业的类似于中介的服务,向实体企业或者其他网站提供交易订单,并按照事先的约定提取一定比例的佣金。例如，携程旅行网就是采取的模式就是典型的佣金模式，它向会员用户提供酒店预订、机票预订及保险服务等，再从实体企业收取佣金。

（3）专业信息技术支持服务。互联网的发展，将以前繁杂的硬件配置和数据处理工作都交给共享资源来完成。比如现在很多专业的互联网公司提供的云计算和大数据服务，将复杂任务都交给网络中超大规模的"云"来完成，用户无须考虑终端的运算、存储和负载能力等问题，实现资源共享和网络协同工作，从而大幅度提高网络资源的利用率，并能降低成本，提高运行效率。如阿里云，其提供云端的服务器、CPU、内存、硬盘、带宽等服务，这些服务可以以套餐的形式购买，也可以单独购买，缴费形式可以按年也可以按月。类似的还有阿里云的大数据产品和服务，提供大数据计算服务、大数据开发套件、分析型数据库等大数据基础服务，可视化工具、BI、画像分析等数据分析及展现服务，数据应用服务及机器学习等人工智能服务等。

三、网上提供服务盈利模式

信息技术的快速发展和应用，也带来了互联网内容和服务模式的创新。"互联网+"行业的发展，使网上提供的服务越来越多样化，如文化娱乐、广告收费、交流沟通等。

（1）文化娱乐类网站。包括网络文学、网络创作、在线电影、在线音乐、网络活动、网络游戏、网络视频等。如中国网络文学主要经营网络文学，盛大网络为用户提供网络游戏，以及随着网络视频和网络音乐版权环境的改善，各大视频网站和音乐网站也逐渐开启了各自的付费VIP模式，推出各种套餐服务，并成为其收入支柱。

（2）广告服务收费。广告服务收费是互联网收入的最常用模式，也保持高速增长，但目前仍还无法与传统媒体行业竞争。传统媒体如电视广告必须规定一个特定的播放时间来播放，而网络广告具有播出的随时性与动态性。网络广告可以实现各种各样的动态效果，且随着信息技术的发展，网络广告可以即时满足不同客户群的需求，引领广告行业的发展潮流，其营业收入不容小觑。

（3）社交平台。包括即时社交工具如微信和QQ、微博/博客、电子邮箱等。如微信在"钱包"里，提供了很多第三方收费服务；Twitter有收费账户服务；VIP邮箱也能为门户网站带来收入等。

第八章 信息技术与电子商务市场

(4) 其他。除了以上三种常见的网上服务模式，还有很多专业性的服务平台，如股票交易服务平台、交通服务平台、贸易服务平台、旅游休闲服务平台等，其收费模式依据行业的特点而各有不同。

四、移动电子商务的盈利模式

移动通信技术和互联网技术的快速发展以及智能手机的普及，移动电子商务可实现随时随地、线上线下的购物交易、在线支付，为电子商务行业的可持续性提供了发展空间。本章节介绍的电子商务盈利模式的特点移动电子商务都具备，但其突出特点是把电子商务搬到移动终端上，因此在以下几个方面发展得更好。

(1) 文化休闲娱乐模式。内容提供商提供在线影视服务、小说相声下载、音乐彩铃下载、游戏等业务，费用通过第三方平台的金融业务功能直接支付。

(2) 移动 APP 模式。这种模式是商家为用户提供所需要的产品或服务如衣食住行娱等产品或服务，通过 APP 买卖产品或服务的方式来直接盈利；还有专业性的 APP 如购物、新闻、团购、证券、旅游、价格、地图、天气预报等，随时随地为用户提供产品和服务。这种模式的利润来自产品的销售差价和信息服务费。

电子商务技术是一门基本商务应用技术，可以应用在各种领域，这就决定电子商务市场是一个庞大的市场。每个市场的都有各自独特的市场盈利模式。本节研究电子商务市场的盈利特性及盈利点，分析电子商务市场盈利共性，并总结盈利与信息生态环境的关系，是第四章分析的基础。

第五节 电子商务法律制度研究

市场是按照自身的客观经济规律发展的，经济规律是客观存在的，不因人的主观意志而转移，也不会因某种政权势力而改变。但市场又是不稳定的，需要在经济规律的引导下对其进行规范与约束。法律是市场重要的约束维度。电子商务市场健康稳定的发展，除了经济因素、技术等因素外，健全的法律制度必不可少。

在信息化时代和互联网时代，为促进中国电子商务市场的进一步发展，解决电子商务在发展中出现的诸多因法律法规造成的"瓶颈"和问题，预防潜在的风险，应研究并出台一系列适合中国电子商务实际发展情况的电子商务法律制度。本节通过文献研究法，指出中国电子商务法律环境应至少包括下述八个方面的内容：

（1）电子商务活动中与主体相关的法律及其进入市场的标准。电子商务法律关系中的主体指企事业单位及自然人，有的以实体形式存在，也有的以虚拟形式存在，这些主体在电子商务中通过互联网完成各种商事行为，涉及入市标准、身份的确认、法律权利和责任、商务活动进入门槛等方面，这些都需要相关的法律法规来进行约束。

（2）电子合同。电子合同是互联网环境下当事人双方为实现同一目标而订立的明确相互之间权利义务关系的协议，是电子商务活动的基础。但是，合同行为及合同本身呈现正式化、数字化、电子化，传统合同法不具说服力。因此，不断完善电子合同的签订、生效、履行等的相关法律制度，调整电子合同的规范如电子合同成立、生效的时间和地点、合同相关人的约束力等问题，对合同当事人具有非常重要的意义。

（3）电子签名和认证。电子签名和认证是电子商务安全的基础，电子签名和认证制度的内容应当包括：电子签名效力、电子签名的归属、电子签名的使用、电子签名认证机构的市场准入、发行认证证书的管理等。中国虽然已通过了《电子签名法》，且对有关细则已经作了规范，但仍有必要将其纳入电子商务基本法，以形成完整的法律法规体系。电子商务基本法是宏观法律，电子签名法从签名和认证的细节对其进行补充，各有侧重。

（4）电子支付。电子支付是电子商务活动中的核心组成部分，交易双方通过电子手段进行商品交易、支付与结算，增效增收。但电子支付承担了经济波动风险、电子支付本身系统的风险、操作风险、电子货币等法律风险，还有信息风险、流动性风险和结算风险，电子支付安全风险在支付的每一个环节都有体现，迫切需要对这种新的支付行为中相关各方的权利义务进行规范，明确当事人各方之间的权责利。

（5）网上商业行为。涉及宣传、拍卖以及股票、债券、基金等特殊商务领域，虽然传统的商事法律法规都做了相应的规定，但这些商事行为通过互联网进行时,因时空等原因导致传统的约束机制难以适用,因此在电子商务立法时,需要考虑这些因素。

(6) 交易各方的权益保护。电子商务交易主体涉及买家和卖家,交易标的非常广泛,有有形商品的交易,还有信息产品与服务等虚拟商品的交易。怎样制定交易各方的信用机制、合法身份、信息安全及知情权、产品和服务的质量及售后服务等问题,需要制定适用于电子商务特点的交易各方的法律法规,明确电子商务交易各方概念的界定、各方权益保护应遵循的基本原则、交易各方的权益范围等。

(7) 消费者信息的保护。信息保护是互联网时代人权的核心问题。在电子商务活动过程中,消费者是信息弱势群体,商家可以方便地对产品和服务的购买者或者信息浏览者留下的数据进行收集整理和挖掘分析,导致消费者隐私泄露和相关信息被滥用。应当从消费者个人信息的界定以及个人信息权,个人信息的收集、传输、处理和利用等角度制定相关法律法规来加强对消费者信息的保护。

(8) 争议解决问题。商务活动本身不可避免地会产生各种各样的争议和纠纷,电子商务作为网上商务交易活动也不可避免。比如传统法律法规对电子商务合同履行地的执行问题就不能完全适用。在借鉴传统的交易争端解决机制的基础上,科学地制定在线协商、在线调解、在线仲裁、在线诉讼四种网络争议的解决机制,以及数据证据收集的规则和网络法院的运行规范等都是电子商务活动争议解决的主要内容。

电子商务法律法规是电子商务市场重要的组成部分,也是电子商务信息生态环境的有机内容。电子商务市场的立法,可规避电子商务发展中遭遇的各种风险,减少商务活动过程中的各种损失,给中国市场经济发展带来积极的推动作用。本节从电子商务市场的角度来全面分析电子商务法律法规的必要性和作用,是对电子商务法律环境研究的基础。

第六节 信息技术对电子商务市场的影响

信息技术的发展,使电子商务市场以一种全新的商务方式展现在人们眼前。尽管网络泡沫使电子商务市场的发展遭受了巨大冲击，但是无论从哪个角度来讲，电子商务市场都在稳健地向前发展着。本节将介绍电子商务市场在发展中涉及的主要技术。

一、Internet 网络技术的应用

虽然 Internet 技术不是电子商务市场的专门技术，但开展电子商务市场要以 Internet 网络平台为基础，电子商务市场的良好发展与 Internet 网络技术有直接关系，因而 Internet 网络技术是电子商务市场相关的关键技术之一。因为人们对 Internet 技术已较为熟悉，这里不再赘述。

二、Web 技术的应用

现在，Web 浏览技术已经广泛地应用 Internet，并被广大用户接受和使用。Web 服务器利用 http 协议来传递 html 文件，Web 浏览器使用 http 检索 html 文件。Web 浏览器从 Web 服务器上获取信息，然后以静态和交互（如文本、图像）方式呈现在用户眼前。电子商务市场仍然是一种商务模式，在进行电子商务市场过程中，需要在商家与客户以及其他相关角色之间交换各种信息，此时就要使用 Web 浏览技术。随着电子商务市场的发展，仅使用 HTML 表示信息已经不能满足需要，为此，XML（扩展的标记语言）和 CXML（Commerce XML）相继开始发展起来。另外，由于人们对信息的实时性和现实性的需求不断增加，即时信息传送技术和虚拟现实浏览技术也开始受到人们的青睐。

三、数据库技术的应用

在电子商务市场交易过程中，涉及商家、商品、客户、物流配送等大量的信息，这些信息都需要储存在数据库中。当前数据库管理系统已发展到相当成熟的阶段，能高效、高质、安全地管理数据。该技术包括数据模型、数据库系统、数据库系统建设和数据仓库、联机分析处理和数据挖掘技术等。数据库主要有两种类型：一种是关系型数据库，如 Oracle、Sybase、Informix、DB2、SQLServer 等；另一种是文档型数据库，如 Lotus Domino 等。应用于电子商务市场中的数据库技术主要完成三个方面的功能：①数据的收集、存储和组织；

②决策支持；③Web 数据库。

四、电子支付技术的应用

电子支付是指在网上直接为所购商品付款。从严格意义上讲，电子支付只是一个支付过程，而不是一种技术，但在这个过程中涉及很多的技术问题。这些问题包括两个方面，一方面是电子货币（电子支票、银行卡、电子现金）的表示形式、发放和管理技术；另一方面是电子支付模式。电子支付过程中安全问题解决得好坏直接影响到电子支付是否可以顺利进行。

五、信息安全技术的应用

目前普遍使用的身份认证方式是证书认证方式。具体操作过程是，由第三方建立起由相关部门授权的认证体系，负责对申请证书的网上用户发放有效的证书，在网上的其他机构或个人需要对该用户进行身份确认时，该用户出示其手中的证书给需要对其进行认证的一方认证，认证方也可以到签发该证的认证中心对该证书进行认证。每一个证书与一个密钥为公共密钥认证的基础。在世界范围内，人们普遍使用 ITU-T 建议 X.509 中规定的证书格式作为标准的证书格式，认证系统也可以使用 SET 协议的相关规定。除了使用认证系统对参与电子商务市场的各方进行身份认证外，还需要一些加密技术对参与方不希望被不相关的人知道的信息进行加密。

六、中间件技术

电子商务市场将由 Internet/Intranet 技术、传统 IT 技术以及具体的业务处理所构成。但是，系统的建立将会面临许多新的问题，包括应用系统能不能快速地建立，能不能适应大用户数、高处理量要求，能不能提供高效率、高可靠性、高可用性等关键任务的要求，能不能满足安全需要等，这些问题只是依靠简单的 Web 技术是根本不够的。为了很好地解决这些问题，中间件技术就是以 Web 的底层技术为基础，规划出一个整体的应用框架，并提供一个支持平台，用于 Internet 应用的开发、部署和管理，并能借此解决上述各种问题。电子商务市场应用服务器、通用业务网关、支付网关、通信平台和安全平台，统一纳入电子商务市场中间件构架的范畴。

电子商务市场中间件构架是一种电子商务市场应用集成的关键件,不管电子商务市场应用分布在什么硬件平台上,使用了什么数据库系统,通过什么复杂的网络,电子商务市场应用的互联和互操作是电子商务市场中间件构架先要解决的问题,在电子商务市场交换平台和电子商务市场基础平台中都不能没有中间件的存在。

七、物流配送技术

传统的物流技术主要是指物资运输技术或者物资流通技术,也就是说物流技术是各种流通物资从生产者转移给消费者时,实现各种流通形态的停顿与流动功能所需要的材料、机械、设施等硬件环境和计划、运用、评价等软件技术。

和传统商务过程一样,电子商务市场中的任何一笔交易,都包含几种基本"流",即信息流、商流、资金流和物流。过去,人们对电子商务市场过程的认识往往只局限于信息流、商流和资金流的电子化、网络化,而忽视了物流的电子化过程,物流仍然由传统的经销渠道完成。但随着电子商务市场的进一步推广与应用,物流对电子商务市场活动的影响日益明显。

八、数据挖掘

数据挖掘,也称为数据库中的知识发现(Knowledge Discover Database, KDD),是从大量数据中提取出可信、新颖、有效并能被人理解的模式的高级处理过程。KDD一词是在1989年8月举行的第11届国际联合人工智能学术会议上提出的。数据挖掘是一种综合了各个学科技术的信息处理方法,其主要功能如下。

(一) 分类

按照被分析对象的属性、特征,建立不同的组类来描述事物。例如,将网上的每一篇文章按关键字分为不同的类别。

(二) 聚类

识别出被分析对象的内在规则,按照这些规则把对象分成若干类。例如,对"顾客最喜欢什么样的促销方式"这样的问题,按照顾客的购买习惯进行聚类,将购物习惯相近的顾客分在一起,不同的类别表明不同的购买习惯,然

第八章　信息技术与电子商务市场

后分别调查了解每一类顾客最喜欢的促销方式。

(三) 关联规则

关联是某种事物发生时其他事物会发生的一种联系。例如，每天购买牛奶的人也有可能购买面包，其中买牛奶的人有多少一定要买面包，比重有多大，这可以通过关联的支持度和可信度来描述。与关联不同，序列是一种纵向的联系。

(四) 预测

有效的预测需要建立预测模型。预测目的是把握分析对象发展的规律，对未来的趋势做出预见。例如，对电子商务市场行业未来发展做的判断。

(五) 偏差的检测

对分析对象少数、极端的特例的描述，揭示内在的原因。例如，在银行的 100 万笔交易中有 500 例的欺诈行为，银行为了稳健经营，就要发现这 500 例的内在因素，减小以后经营的风险。需要注意的是：数据挖掘的各项功能不是独立存在的，在数据挖掘中互相联系发挥作用。

随着各种技术的不断发展和完善，信息技术一定会越来越成熟，信息技术的发展，使电子商务市场将会越来越繁荣，越来越开放，人们的参与度也会越来越高，市场的精准性和便捷性将会愈加明显。

本章小结

本章对电子商务市场概况、电子商务市场模式、盈利模式和相应的法律保障进行全面系统的分析。研究电子商务市场模式，按交易对象、行业、地域进行系统的细分，并通过波特五力分析模型分析电子商务市场竞争力。接着列举了几个有代表性的电子商务市场如医药电子商务市场、跨境电子商务市场以及农村电子商务市场，分析这些特殊电子商务市场的发展背景、发展趋势以及不足，并对电子商务市场的共性进行总结。这一节既是对本章前几节市场分类和竞争力分析的具体说明，也是为本章后边的盈利模式和法律制度研究做铺垫，更为重要的是，在第四章和第五章的信息生态环境对电子商务的影响研究上，就是建立在医药电子商务的数据上分析的。电子商务盈利模式研究从商品盈利模式、信息收费盈利模式、网上提供服务盈利模式、移动电子商务盈利模式四个角度展开分析,深入分析电子商务市场的利润渠道。电子商务法律制度的研究,从降低风险、减少损失、推动市场经济发展角度来阐述健全电子商务法律制度,是法律影响因素分析的基础。

第九章 信息技术的创新对电子商务市场环境的影响

第一节 电子商务的市场环境

电子商务环境是以企业为中心的电子商务的一种基本形式。从系统角度看电子商务是一个庞大、复杂的社会经济、技术系统。一个系统的运行必然受到环境的影响和制约。电子商务发展的市场环境是多方面的,主要包括文化环境、技术环境、经济环境、法律环境、政策环境等。

一、电子商务文化环境

从商业角度看,电子商务是人类发展史上的第四次产业革命即商务革命,前三次产业革命分别是农业革命、工业革命、科技革命。随着信息技术的进步,全球的企业大多利用网络来谋求发展,网络也成为我们生产和生活的重要工具,因此一种新兴的网络文化也随之诞生。

由于互联网具有开放性、去中心化、对等性、公平性等特征,这共同构成了当代社会发展的互联网文化,这种复合性文化以传统文化为载体同时又依托互联网平台。不同的网民编写和运用各种不同软件来阐述自己对这个世界的理解和认识,这是互联网文化发展的动力。互联网克服了不同地域之间不同文化的冲突,具有博大的包容性,冲破传统束缚作为全球互动的媒介去影响整个人类社会的发展,再加上信息技术的不断创新和应用,加深了这种文化的作用。

电子商务作为这种文化的影响下的一种新兴商业业态与传统经济有着不同的规律：传统经济中，边际效益是随着生产规模的扩大而效益递减，而电子商务主导的网络经济中，随着网络规模的扩大其边际收益和总收益都出现递增；同时，传统经济的发展一般都要周期性地经历危机、萧条、复苏和高涨四个阶段，而网络经济打破了这种规律，它使各个经济阶段本身模糊不清，技术和理念的创新发展使经济周期缩短，且持续发展。

网络经济的这种特性使各国政府在尊重本国自身传统文化和商业文化的同时，极力发展符合本国特点的电子商务模式，并将其作为本国的战略性新兴产业，它不但可以转变当下的经济增长方式，还可以推动现有产业的转型和升级，促进流通，降低消费成本，带动国家经济发展。再加上电子商务本身的便民性和低成本高效率，获得了用户的认可，得以大面积地引导和推广应用，市场规模也呈现爆炸式的扩大。

电子商务市场数据表明，当前中国电子商务发展规模在世界上处于领先地位，它扎根于中国经济这个大市场，适应中国网民的消费习惯和消费文化，成为国家经济的重要组成部分。中国的电子商务呈现以下文化特点：

（1）中国的经济由农业经济向工业经济转型的过程中，国家大力引导工程技术教育，培养了大量的工程技术人才，成为世界的制造工厂。

（2）近些年中国各方面高速发展，有巨大的人口红利，生产的商品需要通过各种渠道流通，电子商务的各种优势成为必然选择。

（3）电子商务的边际成本为零，克服了中国其他商业模式的高昂成本（如地租）的劣势，再加上受传统文化的影响，中国消费者喜欢物美价廉质优的商品，电子商务得以不断发展。

（4）参与电子商务网购的消费者群体中，绝大部分是受过高等教育的富有年轻人。教育水平与互联网思维和收入成正比，因此用户个体受教育水平越高，网络购物的参与性越强。

还有诸如政府对电子商务产业的引导和保护、国民倾向"免费"的消费习惯以及电子商务企业开发的适合中国网民特点的各种客户端软件的应用等中国用户的文化和消费的习惯的培养，都是中国电子商务得以发展的文化环境。

二、电子商务技术环境

电子商务发展除了社会意识的变化外，更离不开科技的发展和进步。影响电子商务的技术因素主要有云计算大数据技术、信息通信技术、物联网技术、物流技术、信息安全技术、支付技术等。中国的电子商务技术环境主要表现在：

2015年9月，美国SRC公司主导发布"重启IT革命的报告"指出网络和移动设备无处不在、传感器的大量应用、海量数据的快速增长等构成了信息技术发展的新机遇。当前信息技术的热点如云计算、大数据、人工智能、物联网等深刻影响着电子商务的发展。

对于云计算，数据中心是全球竞争重点的运营模式，其汇聚了巨大的计算能力，未来的企业软件应用和数据存储、处理都在云上，几乎所有的软件开发测试在云端进行，绝大部分的应用软件也在云上运转。云计算不光是资源的汇集，也是在网络计算下服务的聚集。云计算使资源配置动态化，可以使电子商务的服务效率提高；云计算搭建的电子商务平台，降低电子商务企业成本；云计算将电子商务商品和交易的数据进行分布式存储，保证数据安全等。云计算的融合为电子商务提供坚实的技术基础。

对于大数据，电子商务数据类型多种多样，主要包含消费者基本信息数据、商品信息数据、买卖双方交易数据、售后用户产品体验数据、行为数据、社交信息和地理位置数据等，对这些数据的挖掘和分析，能实现电子商务的精准营销、产品和服务的个性化和差异化、产业链一体化和动态化等。

对于人工智能，研究人工智能的目的就是让机器像人一样的思考。根据30多年的研究，人工智能已在很多领域创造出智能的产品。在电子商务产业链中，通过信息过滤、资源重整、信息挖掘、流动搜索等技术主动、动态、智能地发掘并满足用户的产品需求，人工智能技术将对传统的电子商务模式提出挑战。

对于信息通信技术，新一代移动通信技术将使中国电子商务受众的规模效应进一步显现出来。对于电子商务市场的"最后一公里"，无论是PC端的电子商务还是移动端的电子商务，都受信息通信技术的影响。电子商务的网络出口带宽、数据的压缩处理、新一代通信技术、无线通信技术等的发展，都影响着电子商务的体验。

信息技术创新及应用对电子商务生态系统的影响研究

对于物联网，物联网就是物物相连。物联网技术可以帮助电子商务实现对每一件商品进行实时监控，实现商品信息实时共享，并对商品的流向、动态进行分析和预测，提高电子商务企业应对市场的能力和售后服务水平。

对于物流技术，电子商务的商品交易，伴随着商流、物流、资金流和信息流。消费者网上购物完成后，离不开物流及物流技术的支撑。物流技术的发展，是电子商务发展必不可少的环节。物流技术包括包装技术、仓储技术、运输技术、装卸技术、配送技术以及物流信息化管理的水平等。要建立一个高效的电子商务运转系统，物流技术起着重要的作用。

对于信息安全技术，现在电子商务中，买卖双方通过网上支付平台来完成商品和服务的交易及资金结算。除了资金外，企业的重要商业商品信息、消费者的个人信息等都必须受到安全保护，电子商务过程面临的病毒干扰、黑客恶意攻击、网页信息内容被篡改、用户账户被盗等问题都需要信息安全技术来防护。通过加解密技术、防火墙技术、数字证书技术、数字签名技术、安全协议技术等来保证电子商务信息的完整性、不可否认性，交易者之间身份的可信和真实性，以及整个电子商务系统的可靠、可控、可用性。

对于支付技术，电子支付技术是电子商务顺利发展的基础条件，在线支付手段的发展加速电子商务的发展，网上银行、电子钱包、电子支票等货币数字化技术使人们不受时空的限制，在安全的支付环境中进行电子商务活动。

一个国家或地区，先进、发达的技术环境能够让电子商务参与者得到更好的体验，更有安全感，以及对电子商务市场环境产生信任。

三、电子商务经济环境

社会发展中的经济与市场是相互促进、相互依赖的共生关系。经济政策调节社会生产活动，而市场及市场经济是最有活力和效率的经济运行载体。经济的发展使行业和企业面临着机会。健康稳定的经济环境是电子商务发展必不可少的环境因素。本节的经济环境从宏观、中观和微观三个角度分别分析对电子商务的影响及作用机制。

（一）宏观经济环境

作为反映整个国民经济活动和经济运行状态的宏观经济，通过价格机制、供求机制和竞争机制来自发调节电子商务的市场运行，其对电子商务市场的影响主要包括以下因素：

国内生产总值是衡量一个国家经济总体情况的基本标准。经济增长率，将各年的实际国民生产总值进行对比，反映了一个国家经济发展的势头。进出口贸易在中国经济发展中发挥了需求规模与优化资源配置的双重功能，对产业结构升级起到促进作用。产业和行业的发展离不开宏观总经济的支持，不能独立于宏观经济之外发展。

对于互联网产业来说，流量大小反映着市场规模，流量就是使用用户的数量。人口基数越大，潜在的上网资源就越丰富，电子商务发展的潜力也就越大。除了人口总量外，还有人口质量、人口的构成、人口的发展、人口分布和迁移、地域分布、职业分布、失业率等重要指标，这些指标是电子商务产业的一个支持要素。人口因素是构成市场的基本要素，也是社会生活的必要条件之一。失业率，反映了一个国家的经济景气程度，就业人口在产业间分布，是电子商务在不同产业发展的劳动力基础。

产业结构是国民经济活动中，各个产业之间的构成及其比例关系。国家顶层设计的有关产业发展的方针，是产业结构演进的政策目标和政策措施的总和，确定了一个国家的产业结构、产业组织、产业布局、产业技术等方面的发展方向。随着产业结构的调整，中小企业有动力拥有或者逐步建立自己的电子商务系统。

生产价格指数（PPI），是反映某一时期生产领域价格波动的重要指标。居民消费价格指数（CPI），代表消费商品及服务的价格水平随时间变动的情况。当商品和服务的货币价格水平持续上涨的时候，通货膨胀将影响消费者的消费选择。

投融资环境是一个复杂的系统，经济主体为获得经济效益进行垫付资金或者筹措资金的经济活动。在中国传统投融资体制条件下，不但在公共物品领域，而且在很多竞争性领域，政府所占投融资比重都较大。改革开放后，企业和居民的个人投融资主体地位得到确认。相对于国债融资、银行贷款和股票市场融资方式，企业直接投资、债券融资等方式效率更高。电子商务市场是互联网经济的主战场之一，健全各种与投融资相关的法律制度、政策框架，创造公平的竞争环境，能够使电子商务产业的投融资者的利益得到保证。

（二）中观经济环境

中观经济是总量经济的分解，是个量经济的集合，相对于宏观经济而言，它是国民经济在一定区域和部门开展的经济活动，为宏观经济起到"试验田"作用；发挥稳定和协调功能，有效削弱宏观经济的过度震荡；完善国民经济控制体系，分散集中控制的风险。

区域经济、部门经济、行业经济等是同类经济的集合体，相互联系、相互制约。区域经济，是以地理环境为基础划分的。区域经济特征首先是各经济区域内部经济的总体特点，包括经济地理特征、产业结构特征、经济总水平、科技水平、文化和风俗等。各经济区域之间是既有合作又有竞争的关系。部门经济，即日常各种经济实体部门，如劳动密集型部门、资金密集型部门及技术密集型部门等。行业经济是区域和部门在同一经济组织内的集合体，具有综合性、交叉性及独立性。

中国大多数经济改革措施和政策的出台，包括电子商务在区域、部门和行业间的大量应用，都是中观行业、区域先"摸石头"，宏观再"过河"的思路。健全中观经济自我调控途径，强化中观经济调控操作的协调性，才能保障电子商务市场经济的顺利运行。

(三) 微观经济环境

单个经济单位的经济活动构成了微观经济，企业是微观经济中的主体，微观经济环境包括法律环境、政策环境、资本环境、技术环境、人才环境、管理环境、信用环境和监督环境以及消费者收入水平、消费观念、消费者行为。

与电子商务市场相关的法律主要是法律意识形态及与之相适应法律制度、法律规范、法律组织机构、法律设施所形成的有机整体。法律环境起到规范电子商务市场主体的行为准则。电子商务政策是以权威形式标准化地规定在一定的历史时期内，需要达到的目标及行动原则，它为电子商务企业指引发展方向。资本表现形式为货币和生产资料，资本市场有利于电子商务技术研究与应用、加速商品流转、缩短流通时间，有利于生产的发展和利润的增加。

技术是提升电子商务企业核心竞争力的重要途径，技术创新将生产要素的新组合引进新产品。产品的生命周期越来越短，不断地更新换代、适应需求变化以及开辟新的市场，都离不开先进技术的应用和技术创新。对电子商务市场来说，加大技术应用与创新力度，是电子商务企业增强发展能力、应对市场竞争的首要选择。

具有电子商务专业知识以及专业技能，能够创造性劳动并在电子商务做出贡献的人才是电子商务领域需要着力培养和挖掘的对象。企业是由人组成的集合体，人才是企业价值创造的主体，人力资本是电商企业最重要的资本。

消费习惯是人们对于某类商品或某种品牌长期维持的一种消费需要，它是个人的一种稳定性消费行为，是人们在长期的生活中慢慢积累而成的，反过来它又对人们的购买行为产生重要的影响。消费者对某种商品的偏好、消费者对商品品牌的偏好、消费者消费行为方式的偏好等都影响电子商务的发展。个人收入指标是预测个人的消费能力，未来消费者的购买动向及评估经济情况的好坏的一个有效指标，包括工资、租金收入、股利股息及社会福利等所收取得来的收入。个人消费支出代表个人购买商品或服务消费的市场价值。

投资对电子商务的发展有着不可替代的作用，早在产业投资介入之前，风险投资就开始对电子商务公司提供天使资金，如果没有当初风险投资的介入和支持，就不会有今天电子商务的迅猛发展。

企业是电子商务发展和运行的基本主体，要顺利推行电子商务的应用，企业必须要有新型的组织结构和合理的管理模式与其相适应。

（四）电子商务法律环境

本书在第三章中，从电子商务市场角度对在电子商务活动中跟主体相关的法律及其进入市场的标准、电子合同、电子签名和认证、电子支付、网上商业行为、消费者权益保护、消费者信息的保护、争议解决问题等法律法规问题进行研究。本节的电子商务法律环境，除了包含电子商务市场所涉及的因素外，还涉及信息安全、知识产权、司法管辖等因素。完善的电子商务法律环境能使电商各个参与方在一个合法的环境下进行各种经济活动，能有效促进电商产业的良性发展。

通过网络进行网上交易，买卖双方必须经过一个要约与承诺的过程。如何来认定网上电子商务合同已构成并对合同双方具有约束力成为电子商务法律问题中的一个主要问题。

在传统交易过程中，买卖双方是面对面的，因此很容易保证交易过程的安全性和信任关系的建立。但在电子商务过程中，买卖双方是通过网络来进行的，利用计算机来进行犯罪，通过互联网进行的欺诈、侵权、诽谤等行为，使交易双方建立安全和信任关系十分困难，因此应健全完善相应信息安全的法律。

电子商务的知识产权，包括个人的研发、软件、著作、商标权、专利权等，电子商务与知识产权存在着密不可分的联系，与传统商务活动一样，电子

信息技术创新及应用对电子商务生态系统的影响研究

商务活动也存在知识产权保护问题。电子商务在不断发展，要构筑对权利人和守法者保护的法律防线，将知识经济时代新发展的要求反映到知识产权法律制度之中。

总的来说，电子商务与互联网的立法工作取得重大进展，分阶段发展，重点突破，不断完善。相关法规（含地方法规）、政策及司法解释与规章纷纷出台，内容涉及互联网安全、保密、广告、基础设施建设、融资、经营许可等诸多领域，初步形成了电子商务的法律环境并基本做到了与国际接轨。

（五）电子商务政策环境

目前电子商务基础设施的快速发展、消费习惯的引导和培养、信息技术的使用、人才发展和法制法规的健全，都给现阶段的电子商务发展奠定了基石，还应进一步充分利用国家、省、市的相关政策，使电子商务的发展质量上一个新的台阶。

政府对电子商务活动应遵循电子商务的国际准则，尽量放权于企业。政府在其中起的作用应是扶持、服务、引导和规范，适度而有序地控制和干预。政府的定位应转变观念加强引导与规范，才能化消极因素为积极因素，推进电子商务的健康发展。

国家层面电子商务政策，更多的是引导电子商务宏观发展。为促进电子商务经济发展，近年来，各部门都基于各自职能采取了诸多的政策措施。国家发改委、商务部于 2012 年 5 月在全国开展了建设电子商务试点城市和试点基地的活动，中国人民银行在 2010 年通过了《非金融机构支付服务管理办法》，并从 2011 年开始多批次地颁发了将近 200 张第三方支付牌照。2012 年是中国出台电子商务环境举措最为密集的一年，将对促进今后中国电子商务经济的发展产生重要的影响。

2013 年商务部印发的《关于促进电子商务应用的实施意见》重点明确了支持方向，主要包括：引导网络零售健康快速发展，加强农村和农产品电子商务应用体系建设，支持城市社区电子商务应用体系建设，推动跨境电子商务创新应用，加强中西部地区电子商务应用，鼓励中小企业电子商务应用，鼓励特色领域和大宗商品现货市场电子交易，加强电子商务物流配送基础设施建设，扶持电子商务支撑及衍生服务发展，促进电子商务示范工作深入开展等。

省级政府的电子商务政策更多是引导区域电子商务的发展，各省级政府大多制定诸如加快发展网络零售业的政策、发展跨境电子商务政策、扩大农村电子商务应用政策、推进电子商务示范工程等。

市级政府则主要是出台具体电子商务企业发展、操作细则，如鼓励设立电商总部、建设运营中心、技术中心、结算中心，激励成立专业电子商务企业和建设应用平台而出台具体措施，鼓励建设特色电子商务产业园区，鼓励建设大型快递物流企业建立区域分拨中心、配送网络及物流公共信息平台，电子商务融资措施，电子商务人才激励措施等。

很多实证研究表明政府的补贴政策和激励政策能够促进电子商务的快速发展，公共政策和制度在电子商务发展中也起着重要的作用。

（六）其他环境

其他环境包括国际环境、安全环境等。以安全环境为例，随着电子商务的高速发展，以往的技术难题已经迎刃而解。如今消费者和经营者最为关注的则是安全问题，例如购物安全、支付安全、信誉安全、物流安全等。

针对安全问题，电子商务技术上主要有两大发展：一是由于电子商务服务业蓬勃发展，涌现了一些品牌电子商务的交易和信息平台，而且这些平台朝向集成化、专业化方向发展，在物流行业、支付行业、认证行业都相应地互相融合发展；二是电子商务发展的环境不断完善，在基础条件方面，互联网得到广泛的应用，宽带建设迅速发展，政府不断出台一系列的政策措施。在安全方面，电子商务也有了跨越式的发展。例如，政府相继出台了《中华人民共和国计算机信息网络国际互联网管理暂行规定》《中华人民共和国电子签名法》等法律法规，约束互联网用户的行为。

第二节　信息技术的创新对电子商务市场环境的影响

在大数据、云计算、物联网、深度算法、人脸识别、AI、5G等信息技术的推动引领下，电子商务市场环境发生了重大变革。从虚拟到现实，线上线下同步将是带给消费者一种新的体验。

新零售是指通过互联网或其他电子渠道，针对个人或者家庭的需求销售商

信息技术创新及应用对电子商务生态系统的影响研究

品或者提供服务，属于针对总端顾客（而非生产性顾客）的电子商务活动，因此属于B2C（企业对消费者）的电子商务范畴。其提供的产品包括有形商品和无形商品。

据中国电子商务研究中心发布的报告显示，根据统计局公布的数据，2017年中国网络零售市场交易规模达到7.2万亿元，同比增长32.2%，增速较2016年提升6个百分点，社会销售品零售总额中实物商品网上零售额的占比从2015年的10.8%上升到2017年的15%。

随着互联网的高速发展以及消费者网购行为的普及化，传统的店铺销售模式已经不能满足现在消费者的购物需求了。近些年来，天猫、淘宝、京东商城等电商企业的成功正是说明了这一点。也正是基于市场需求的变化，一些传统的企业借助"互联网+"也纷纷"触网"，利用网络信息技术实现精准匹配，搭建自己的网络销售平台，开辟一条全新的营销模式。线下体验、线上交易目前成为一种新型体验模式，同时线上线下进行优势互补，线上零售发展良好，线下的购物中心发展也保持向上态势。

第三节 电子商务市场环境的改变对信息技术的影响

前文分析了信息技术及信息链促进了电子商务生态系统形成，同样地，电子商务生态系统也促进了信息技术创新和应用。例如，B2B电子商务业通过开发新技术实现服务创新。中国B2B服务商不断引入新技术开发新服务，从而为企业挖掘用户资源，提供个性化增值服务。如阿里巴巴在2009年4月建立首个"电子商务云计算中心"，2010年上线基于云计算平台的创新产品，2012年正式投入运营云应用，此前又推出ODPS中小企业大数据服务支持。

电子商务生态系统促进了信息技术创新，包括机械技术、计算机技术、通信技术等。下面以物流信息技术创新为例进行阐述：

一、电子商务和物流信息技术

在电子商务环境下，电子商务平台上的企业与物流企业相联系，在第三方物流企业的帮助下，企业对需要的产品进行物流供应和消费者所购货物的配送，由此增加了物流企业的任务量。物流企业不仅充当生产企业的仓库，而且是消费者的物质供应者。随着电子商务的不断发展，物流业在社会经济发展中的地位日益提高。同时，对物流业务的特殊需求也逐渐增加，信息操作模式、信息和数据的实时传输、货物的自动识别、分类和跟踪，以及生产、仓储、运输等各种协调性的协调，都已成为物流业发展的必然选择。因此，物流信息技术的提升迫在眉睫。近年来，中国物流信息技术得到了发展，并取得了一定的成效。物流数据的自动识别与收集的条码技术、物流运输设备的自动跟踪技术、远程自动识别技术等，各种物流信息系统软件都是随着电子商务的发展而发展起来的。人们也可以更及时、准确地把握物流信息，物流成本大大降低，物流效率普遍提高。以当当网为例，当当网构建了强大的IT支持系统，使每一个订单都能快速准确地交付，库存系统自动记录每个物品的库存位置，仓库货物配送系统将自动优化货物放置。商品的全部销售记录、储物分仓和供应商优化管理等均由系统进行运算与归纳整理，大大提高了物流效率。

物流信息化是指信息技术在物流系统规划、物流经营管理、物流流程设计与控制和物流作业等物流活动中全面而深入地应用，并且成为物流企业和社会物流系统核心竞争能力的重要组成部分。

二、物流信息技术类型

（1）物流集成技术。在电子商务环境下，通过结构化的综合布线系统和计算机网络技术，将各个分离设备和信息等集成为一个相互关联、统一的系统中，有效、方便地管理各种资源，实现了统一管理，从而充分实现了资源共享的技术，即物流集成技术。它包括功能集成、网络集成和软件接口集成等多种集成技术。在中国，大多数物流企业分布在不同的行业和地区，当前物流集成技术的物流企业普遍采用的是多点对多点的。例如，运输企业和仓储企业相连接，进而与指挥系统连接，以实现客户管理系统和内部管理系统良好的调整。

（2）物流自动跟踪与定位技术。自动跟踪定位技术主要包括地理信息系统（GIS）和全球定位系统（GPS），即GIS和GPS。具体地说，GIS是以地理坐标数据为基础，利用地理模型分析方法，借助于超强的空间数据处理能力，提供各种动态和空间的物流地理信息技术。它是一种完善的物流分析技术，可以将物流形式的数据转化为地理图,并对结果进行显示、浏览、操作和分析。全球定位系统(GPS)是一种新型的卫星导航定位系统,可用于海、陆、空实时三维导航定位。在同时接收来自三颗卫星的定位信号的条件下,可以确定车辆的准确地理位置和时间信息。它还可应用于车辆自定位、跟踪调度、铁路运输等,为用户提供物流监控、调度、信息通信、车辆管理等服务,从而保证整个车辆的快速运行。

(3) 自动识别技术,主要包括条形码技术、扫描技术和射频识别技术。其中,条码技术通过一些黑色的"条形"和白色的"空"组成,来标记物流物品,并确定定位器在供应链中的位置,然后做出及时的响应。条码技术是实现POS系统EDI、电子商务、供应链管理等技术的基础,它也是物流管理现代化的重要手段,为物流产品的识别和描述提供了一种有效的方法。扫描技术主要应用于零售商店物流库存控制和供应链中物料的处理和跟踪。就零售店而言,零售点可以利用扫描技术准确跟踪每一个库存单位销售的数量,并将这些信息快速传递给供应商,从而实现良好的库存调度。在仓库中物料搬运和跟踪的情况下,物料搬运人员可以使用扫描枪跟踪产品的装卸、存放位置、装载和存放,并且发货人可以根据扫描信息和ELIM改进订单的准备,减少航运错误,减少工时;运营商可以跟踪出货量,改善客户发货记录,简化集装箱处理等。射频识别(RFID)技术是基于射频信号对目标对象的自动识别来获得数据的,是一种非接触式自动识别技术。RFID技术通过射频标签通过辐射电磁场识别器进行数据读取和传输,因此对物流供应链管理是极为有利的。

三、电子商务促进物流信息技术创新

随着电子商务的发展,物流信息技术得到了很大的提高。所谓物流信息技术,是指所有涉及物流要素活动和物流目标实现的信息技术手段的总称。随着电子商务的迅速发展,地理信息系统(GIS)、全球定位(GPS)、电子数据交换(EDI)、条形码等信息技术在物流领域得到了广泛的应用和改进。现在对物流有一种新的叫法,叫电子物流(Electronic Logistics)。也就是说,现代意义下的物流只有在通信网络、信息技术支持下才能得以流动。没有信息网络的快速信息传递,物流系统是无法实现高效快捷的服务的。在物流运作中,电子数据交换技术、运用微机技术进行的运输车辆管理、订货管理、库存控制、配

第九章 信息技术的创新对电子商务市场环境的影响

送中心管理及工厂和配送中心的选址分析等都是信息技术在物流中的具体运用形式。同时，在制造领域采用的 CAD、CAM 和 CIM 技术，使物流中材料管理的概念得以实现，在零售业中，POS 技术的引入以及数据采集的条形码技术和扫描技术的出现，大大提高了物流信息的反应速度。信息技术提供了对物流中大量的、多变的数据进行快速、准确、及时的采集、分析和处理的功能。它提高了信息反应速度，增强了供应链的透明度，从而大大提高了控制管理能力和客户服务水平，提高了整个物流系统的效益。此外，随着电子商务的发展，企业不再需要花费大量的金钱来收集产品信息。企业可以在互联网上发布电子公告来调查用户，也可以将产品调查标签放置在企业的主页上或知名网站（特别是某些产品的专业网站）上，这样用户就可以在互联网上立即填写表格或下载表格后提交。此外，企业可以根据客户信息发送电子邮件。当信息系统通过网络收集足够多的产品信息时，企业决策层根据这些信息调整生产计划，适时地引入适销对路的产品。一旦产品确定，客户可以通过电子商务系统订购。这些信息反馈给企业，企业立即组织生产，最后通过分发系统及时发送给用户。总之，电子商务的发展促进了物流信息技术的进步，完善了物流系统，使物流活动具有网络化、智能化、灵活化等一系列新的特点，可以提高物流的运作效率，又反过来适应和促进电子商务的运行和发展，从而实现良性循环。

本章小结

本章先从电子商务信息生态环境来分析影响电子商务的主要因素，如文化因素、技术因素、经济因素、法律因素、政策因素等。然后着重从技术方面，详细研究了大数据与云计算、物联网、物流技术、ICT、电子支付等因素对电子商务的作用。在研究信息生态环境对电子商务市场规模的一般因素研究后，将其应用在医药电子商务行业，从经典理论及研究文献得出了医药电子商务市场信息生态环境的主要构成因素，建立医药电子商务市场影响因素三级指标体系，作为实证研究的变量。

第十章　未来电子商务生态系统发展形态、趋势及政策建议

第一节　电子商务生态系统未来发展形态及趋势

结合中国电子商务网络零售的发展历程、现状和特征，中国电子商务生态系统零售从行业竞争和市场需求方面呈现以下几个方面的趋势。

一、行业竞争的发展趋势

（1）为追求行业的规模经济和电商的协同效应，横向整合趋势将日益明显。中国网络零售目前已经形成"两超多强"的格局，同时"两超"竞争还在不断上演，阿里巴巴、京东对行业的整合还在持续深化，这种横向整合不但表现在直接收购其他网络零售平台，还展现在通过参股控股以及业务合作打造电商生态链实现协同发展。在不出现大的战略失误情况下，未来市场将呈现超级阿里系和超级京东系两大阵营相对峙的格局，而市场最终的趋势将演变为两大阵营的融合、统一。

（2）为提升核心竞争力和扩大利润源泉，纵向整合趋势也将日益明显。网络零售受制于快递物流，电商发展之初最主要的关注点是流量和规模，而要走向成熟就必须关注供应链核心地位的确立以及运营效率，因此在电商逐渐迈入成熟之际，整合供应链的前后端成为电商发展的重要趋势。阿里巴巴和京东在末端的整合效果已经显现，前者一方面不断编织"天网"和"地网"搭建快递物流的硬软支架，硬支架包括布局仓储和建设菜鸟驿站，软支架包括大数

第十章 未来电子商务生态系统发展形态、趋势及政策建议

据分单、电子面单等一系列整合物流服务；另一方面通过参股快递物流企业，与快递物流企业进行合作，共同打造物流体系如菜鸟网等，加强与其协同、融合发展。京东则独辟蹊径打造全链式的快递物流服务体系，其自营物流体系较高的运营效率和服务质量保障，大大提升了网站平台的竞争力。

（3）供应链前端整合力度加大，也将成为电商发展的重要趋势。除了加强对供应链前端合作厂商的控制力和增强协同发展的作用外，还将出现部分因销售而生产的品牌电商自营自有品牌产品，即电商跨界制造业打造全链生态体系的案例。同时围绕网络零售提供一系列服务，如咨询、导购、教育等"虚拟"服务、社区互动展示社交服务、供应链金融服务等也将成为电商业务扩展的重要方向。同时，特别值得注意的是"线上+线下+物流"的新零售时代已逐渐到来，未来电商竞争的焦点将围绕核心企业所构筑的生态链展开竞争，如阿里巴巴围绕新零售不但跨界延伸至物流领域，且不断向线下延伸，入股苏宁，并购银泰、三江购物延伸线下业务等，着力打造"线上+线下+物流"的协同。同时，发挥数字经济的优势，颠覆和升级传统零售业态，如亚马逊试水 Amazon Go，以智能化和便利化优势切入线下实体，为中国电商布局新零售提供了参考。

二、市场需求的发展趋势

中国正处于经济社会转型升级的关键时期，供给侧结构性改革下的产业转型升级和经济"新常态"下的消费结构升级趋势，对电商发展带来重要影响，市场需求趋势将呈现以下几方面特点：

（1）品质消费将成为消费选择的重要方向。目前，消费者网购已逐渐摆脱"淘货"时代而向"选货"时代迈进。"淘货"时代价格是影响消费者选购的最重要因素，而"选货"时代品质将成为消费者决策的关键因素。根据中国电子商务研究中心的调查数据，2016年消费者网购影响因素的前三名分别是品牌、品质和价格，因此品质电商将日益成为主流，而近年来 B2C 市场份额的不断提升也反映出这一趋势。

（2）以智能化、便利化、共享化为特征的服务优势将进一步凸显。社区 O2O 的快速兴起已经展现了这一趋势，社区 O2O 是基于便利生活消费趋势，依托庞大的线下资源，借助电商平台信息传递的快速有效性，实施共享整合而派生的网购新业态，其市场容量巨大。同时基于定位服务（LBS）技术的便利

化服务发展趋势也异常明朗。

（3）定制化服务将成为未来发展的重要趋势。目前定制服务的基石"柔性化生产"趋于成熟，社会化物流服务网络趋于完善，互联网低成本、高效率的个性化营销及定制生产的低信息成本使个性定制在经济上成为可能，加之个性化消费趋势的日益明显，消费者对商家（即C2B）发展前景广阔。

（4）全方位、立体型服务趋势将日益加剧。电商将成为无孔不入的产品和服务的提供者及整合平台，从不同角度来看包含以下几个方面：一是市场向上向下面对各层次需求，既可以为追求便宜实惠的低端需求提供服务，又可以为追求高品质生活的高端需求提供服务；二是外扩下沉纵深发展，既为大城市提供服务又为中小城市、乡镇农村提供服务，既为国内市场提供服务又为国外市场提供服务，"买全球卖全球"及"外扩下沉"趋将持续深化；三是虚实结合一体化服务，产品售卖以及相关服务一体化，打造品类服务生态链，挖掘纵深服务的趋势将日益明显。

中国电子商务网络零售经过不到20年的发展，呈现"爆炸式"增长过程，由小到大、由低到高、由窄到宽、由"野蛮"到逐渐"规范"，经历了不断进化、扩展、丰富的生态演进过程。目前，网络零售呈现出以阿里巴巴和京东为"领头羊"的"两超多强"的竞争格局，而行业规模经济特征也决定了行业集中度还会不断增强，行业纵横整合趋势还将加剧。同时，随着中国经济供给侧结构性改革不断推进和"新常态"逐渐确立，消费升级趋势明显。一方面，网络零售满足消费需求的广度、深度还将持续拓展，其业态还将不断丰富和发展；另一方面，网络零售对零售业、服务业及制造业等行业的影响和作用还将加大，且这种影响甚至是"颠覆式"的。电子商务已经成为中国经济发展的"新引擎"，电子商务生态系统日趋成熟和稳定，对于满足便利化、个性化、智能化、品质化的消费需求以及促进零售业态、服务业、制造业转型升级都具有重要作用。

第二节 电子商务发展政策建议

电子商务代表未来贸易方式的发展方向，随着互联网的迅猛发展，集计算

第十章 未来电子商务生态系统发展形态、趋势及政策建议

机技术、网络技术、信息技术为一体的电子商务已对传统贸易方式形成巨大冲击,并以其快捷、方便、高效率、高效益的显著优势将成为 21 世纪的贸易的主流方式。中国在发展电子商务方面要积极推动解决制约电子商务发展的一些主要因素,做出相应的对策分析与政策建议。

(1) 政府要大力推动电子商务,加强政府部门对发展电子商务的宏观规划和指导作用,并为电子商务的发展提供良好的法律、法规环境。担负起制定相应法律法规的责任,处理好关关税、电子支付以及网络电子安全,保护知识产权、保护信息和消费者权益的一系列制度。

(2) 推进企业和政府的信息化进程,集中多方面的力量,加紧研究和开发,鼓励企业和社会各类信息资源上网。加强网络基础设施建设,大力发展信息技术和信息产业。尽快降低网络使用成本,打破国内电信垄断状况,引进竞争机制。改革金融体制,建立网上支付与电子银行体系,鼓励多种支付方式。

(3) 电子商务的建设与营运一定要以企业为主,按照现在企业的管理模式,实行企业化管理。结合本部门、本地区和本企业的具体情况,对电子商务的需求进行深入分析研究,提出发展思路,找到突破口。打破传统的体制与经营模式,开展电子商务的示范工程,及时总结经验并加以推广。

(4) 推动电子商务立法,完善电子商务的法律环境,加强国际间的法律磋商与合作。电子商务中的消费者权益保护、版权保护、纳税及对交易者的责任,这都需要立法来解决。中国已加入 WTO,加强对知识产权的保护尤为重要。加强对电子商务各方面的监管并规范其行为,建立一个合理、公平、公正的经济环境。另外,在国际磋商中需要制定多方面的标准确保全球商务的可靠性、可操作性和使用的便利性,即统一电子付款标准、安全方面标准、电子拷贝管理系统方面标准以及数据交换标准等。

(5) 建立社会化信用体系,创造比较成熟和规范的社会信用环境。通过设置合理的运行机制和运行标准,确保供需双方建立商业信用,并通过某些监管机构,保证证券与交易各方按期、按质、按量支付货物和货款。

(6) 应大力扶持社会化、专业化经营的电子商务第三方服务体系。发达的第三方服务体系不仅可以为中小企业电子商务系统的实际应用提供稳定和强有力的支持,还可以创造新的就业机会,并派生新的产业领域。当前,应注重发展电子商务应用解决方案提供商(ASP)和从事设计、实施和外包式运营的

电子商务服务管理公司。要充分发挥现有的邮政网络和交通运输系统的优势，支持邮政和交通运输部门建立电子商务的全国性配送系统以实现全程全网的第三方物流服务。要推广各类电子支付工具，由中国人民银行负责协调和推进全国范围内跨行的清算、结算等问题。在"金卡工程"全国联网的基础上，加速普及各行间通存通取的"银联系统"，为在线支付打下基础。

(7) 要建立健全以信息安全、网络安全为目标，加密技术、认证技术为核心，安全电子交易制度为基础的、具有自主知识产权的电子商务安全保障体系。核心密码技术标准应与国际标准兼容，并必须经国家密码管理机关审核和批准方可使用。网络安全设备采用入网证管理制度，入网证由行业主管部门审核发放。国家应鼓励由公安、工商和民政等部门分别提供个人、企业和社团法人的身份认证信息，由经过认证的商业机构运营并提供电子商务所必需的专业电子身份认证服务。鉴于目前CA认证中心建设中的无序状态，国家应授权主管机关统一审核和批准认证中心的设立，加强对行业或者地方认证中心的监管，并尽快建立第三方顶级电子商务认证中心。

(8) 中国电子商务的发展要走各行业联合互补的道路，以便形成电子商务产业链。当前应重点支持电子商务在外贸、金融、保险、证券、电信、邮政、航空、医药、旅游及交通运输业等信息敏感行业的应用与发展。在市场定位上要特别注意电子商务具有突破时间和空间限制的特征，加强企业的国际合作。当前应特别鼓励开办面向信息化程度高的发达国家的直销型网站，从而达到增加交易量和降低交易成本，提高商品在海外的竞争力的目的。为了保证国家间经济贸易的安全和便利，应与互惠国之间签订国家间的认证协议。

(9) 以电子商务为龙头积极发展以信息网络技术开发与应用的高新技术产业群。应增加政府预算，大力加强计算机技术和通信技术的基础研究以及有关信息技术对经济和社会影响的研究，并为此培养出更多的信息化人才。在此过程中，应注重参与国际标准的制定，做到自主研究与跟踪发展相结合。要支持自主版权的电子商务关键技术开发，包括协同商务平台技术、在线支付技术、信息与网络安全技术以及各类针对中国特点的解决方案等。为了确保电子商务系统的无缝连接，商品分类编码、业务流程、电子支付、安全保护、数据交换和信息通用格式等关键标准应由国家统一颁布。国家应根据开放、平等、竞争的原则确定以上标准，并尽可能保证与国际标准的兼容。

（10）通过进一步改善网络基础设施，促进电子商务的普及与发展。要进一步开放电信增值服务市场，实现已建成的各类专网与公共通信网之间的互联互通。为了解决接入网带宽"瓶颈"，应加速用户住地网的投资与经营主体的多元化进程；为了提高通信服务水平，应鼓励社会投入来发展以转售和分销为主的虚拟电信运营商；为了形成公平有效的竞争，应改变原规定不同的电信公司各自经营专有业务领域的做法，允许公司的经营范围拓展到全业务领域；应通过广电部门的网台分离和电信部门网业分离实现计算机网、有线电视网和电话网三网的交叉进入与融合。要制定普遍服务补贴政策和电子商务微支付解决方案，鼓励全民使用信息基础设备，普及电信与网络的应用。

第十一章　全书总结与研究展望

第一节　全书总结

电子商务市场有多种主体参与、互动，主体间各因素相互影响，形成一个复杂的生态环境。电子商务市场结构呈现一定的网络性、生态性，是信息生态环境、各参与主体的行为、其他各种环境等多种因素综合作用而形成的动态市场。

本书采用理论分析与实证检验相结合的方法，研究了信息生态环境因素对电子商务市场的影响作用。理论分析主要是在研读国内外相关文献的基础上，梳理了信息生态环境理论和市场规模理论、方法，建立了基于信息生态环境因素的电子商务市场规模的框架，分析了信息生态环境、电子商务市场、市场规模三者的关系。实证检验主要是运用文献研究得出信息生态环境下电子商务市场的影响因素，并分析各因素对电子商务市场的作用机理，运用社交媒体大数据思想将各难以量化的因素进行量化，并与电子商务市场相关的经济指标数据组合形成实证研究的指标体系。本书中获得的社交媒体高维数据维度相对较低，同时具有同质性、高相关性，本书通过构建一种经典的计量经济学的数据分析模型对电子商务市场进行讨论和分析。本书的主要结论如下：

（1）梳理国内外相关文献，从经典理论及研究文献得出了信息生态环境的主要构成因素以及电子商务市场表现方式。本书的研究核心是信息生态环境因素对电子商务市场是如何影响的，信息成分和非信息成分通过信息产品的消

第十一章 全书总结与研究展望

费和信息服务的提供相互作用、相互依存而构成的一个以满足信息受众信息需求为根本目的的功能环境。电子商务本身就是信息生态链的应用场景和信息化技术的产物，是一个典型的受信息生态环境影响较大的信息业态，电子商务的信息生态环境除了信息技术影响因素外，还包括文化环境、经济环境、政策法律环境等，这些也是影响电子商务市场的主要因素。

（2）电子商务市场既是静态市场又是动态市场。在某一时期内，由于新技术的产生和应用具有周期性，经济和法律政策等又具有惯性，此时电子商务市场的运动过程是相对静止的；但技术、经济、政策法律等生态环境在不断变化，电子商务市场从长期发展来看却是动态的。本书认为不同的信息生态环境因素对电子商务市场的影响是不同的，从交易对象、行业属性和地域来对电子商务市场进行细分，并以波特五力模型来分析电子商务市场的竞争环境。本书在研究三个典型的电子商务市场如医药电子商务市场、跨境电子商务市场、农村电子商务市场后，总结出电子商务市场共同属性为：经济发展是电子商务市场发展的源泉；基础设施建设是电子商务市场发展的根本；信息技术应用是电子商务市场发展的动力；政策法律是电子商务市场发展的保障。

（3）用跨学科、多角度的系统分析方法建立了电子商务生态环境体系。分别从文化环境、技术环境、经济环境、法律环境、政策环境剖析组成电子商务生态环境的因素，研究这些因素与电子商务市场相互作用的机制，并建立影响电子商务市场的因素指标体系。

（4）信息技术对电子商务市场影响的重要性。大数据技术的应用有助于电子商务数据的采集、存储和处理；庞大的分布式的"云"系统，降低电子商务的硬件和软件成本的投入，共享云计算平台和服务，使电商信息处理能力和运算效率得到大幅的提高；物联网技术对实现商品质量的控制、跟踪、定位物的流通过程，实现精准的信息识别、管理和控制；产品交易环节之外的所有环节都离不开物流系统及物流技术，仓储、分拣、包装、运输、配送等组成的物流系统，是电子商务存在的基础；互联网技术、Web技术、数据库技术、信息安全技术等组成的信息技术是电子商务活动的载体，近距离无线通信技术、超宽带无线载波技术等组成的新一代通信技术为移动电子商务带来了无限的商机；由网络支付、电话支付、移动支付等组成的支付技术，是电子商务价值创造的环节，完成电子商务从物流、信息流向资金流的转变。先进、发达的技术环境能够让电子商务市场参与者得到更好的消费体验,更有安全感,对电子商务市场信任和依赖,是电子商务发展的决定性因素。

(5) 构建定性影响因素量化的方法。本书将信息生态环境因素对电子商务市场影响用电子商务市场规模的形式来体现。选取信息生态环境的指标体系,并将指标体系分为经济因素和非经济因素,经济因素包括宏观、中观、微观经济因素、投融资、个人收入、人口特征等可量化的宏观指标体系,非经济因素包括文化环境、技术环境、法律政策环境等组成的不可量化的指标体系。而电子商务市场规模这个因变量是可以量化的,怎样将可量化的变量因素和与不可量化的变量因素拟合在一起,去对量化的因变量进行研究,因此建立电子商务市场分析模型是本书的重点和难点。本书运用社交媒体大数据思想将各难以量化的因素指标进行量化,并对全指标进行建模验证,在该步骤中,主要考虑两种建模的思路:一是利用主成分分析结合最小二乘法进行模型的构建和拟合;二是基于变量选择模型结合逐步回归进行模型的构建和拟合。

(6) 构建定量因素和定性因素拟合的电子商务市场规模的验证与预测模型。首先在数据的选取上,选取来源于Wind资讯经济数据和来自百度指数的非经济类数据。电子商务市场规模作为因变量,经济指标数据和百度指数指标数据作为自变量。本书利用Python的Selenium自动测试框架对百度指数get请求数据进行截获并提取对应指数连接数据,从而获得百度指数的图形趋势数据,然后对指数连接数据进行解密获得对应指数图片信息,利用开源OCR工具Tesseract对获取图片进行识别,最终得到百度指数数据。其次对数据(包括自变量和因变量)建模的处理。怎样解决模型中变量量纲不一致、变量过多、维度过高、多重共线性的问题?将变量的时间序列数据进行标准化处理,并利用主成分分析处理变量间的多重共线性和降维。最后给出电子商务市场规模模型的一般求解方法,包含结合主成分分析的状态空间模型的求解和结合主成分分析的逐步回归求解。

(7) 基于模型的构建、求解,对医药电子商务市场的信息生态环境影响因素进行实证研究。不同行业的电子商务有其特殊性,如行业属性、技术影响因素、政策法规影响因素等,这些定性影响因素通过社交媒体大数据思想进行量化。利用数学模型对医药电子商务市场规模进行量化分析。分析的结果表明经济环境和大众的社交媒体行为与中国医药电子商务市场规模具有较强的相关关系。从大众的社交媒体行为就能够在一定程度上推断中国的医药电子商务市场的发展趋势和规模。同时模型还具有预测功能，从整体的发展趋势看，中国B2C医药电子商务市场规模还将会有较大的持续增长趋势，在2016年，该市场规模将达到300亿元左右，这个数据与2016年中国实际B2C医药电子商务市场的规模是相符的。

本书研究表明，在构建的信息生态环境影响因素中，非经济因素社交媒体化，利用经济和社交媒体组成的信息生态环境因素指标体系对电子商务市场规模模型的拟合效果较好，大众网络行为与医药电子商务市场规模发展趋势的强相关性，说明信息技术类的信息生态环境因素用社交媒体的数据来进行研究是可行的，信息生态环境对电子商务市场的影响是直接、主要的；模型得出B2C医药电子商务市场规模与实际市场规模数据较吻合，验证了模型有效性和选取影响因素指标的充分性。

第二节 研究展望

电子商务不断与实体经济深度融合，对经济社会生活的影响越来越大，正成为我国经济发展的新引擎，以其强大的生命力推动着部门国民经济、区域经济、产业经济和世界经济的快速发展。企业利用电子商务，实施全球性经营战略，加强全球范围内行业间合作，增强全球性竞争能力，特别是小企业或小行业通过电子商务了解世界范围市场需求，促进与全球公司合作，形成更大、更有效的规模经济。

电子商务在方式和格局上都在不断地发生翻天覆地的转变，比如从PC走向移动、从实体商品发展到数字商品和服务、从中国国内扩展到全球、从线上走到线下、从城市蔓延到农村等方面。

一、全球化、广泛快捷、连续化、虚拟化

市场全球化，覆盖区域广。无论地球的哪个角落，都可能成为上网企业的客户，都被囊括在一个市场中。国内电商是一个非常大的商业市场，但是随着

一级城市市场逐渐饱和以及消费者对高品质的追求，电商逐渐呈现出了跨境电商、全球化的特征。

交易快捷。电子商务能在计算机上自动处理，能在世界各地传递，实现业务交割，交易速度瞬间完成。

二、全面的竞争态势和集成性

新兴的电子商务能够协调新老技术，使用户能更加行之有效地利用已有的资源和技术完成他们的任务，并能规范事务处理的工作流程，将人工操作和电子信息处理集成为一个不可分割的整体，提高了人力和物力的利用，提高了系统运行的严密性。

三、交易标准化、智能化

交易货款的支付、交货的通知等整个交易过程都智能化。无论是在技术及安全上还是在资本上，为电商金融服务奠定坚实的基础，同时供应链金融也都朝着纵深垂直化发展，为拉动电商消费力和增强用户黏性提供了广泛的平台工具。

四、新的商务模式不断出现

随着不断出现的智能移动终端设备及更快的移动互联网速度，电商将有了更多获取新流量的途径，碎片化移动购物模式的形成促使物联网成为电商流量新入口的大趋势。

参考文献

[1] 范建清,姚琦伟. 非线性时间序列——建模、预报及应用 [M]. 北京:高等教育出版社,2005.

[2] 方美琪. 电子商务概论 [M]. 北京:清华大学出版社,2001.

[3] 黄京华. 企业电子商务系统关键成功因素研究 [M]. 北京:清华大学出版社,2009.

[4] 胡涵清,王江. 电子商务及物流配送技术现状与应用前景 [M]. 广州:广东经济出版社,2015.

[5] 梅长林,范金城. 数据分析方法 [M]. 第2版. 北京:高等教育出版社,2006.

[6] 闻潜. 中国经济运行与宏观调节 [M]. 北京:中国财政经济出版社,2000.

[7] 岳剑波. 信息环境论 [M]. 北京:文献出版社,1996.

[8] 叶秀敏. 电子商务生态系统研究 [M]. 北京:社会科学文献出版社,2010.

[9] 张新时. 信息生态研究 [M]. 北京:科学出版社,1997.

[10] 赵卫东,黄丽华. 电子商务模式 [M]. 上海:复旦大学出版社,2006.

[11] 朱建平,胡朝霞,王艺明. 高级计量经济学导论 [M]. 北京:北京大学出版社,2010.

[12] 周广肃,梁荣,田金秀. Stata 统计分析与应用 [M]. 北京:机械工业出版社,2011.

[13] 中华人民共和国商务部. 中国电子商务报告2012 [M]. 北京:清华大学出版社,2013.

[14] 陈昊,李文立,柯育龙. 社交媒体持续使用研究：以情感响应为中介 [J]. 管理评论, 2016 (9)：61-71.

[15] 陈曙. 信息生态的失调与平衡 [J]. 情报资料工作, 1995 (4)：11-13.

[16] 陈曙. 信息生态研究 [J]. 图书与情报, 1996 (2)：12-19.

[17] 陈茫. 基于大数据的信息生态系统演变与建设措施 [J]. 理论与探索, 2015, 38 (3)：26-29.

[18] 陈晓云. 通信技术的现状及发展趋势研究 [J]. 科技资讯, 2011 (23)：12.

[19] 陈艳莹,鲍宗客. 需求扩张与市场结构变动：中国生产性服务业的实证研究 [J]. 管理工程学报, 2013 (2)：38-43.

[20] 楚晓华. 论电子商务与物流信息技术的关系 [J]. 经营与管理, 2010, 2 (18)：42-44.

[21] 丁珏旻. 浅论信息技术与电子商务 [J]. 企业导报, 2011 (4)：193-194.

[22] 董现垒, Johan Bollen, 胡蓓蓓. 贝叶斯视角下社交媒体数据的挖掘与应用研究 [J]. 软科学, 2015 (9)：96-101.

[23] 杜欣明. 信息生态学的学科建设与发展问题初探 [J]. 现代情报, 2006 (7)：161-162.

[24] 葛龙涛,白洁. 中国医药电子商务模式的发展与改变 [J]. 福建质量管理, 2016 (3)：47.

[25] 郭大智. 基于电子商务的物流信息技术发展研究 [J]. 北方经贸, 2017 (10)：54-55.

[26] 郭兴堃,谭志,姚辉. 旅游地商品销售需求预测与评估 [J]. 统计与决策, 2015 (1)：100-103.

[27] 韩刚,覃正. 信息生态链——一个理论框架 [J]. 情报理论与实践, 2007 (1)：18-21.

[28] 贺水金. 从供给、需求曲线变动看1914~1925年中国棉纺业的繁荣与萧条 [J]. 上海社会科学院学术季刊, 2001 (4)：167-175.

[29] 胡继宽. 基于灰色预测和 GIS 的农机区域市场规划决策模型 [J]. 农机化研究, 2011 (11)：87-89.

[30] 胡爱民,朱盛镭.汽车区域市场预测研究[J].上海汽车,2006(3):22-24.

[31] 蒋录全,邹志仁.信息生态—企业管理的新范式[J].图书情报知识,2001(3):2-6.

[32] 康蠡.国内信息生态链研究综述[J].情报杂志,2016,35(12):88-91.

[33] 刘和东.国内市场规模与创新要素集聚的虹吸效应研究[J].科学学与科学技术管理,2013,34(7):104-112.

[34] 李北伟,靖继鹏,王俊敏等.信息生态群落演化机理研究[J].图书情报工作,2010,54(10):6-10.

[35] 李涛,高良谋."大数据"时代下开放式创新发展趋势[J].科研管理,2016(7):1-7.

[36] 李天柱,马佳,吕健露等.大数据价值孵化机制研究[J].科学学研究,2016(3):321-329,345.

[37] 李晓玲.论信息生态环境的影响因素和建设管理[J].情报杂志,2003,22(7):94-95.

[38] 李美娣.信息生态系统的剖析[J].情报杂志,1998(7):3-5.

[39] 李京文,胡涵清等.基于RFID技术的多通道信息识别机设计与实现[J].北京工业大学学报,2014,40(12):1790-1796.

[40] 娄策群,周承聪.信息生态链中的信息流转[J].情报理论与实践,2007(6):725-727.

[41] 娄策群,曾丽,庞靓等.网络信息生态链演进过程研究[J].情报理论与实践,2015,38(6):10-13.

[42] 娄策群,杨小溪,王薇波.信息生态系统进化初探[J].图书情报工作,2009(9):26-29.

[43] 罗曼.影响信息环境变化的内外因素分析[J].图书与情报,1994(1):11-13.

[44] 马自坤.信息生态环境[J].生态经济,2002(8):73-75.

[45] 马英杰,王磊.中国茶叶电子商务市场的营销模式探讨[J].福建茶叶,2016(6):58-59.

[46] 马费成. 论情报学的基本原理及理论体系的构造 [J]. 情报学报, 2007, 26 (1): 3-13.

[47] 马媛, 姜腾腾, 钟炜. 基于信息链的高校产学研协同发展机制研究 [J]. 科技管理创新, 2016, 32 (6): 35-38.

[48] 孟海东, 张玉英, 刘江. 21 世纪信息环境及其研究主题和特点 [J]. 情报杂志, 2005, 24 (5): 98-99.

[49] 漆向东. 市场、市场机制、市场经济体制辨析 [J]. 信阳师范学院学报（哲学社会科学版）, 1995, 15 (3): 29-32.

[50] 屈志强, 乔静. 浅析大数据处理对电子商务的影响 [J]. 电子商务, 2016 (6): 61-63.

[51] 尚杰, 杨其昭. 基于灰色—指数平滑组合模型的中国绿色食品市场预测 [J]. 环境与可持续性发展, 2015 (6): 44-46.

[52] 施莉. 企业决策行为的信息生态环境研究 [J]. 科技进步与对策, 2005, 22 (6): 145-147.

[53] 孙金立, 孙薇. 信息链结构之探讨 [J]. 中国索引, 2008, 3 (2): 14-16.

[54] 谭晓林, 谢伟, 李培馨. 电子商务模式的分类应用及其创新 [J]. 技术经济, 2010, 29 (10): 6-11, 18.

[55] 王宁, 袁胜军, 黄立平. 汽车行业供应链中成员协作信任与冲突研究 [J]. 交通与计算机, 2007 (4): 38-41.

[56] 王琼. 重构的市场规模——兼论 FDI 对中国产业发展的影响 [J]. 理论月刊, 2004 (6): 162-165.

[57] 王银梅, 曲丰逸. 运用大数据强化政府预算监管 [J]. 宏观经济研究, 2016 (5): 36-41, 60.

[58] 王知津, 范淑杰, 王春燕. 基于信息链和领域分析的情报学概念模型 [J]. 图书馆学刊, 2011 (4): 1-5.

[59] 魏辅轶, 周秀会. 信息生态系统构建核心问题研究 [J]. 图书馆工作与研究, 2010 (7): 6-8.

[60] 危烽. 浅谈云计算在互联网中的应用 [J]. 电脑知识与技术, 2009 (1): 583-584.

[61] 吴恒亮，于本海，张巍巍．试论电子商务生态系统的内涵及其构建策略［J］．江苏商论，2010，2（42）：43-45.

[62] 许孝君，张海涛，瓮毓琦等．商务网络信息生态链结构模型构建［J］．图书情报工作，2013，57（15）：50-55.

[63] 徐宗本，冯芷艳，郭迅华等．大数据驱动的管理与决策前沿课题［J］．管理世界，2014（11）：158-163.

[64] 杨克岩．电子商务信息生态系统的构建与研究［J］．情报科学，2014，32（3）：37-41.

[65] 叶乃沂．电子商务模式分析［J］．华东经济管理，2004，18（4）：108-111.

[66] 于良春，鞠源．垄断与竞争：中国银行业的改革和发展［J］．经济研究，1998（8）：48-57.

[67] 原磊．国外商业模式理论研究评介［J］．外国经济与管理，2007（10）：17-25.

[68] 赵晗．现代无线通信技术的发展现状及未来发展趋势［J］．企业技术开发，2011，16（30）：88-89.

[69] 张峰，张迪．论大数据时代科研方法新特征及其影响［J］．科学学研究，2016（2）：166-170，202.

[70] 张福学．信息生态学的初步研究［J］．情报科学，2002（20）：33-40.

[71] 张新明，王振，张红岩．以人为本的信息生态系统构建研究［J］．情报理论与实践，2007（4）：531-533.

[72] 张向先．信息生态环境与信息生态链［J］．农业图书情报学刊，2011（11）：149-159.

[73] 张靖，杜黎，王金成．基于社交媒体的商家销售策略的选择和优化［J］．中国管理科学，2015（1）：108-116.

[74] 张军．网络信息链的动力与动态演化［J］．图书馆学研究，2009（4）：2-4.

[75] 张慧玲．网络信息生态链研究进展与展望［J］．情报探索，2014（7）：9-12.

[76] 张帆．专业市场与电子商务的业态融合与创新——基于义乌B2R商

业模式的研究[J]. 技术经济与管理, 2016 (2): 110-113.

[77] 张存芬, 李发林, 顾丽春. 电子商务环境下客户价值的影响因素分析[J]. 云南农业大学学报(社会科学版), 2008, 2 (6): 35-39.

[78] 张宇华. 移动通信新技术对中国电子商务发展的影响[J]. 商业时代, 2007 (26): 85-86.

[79] 张勤. 信息链与中国情报学研究路径探析[J]. 图书情报知识, 2005 (4): 23-27.

[80] 郑金帆. 信息生态环境与信息生态链[J]. 农业图书情报学刊, 2011, 23 (11): 149-159.

[81] 钟剑珊, 陈钊. 云计算助推医药电子商务行业发展[J]. 今日药学, 2013 (4): 252-255.

[82] 钟加勤. 现代物流技术在电子商务中的应用研究[J]. 物流科技, 2008 (12): 54-55.

[83] 周少甫, 左秀霞. 时间趋势平稳性检验的带宽选择及其影响[J]. 统计研究, 2012 (4): 98-103.

[84] 卓林超, 王堃. 大数据中面向乱序数据的改进型BP算法[J]. 系统工程理论与实践, 2014 (1): 158-164.

[85] 池可. 服装销售预测方法及RBF神经网络模型研究[D]. 苏州大学硕士学位论文, 2009.

[86] 董爱军. 信息产业链创新的模式研究[D]. 武汉大学博士学位论文, 2011.

[87] 郭红星. 基于SVR和改进SOM的预测模型的研究[D]. 华南理工大学硕士学位论文, 2012.

[88] 韩通. 电子商务模式价值驱动因素研究[D]. 曲阜师范大学硕士学位论文, 2013.

[89] 胡聪聪. 电子商务企业价值评估研究[D]. 西南财经大学硕士学位论文, 2014.

[90] 胡岚岚. 平台型电子商务生态系统及其自组织机理研究[D]. 复旦大学博士学位论文, 2010.

[91] 林怡炜. H服装公司电子商务运营模式研究[D]. 江苏大学硕士学

位论文，2016.

［92］黎苑楚．信息产业演进规律与发展模式研究——基于产业经济学的分析［D］．武汉大学博士学位论文，2005.

［93］刘佳．武功县农产品电子商务发展模式研究［D］．西北农林科技大学硕士学位论文，2016.

［94］马晓苗．基于价值链的电子商务模式研究［D］．吉林大学硕士学位论文，2005.

［95］牟少霞．基于智能终端的移动电子商务商业模式研究［D］．山东师范大学硕士学位论文，2014.

［96］谭小蓓．企业电子商务生态的构建［D］．中南大学硕士学位论文，2011.

［97］谭秀凤．中国木材供需预测模型及发展趋势研究［D］．中国林业科学研究院博士学位论文，2011.

［98］王丽娜．短期销售预测方法研究［D］．南京气象学院硕士学位论文，2004.

［99］王烁．网络环境下基于消费者搜索的市场预测研究［D］．西南交通大学博士学位论文，2014.

［100］杨小溪．网络信息生态链价值管理研究［D］．华中师范大学博士学位论文，2012.

［101］袁恒．基于网络搜索指数的市场预测模型及应用研究［D］．重庆邮电大学硕士学位论文，2016.

［102］张连峰．商务网络信息生态链价值协同创造研究［D］．吉林大学博士学位论文，2016.

［103］张凯明．基于ANFIS的区域汽车市场销售量预测研究［D］．吉林大学硕士学位论文，2011.

［104］张旭．网络信息生态链形成机理及管理策略研究［D］．吉林大学硕士学位论文，2011.

［105］赵春标．工业经济监测预测模型的研究与应用［D］．合肥工业大学硕士学位论文，2012.

［106］中国产业信息网．2015~2020年中国医药行业分析及投资前景预

测报告 [R]. 2015.

[107] 国家统计局. 2014年全社会电子商务交易额突破16万亿 [EB/OL]. (2015-8-3) [2015-8-3]. http://stats.gov.cn.

[108] 国务院国发 [2015] 40号. 国务院关于积极推进"互联网+"行动的指导意见 [EB/OL]. (2015-7-4) [2015-7-4]. http://www.gov.cn.

[109] 新华社. 2016"双11"阿里交易额1207亿元 [EB/OL]. (2016-11-12) [2016-11-12]. http://news.xinhuanet.com.

[110] 中国电子商务研究中心. 2015年度中国电子商务市场数据监测报告 [EB/OL]. (2016-6-24) [2016-6-24]. http://www.100ec.cn.

[111] 中国互联网信息中心. 中国互联网络发展状况统计报告 [EB/OL]. 中国互联网信息中心, 2009-12-26.

[112] A. Afuah, C. L. Tucci. Internet Business Models and Strategies: Text and Cases [M]. Boston: McGraw-Hill, 2003: 68-73.

[113] Bernardo A. Huberman. 万维网定律——透视网络信息生态中的模式与机制 [M]. 李晓明译. 北京: 北京大学出版社, 2009.

[114] Bonnie A. Nardi, Vichi L. O.. Information Ecologies: Using Technology with Heart [M]. The MIT Press, 1999.

[115] Davenport T. H., Prusak L.. Information Ecology: Mastering the Information and Knowledge Environment [M]. NewYork: Oxford University Press, 1997.

[116] Durbin J., Koopman S. J.. Time Series Analysis by State Space Methods [M]. Oxford University Press, 2001.

[117] Gary Hamel. Leading the Revolution [M]. MA: Harvard Business School Press, 2000.

[118] Gujarati D. N.. Basic Econometrics [M]. Erdenekhuu, 2008.

[119] James F. Moore. The Death of Competition: Leadership and Strategy in the Age of Business Ecosystems [M]. Harper Businessm, 1996.

[120] Jeffrey Rayport, Bernard Jaworski. Introduction to e-Commerce [M]. McGraw-Hill/Irwin, 2001.

[121] Peter R. Monge, Noshir S. Contractor. 传播网络理论 [M]. 陈禹,

刘颖译. 北京：中国人民大学出版社，2009.

[122] Peter Weill, Michael Vitale. Place to Space: Migrating to e-Business Models [M]. Harvard Business Review Press, 2001.

[123] Rhonda L. Jordan. Incorporating Endogenous Demand Dynamics into long-term Capacity Expansionpower System Models for Developing Countries [M]. Massachusetts Institute of Technology, 2013.

[124] Sandeep Krishnamurthy. E-Commerce Management [M]. 北京：北京大学出版社，2003.

[125] Tapscott D., Lowi A. and Ticoll D.. Blueprint to the Digital Economy: Creating Wealth in the Era of e-Business [M]. New York: McGraw-Hill, 1998.

[126] Weinberg G. M. The Psychology of Computer Programming [M]. Van Nostrand Reinhold Company, 1997.

[127] Adam Rapp and Niels Schillewaert. An Empirical Analysis of E-service Implementation: Antecedents and the Resulting Value Creation [J]. Journal of Services Marketing, 2008, 22 (1): 24-36.

[128] Amit, R. C. Zott. Value Creation in E-business [J]. Strategic Management Journal, 2001, 22 (6): 493-520.

[129] Antweiler W., Frank M. Z.. Is all that Talk Just Noise? The Information Content of Internet Stock Message Boards [J]. Journal of Finance, 2004 (59): 1259-1294.

[130] Armstrong J. S.. Illusions in Regression Analysis [J]. International Journal of Forecasting, 2012, 28 (3): 689-694.

[131] Babu, M. Suresh, Geethanjali N., Satyanarayana B.. Clustering Approach to Stock Market Prediction [J]. International Journal of Advanced Networking and Applications, 2012, 3 (4): 1281.

[132] Benfenatki H., Ferreira Da Silva, C. Kemp G. et al.. MADONA: A Method for Automated Provisioning of Cloud-based Component-oriented Business Applications [J]. Service Oriented Computing and Applications, 2017, 11 (1): 87-100.

[133] Bernhari Bruhl, Marco Hulsmann, Detlet Borscheid, et al.. A Sales

Forecast Model for the German Automobile Market Based on Time Series Analysis and Data Mining Methods [J]. Computer Science, 2009 (5633): 146-160.

[134] Blume-Kohout M. E., Sood N.. Market Size and Innovation: Effects of Medicare Part D on Pharmaceutical Research and Development [J]. Journal of Public Economics, 2013 (97): 327-336.

[135] Bollen J., Mao H., Zeng X.. Twitter Mood Predicts the Stock Market [J]. Journal of Computational Science, 2011, 2 (1): 1-8.

[136] Bonilla D., Bishop J. D. K., Axon C. J. et al.. Innovation, the Diesel Engine and Vehicle Markets: Evidence from OECD Engine Patents [J]. Transportation Research Part D: Transport and Environment, 2014 (27): 51-58.

[137] Brian Detlor. The influence of Information Ecology on E-commerce Initiatives [J]. Electronic Networking Applications and Policy, 2001 (4): 286-295.

[138] Chen Hsinchun. AI and Opinion Mining [J]. IEEE Intelligent Systems, 2010, 25 (3): 74-76.

[139] Christine Halmenschlager, Andrea Mantovani, Michael Troege. Demand Expansion and Elasticity Improvement as Complementary Marketing Goals [J]. The Manchester School, 2011 (79): 145-158.

[140] C. Q. Jiang, et al.. Analyzing Market Performance Via Social Media: A case Study of a Banking Industry Crisis [J]. Science China Information Sciences, 2014, 57 (5): 1-18.

[141] Daron Acemoglu and Joshua Linn. Market Size in Innovation: Theory and Evidence from the Pharmaceutical Industry [J]. The Quarterly Journal of Economics, 2004, 119 (3): 1049-1090.

[142] Desmet K., Parente S. L.. Bigger Is Better: Market Size, Demand Elasticity, And Innovation [J]. International Economic Review, 2010, 51 (2): 319-333.

[143] Dong Xianlei, Xu Jian, Ding Ying, et al.. Understanding the Correlations between Social Attention and Topic Trends of Scientific Publications [J]. Journal of Data and Information Science, 2016, 1 (1): 28-49.

[144] Elizabeth Daniel, Hugh N.. Wilson. Action Research in Turbulent Environments: An Example Ine-commerce Prioritization [J]. European Journal of Marketing, 2004, 38 (3): 355-377.

[145] Erik Assadourian. Global Economic Growth Continues at Expense of Ecological Systems [J]. World Watch, 2008 (3): 30-31.

[146] Francisco-Javier Garcea-Marco. Libraries in the Digital Ecology: Reflections and Trends [J]. The Electronic Library, 2011, 29 (1): 105-120.

[147] Gottfried Vossen. Big Data as the New Enabler in Business and Other Intelligence [J]. Computer Science, 2014, 1 (1): 3-14.

[148] Grant Havers. The Right Wing Postmodernism of Marshal Mc Luhan Media [J]. Culture & Society, 2003 (7): 510-513.

[149] Hiroshi Kitamura. Capacity Expansion in Markets with Inter-temporal Consumption Externalities [J]. Australian Economics Papers, 2010 (49): 127-148.

[150] H. Joseph Wen, H. Billy Lim. Lisa Huang. Measuring E-commerce Efficiency: A Data Envelopment Analysis (DEA) Approach [J]. Industrial Management & Data Systems, 2003, 103 (9): 703-710.

[151] Harmeet Kaur, Mali Abodallahian. Analytical Study of Global Mobile Market: Forecasting and Substitution [J]. International Conference on Information Technology: New Generations, 2014, 4 (9): 485-489.

[152] Hu Y. C., Chen R. S., Tzeng G. H.. Finding Fuzzy Classification Rules Using Data Mining Techniques [J]. Pattern Recognition Letters, 2003 (24): 509-519.

[153] Jay Joong-Kun Cho, John Ozment, Harry Sink. Logistics Capability, Logistics Outsourcing and Firm Performance in an E-commerce Market [J]. International Journal of Physical Distribution & Logistics Management, 2008, 38 (5): 336-359.

[154] Kalman R. A New Approach to Linear Filtering and Prediction Problems [J]. Journal of Basic Engineering Transactions, 1960, 82 (1): 34-45.

[155] Kwiatkowski D., Phillips P. C. B., Schmidt P., et al.. Testing the Null Hypothesis of Stationarity Against the Alternative of a Unit Root: How Sure are

We that Economic time Series Have a Unit Root? [J]. Journal of Econometrics, 1992, 54 (1-3): 159-178.

[156] Lazer D., Kennedy R., King G., et al.. The Parable of Google Flu: Traps in Big Data Analysis [J]. Science. 2014 (343): 1023-1025.

[157] Lixian Qian, Didier Soopramanien. Using Diffusion Models to Forecast Market Size in Emerging Markets with Applications to the Chinese Car Market [J]. Journal of Business Research, 2014, 67 (6): 1226-1232.

[158] Liang Xun, Zhang Haisheng, Xiao Jianguo, et al.. Improving Option Price Forecasts with Neural Networks and Support Vector Regressions [J]. Neuro Computing, 2009 (72): 3055-3065.

[159] Michael Rappa. Business Models on the Web: Managing the Digital Enterprise [J]. Social Science Electronic Publishing, 2001.

[160] Paul Timmers. Business Models for Electronic Markets [J]. Business Models for Electronic Markets, 1998, 8 (2): 3-8.

[161] Rajshekhar G. Javalgi, Patricia R. Todd, Rabert F. Scherer. The Dynamics of Global E-commerce an Organizational Ecology Perspective [J]. International Marketing Review, 2005 (4): 420-435.

[162] Scott S., Varian H.. Predicting the Present With Bayesian Structural Time Series [J]. International Journal of Mathematical Modeling and Numerical Optimization, 2014, 5 (1-2): 4-23.

[163] Shafer S. M., Smith H. J., Linde R. J. C.. The Power of Business Models [J]. Business Horizons, 2005 (48): 199-207.

[164] Soumaya Marzouk. A Policy-based Approach for Strong Mobility of Composed Wen Services [J]. Service Oriented Computing and Applications, 2013, 7 (4): 293-315.

[165] Stuart Hannabuss. The Laws of the Web: Patterns in the Ecology of Information [J]. Library Review, 2005, 54 (7): 440-442.

[166] Thomassey S., Happiette M., Castelainj M.. A Short and Mean-term Automatic Forecasting System-Application to Textile Logistics [J]. European Journal of Operational Research, 2005 (1): 275-284.

[167] Xiwei Wang. Information Ecology Research: Past, Present, and Future [J]. Information Technology and Management, 2015 (17): 1-13.

[168] X. Zhang, H. Fuehres, P. Gloor. Predicting Asset Value Through Twitter Buzz [J]. Advances in Intelligent and Soft Computing, 2012 (113): 23-34.

[169] Arora D., Malik P.. Analytics: Key to Go from Generating Big Data to Deriving Business Value [C]. First International Conference on Big Data Computing Service & Applications. IEEE Computer Society, 2015: 446-452.

[170] Asur S., Huberman B. A.. Predicting the Future with Social Media [C]. Web Intelligence and Intelligent Agent Technology, Toronto, 2010 (1): 492-499.

[171] Davis D. R., Weinstein D. E.. Market Size, Linkages and Productivity: A Study of Japanese Regions [R]. National Bureau of Economic Research, 2001.